José Miguel Cejas
Warmer Nordwind

José Miguel Cejas

WARMER NORDWIND

Lebenszeugnisse von Christen
in den nordischen Ländern

Aus dem Spanischen
von Helga Kegel und Janni Büsse

Gefördert vom Bonifatiuswerk der
deutschen Katholiken aus Mitteln
der Franz-von-Sales-Stiftung.

Das Buch erschien 2016 in spanischer Sprache
unter dem Titel „Cálido viente del Norte"
bei *EDICIONES RIALP, S. A.*, 28016 Madrid

1. Auflage 2018
© fe-medienverlags GmbH, Hauptstr. 22, D-88353 Kißlegg
www.fe-medien.de

Umschlaggestaltung & Satz: Manuel Kimmerle
Cover-Foto: knape (istockphoto.com)

Druck: orth-druk, Bialystok (Polen)

ISBN 978-3-86357-214-3

Printed in EU

In Erinnerung und als Ehrung für
die vier Lübecker Freunde:
Eduard, Hermann, Johannes und Karl

Und für die sechs Münchner Freunde:
Hans, Sophie, Christoph, Willi, Kurt und Alexander

INHALTSVERZEICHNIS

I. FINNLAND

II. SKANDINAVIEN

III. ISLAND

IV. GRÖNLAND UND DIE FÄRÖER-INSELN

V. EINE GESCHICHTE VON SCHMERZ UND HOFFNUNG

VORWORT DER ÜBERSETZERIN

Der 2016 verstorbene Journalist und Schriftsteller José Miguel Cejas (1952–2016) aus Spanien wollte mit seinem Buch „NORDWIND", das kurz nach seinem Tod erschien, die Situation der Gesellschaft und der Christen in den nordischen Ländern darstellen und zur Kenntnis bringen. Zu diesem Zweck reiste er nach der Jahrtausendwende durch Finnland, Schweden, Norwegen, Dänemark, Island und interviewte Menschen, die dort leben. Es handelt sich um Katholiken, Protestanten, Orthodoxe unterschiedlicher Berufe, die den Weg zum Glauben gefunden haben, aber auch um Nichtgläubige. Manche von ihnen erzählen beeindruckende Berufungsgeschichten.

Die Interviews, die er mit den einzelnen Personen geführt hat, hat der Autor zum größten Teil im Stil eines Lebensberichts wiedergegeben, also monologisch. An manchen sprachlichen Einzelheiten erkennt man noch den dialogischen Charakter des Interviews, das ihnen zugrunde liegt.

Helga Kegel, Übersetzerin

EINREISEVISUM

In dem Buch „Tanz nach dem Sturm" habe ich Erinnerungen und Zeugnisse von Personen der baltischen Länder und Russlands gesammelt, die unter den Folgen des Materialismus des Ostens gelitten haben. Es waren Geschichten von Dissidenten und, in einigen Fällen, von Überlebenden der marxistischen Ideologie und es ist wichtig, daran zu erinnern, dass bisher für dieses Leid noch kein Schuldbekenntnis gesprochen noch die Verirrungen und Fehler anerkannt wurden. Es ist erstaunlich, dass so viele Romane und Filme die Grausamkeiten des Naziregimes behandeln und so wenige literarische Werke und Filme an die Hölle der Gulags[1] erinnern.

In diesem Buch geht es um Geschichten von Dissidenten (im weitesten Sinne des Wortes und weniger politisch) und einen anderen Materialismus, den des Westens, der in so vielen Ländern herrscht, unter ihnen im Norden Europas. Mehr als vierzig Personen aus den verschiedensten sozialen und kulturellen Bereichen haben mir ihre persönlichen Erfahrungen erzählt, die sie in den nordischen Ländern gemacht haben: in Helsinki und Oulu, im Süden und Norden von Finnland, in Tornio (Lappland), in einigen Städten Schwedens, wie Stockholm, Malmö, Göteborg, Vadstena und Upsala, auf

---

[1] In der Einleitung zu ihrem Werk *Gulag. Geschichte der sowjetischen Konzentrationslager* analysiert Anne Applebaum die verschiedenen Gründe, aus denen die Verbrechen des russischen Diktators nicht die gleichen Reaktionen hervorgerufen haben wie die Verbrechen des deutschen Diktators. „Einer von ihnen", schreibt sie, „ist der, dass niemand denkt, wir zerstörten einen Massenmörder (Hitler) mit der Hilfe des anderen (Stalin)."

einigen Inseln von Dänemark, in Oslo und Stavanger, im Süden Norwegens.

Andere Zeugnisse kommen aus Island, von Joensuu in Karelien, aus dem finnischen Teil von Lappland oder von Alesund in Norwegen.

Es sind Lebensgeschichten von Menschen, die gegen den Strom geschwommen sind, Männer und Frauen, die die „Sünde" begangen haben, gegen das zu protestieren, was man ihnen in ihrem Umfeld als politisch korrekt verkaufen wollte und gegen das sie sich wehrten, weil sie in Übereinstimmung mit ihren Prinzipien lebten, unabhängig von den gängigen Meinungen.

Ihre Dissidenz ist Anklage, aber auch die Ankündigung einer neuen Zeit und eines warmen, belebenden Windes, der vom Norden Europas zu uns kommt.

EIN BRIEF MIT 61 JAHREN VERSPÄTUNG

Die vier Freunde kommen pünktlich am vorgesehenen Datum und zur richtigen Uhrzeit an: Es ist genau sechs Uhr abends am 10. November 1943. Der Erste ist Müller. Nachdem man ihn ausgezogen hat, bindet man ihm die Hände auf dem Rücken zusammen, legt seinen Kopf zwischen zwei Klötze, justiert das Messer der Guillotine und das Fallbeil rast herunter.

Genau eine Minute später ist Lange an der Reihe. Nach einer weiteren Minute Prassek, danach Stellbrink.

Das Blut der vier fließt zusammen durch einen Abwasserkanal. Der für die Gefangenen verantwortliche Offizier Holstenglacis aus Hamburg unterschreibt den Totenschein, der in einem dafür angelegten Ordner mit den persönlichen Daten jedes Einzelnen im Archiv aufbewahrt wird.

Eduard Müller. Geburtsort: Neumünster (Schleswig-Holstein), Geburtsdatum: 20. August 1911. Stand: ledig. Beruf: Katholischer Kaplan an der Herz-Jesu-Kirche in Lübeck.

Hermann Lange. Geburtsort: Leer (Ostfriesland, Niedersachsen), Geburtsdatum: 16. April 1912. Stand: ledig. Beruf: Katholischer Kaplan an der Herz-Jesu-Kirche in Lübeck.

Johannes Prassek. Geburtsort: Hamburg-Barmbek, Geburtsdatum: 13. August 1911. Stand: ledig. Beruf: Katholischer Kaplan an der Herz-Jesu-Kirche in Lübeck.

Karl Friedrich Stellbrink. Geburtsort: Münster, Geburtsdatum: 28. Oktober 1894. Stand: verheiratet. Beruf: Evangelischer Pastor der Lutherkirche in Lübeck.

Sie waren gemeinsam mit achtzehn Laien an verschiedenen Tagen festgenommen worden und die Verhandlung hatte einige Monate zuvor, am 22. und 23. Juni am nationalsozialistischen Volksgerichthof von Lübeck stattgefunden unter dem Vorsitz des Nazis Wilhelm Crohne, der einige Laien zu langen Gefängnisstrafen verurteilte und die Priester und den Pastor wegen „Wehrkraftzersetzung, Heimtücke, Feindbegünstigung und Abhören von Feindsendern" zum Tod verurteilte.

Der wahre Grund für die Verurteilung, bekannt als „Urteil gegen die Christen von Lübeck", war offensichtlich. Sie starben für ihren Glauben, weil sie sich gegen den Nationalsozialismus gestellt hatten, die herrschende Ideologie.

Alles geschah wie geplant, abgesehen von einigen letzten Briefen, die die Verurteilten schrieben, denn das Gericht entschied, dass man sie nicht ihren Familien aushändigen, sondern archivieren sollte. Als der Krieg zu Ende war, gelangten sie in das Archiv der DDR und nach der Wiedervereinigung kamen sie in das Bundesarchiv, wo sie unbeachtet liegen blieben. Bis Prof. Dr. Peter Voswinckel sie im November 2004 entdeckte. Darunter befand sich ein Brief, den Hermann Lange an seine drei Geschwister geschrieben hatte, wenige Stunden vor seiner Hinrichtung.

Liebe Angela, liebe Maria, lieber Hans!

Als Erster von uns fünf Kindern lege ich nun mein irdisches Leben in die Hände Gottes zurück. Ich weiß, auch Euch wird mehr oder weniger hart dieser Schlag treffen. Es liegt nicht in meiner Macht, irgendetwas an dem Gang der Dinge zu ändern. Ich kann Euch nur um eins bitten: Seid stark und sucht Euch Kraft bei Dem, der in allem Leid uns allein letzte Kraft zu geben vermag. Falsch wäre eine „Selbsterstarrung im Schmerz". „In aller schweren Heimsuchung will Gott uns heimsuchen zu Ihm, dem Anfang und Ende aller Dinge. Darum sollen wir im Unglück aufhören, mit uns selbst zu reden, woraus nur Zwangsgedanken hervorgehen, sondern reden mit Gott, denn Er ist immer größer als unser Herz und erkennt alles." Diese Worte aus einer schönen Broschüre, die ich neulich las, möchte ich Euch auf die Seele binden. Sie können Euch viel geben. – Ich danke Euch für all Eure Liebe, die Ihr mir geschenkt habt, und bitte Euch, dass Ihr nun all diese Liebe auf Vater und Mutter häufen wollt. Das ist die Aufgabe, die ich Euch stelle, sie froh zu machen. Trauert nicht um mich, denn ich gehe jetzt in das Land, wo es keine Trauer mehr gibt! Und dann bitte ich Euch, Euer künftiges Leben so innerlich zu führen, stark in Glaube, Hoffnung und Liebe, dass wir einst, wenn auch Eure Stunde schlägt, uns oben vereint wiederfinden! –

Angela bitte ich, all meine lieben Bonner noch einmal von Herzen zu grüßen. Besonders aber meinen lieben Hans und seine gute Mutter. Wenn dieser Schlag auch hart für ihn ist – auch dadurch wird er reifer werden – ihm und anderen zum Segen. Tante Toni und die liebe Fina werden auch ruhig und fest in Gottes Kraft alles tragen. Das Te Deum singen wir oben! Auch Sr. Marianne letzten lieben Gruß! –

Eben habe ich den letzten schönen Apfel gegessen und meine Beinwunde ist dank der Salbe auch bald geheilt!!!

So, und nun empfangt meinen letzten Gruß! Alles, was ich an Liebe besitze, lege ich in ihn hinein. Seid nicht traurig, dass ich nicht mehr bei Euch bin – von oben her bin ich immer bei Euch.

Hans, auch Paule meinen herzlich frohen Gruß! In inniger brüderlicher Liebe umfange ich Euch alle.

Euer Hermann

FREUNDE UND DISSIDENTEN

Einige der Zeugnisse dieser Seiten beziehen sich direkt auf diese vier Freunde aus Lübeck oder auf die Dissidenten der Weißen Rose, sie sind Bezugspunkt für den aktuellen ökumenischen Dialog. Sie sind die Protagonisten dessen, was man als *Ökumene des Blutes* bezeichnet.

So wie die Freunde von Lübeck und München zeigen diejenigen, die auf diesen Seiten Zeugnis ablegen, dass sie unter sich Freunde sind, sodass man sagen kann, dass es ein Buch der Freunde ist. Ihre Freundschaft hat kulturelle Grenzen, Verletzungen und Vorurteile überschritten. Es ist ebenfalls ein Buch von Männern und Frauen mit Überzeugungen, die verbunden sind durch gegenseitige Zuneigung und Respekt. Sie sind Rebellen, die sich nicht dem Diktat von Ideologien des westlichen Materialismus unterworfen haben, eines Materialismus, der – ebenso wie im Osten – die Würde des Menschen zerstört, die Freiheit raubt und der oftmals aggressiver und tödlicher ist als der Materialismus des Ostens.

I.

FINNLAND

Im Vertrauen auf den Allmächtigen hoffe und glaube ich, dass wir es erreichen, gestützt durch Parlament und Regierung und durch den Zusammenhalt des Volkes, unsere Unabhängigkeit und die Existenz unserer Nation zu erhalten.

General Carl Gustaf Emil Mannerheim
(1867–1951)

1. NOCH EIN TABU?
Tapani Ruotsalainen

„Ich weiß nicht, ob du den letzten Film: ‚Briefe an Vater Jakob' von Härö gesehen hast. In einem seiner früheren Filme – ich erinnere mich nicht mehr an den Titel – behandelt er das Thema Tabu: Die Kampagnen der unfreiwilligen Sterilisationen, die in Schweden durchgeführt wurden unter dem Deckmantel der ‚Sozial- und Rass enhygiene'. Ein Schleier des Schweigens wurde über diese Kampagnen gelegt, die Tausende betrafen (einige Studien sprechen von 62 888, andere geben noch höhere Zahlen an). Das alles geschah in einem Zeitraum von vierzig Jahren, von 1935 bis 1975, indem man den Empfehlungen des Instituts für Biologie und Rassenhygiene der Universität von Upsala folgte und Zigeuner, Behinderte und ‚Personen gemischter Rassen' sterilisierte.

Härö erzählt in seinem letzten Film die Geschichte eines jungen Professors aus Esgrima, der 1950 nach Haapsalu in Estland kommt und dort mit der kommunistischen Bürokratie zusammenstößt. Keine Sorge, ich erzähle dir nicht die ganze Geschichte, aber das Ende schon. Der Film hat mir sehr gefallen, denn es kommen Personen vor, die große Risiken eingehen, indem sie für die Freiheit kämpfen, so wie die Christen es heute tun.

Überrascht dich nicht das Schweigen, wenn wir Nachrichten hören von der Ermordung von Christen in so vielen Ländern der Welt? Das ist auch ein Tabu, so wie die Kampagne für die Sterilisation, und man schämt sich, darüber zu sprechen, vielleicht auch aus Angst. Ich frage mich, was ich getan hätte, wenn einige Fanatiker in meine Universität oder in mein Zuhause eingedrungen wären oder wenn sie mich an einen Strand in Libyen verschleppt hätten und mein Leben von meiner Antwort auf die Frage: Bist du Christ? abhängig gewesen wäre – mit einem Messer an meinem Hals oder mit vorgehaltener Pistole.

Ich habe mich nie wegen meines Glaubens in Todesgefahr befunden, seit ich 1960 in Muonio, einem kleinen Ort im Norden von Lappland, ungefähr zweihundert Kilometer vom Polarkreis entfernt, geboren wurde.

Meine Familie lebte sehr bescheiden. Ich war das vierte von fünf Geschwistern und hatte eine sehr glückliche Kindheit. Dieses Glück war wie ein Schlüssel: Meine Mutter hat mir den Glauben weitergegeben. Sie war eine leidenschaftliche Christin und lehrte mich zu beten und die Lehren der Bibel zu meditieren.

Als ich die Schule beendet hatte, sah ich, dass Gott mich in seinen Dienst als lutherischer Pastor berief, und ich entschied mich dafür, in Helsinki zu studieren. Ich versuchte, zuerst einmal den Militärdienst hinter mich zu bringen, aber man nahm mich nicht an, weil ich zu jung war. So absolvierte ich ihn nach dem ersten Semester. Aber es gibt nichts Schlechtes, ohne dass etwas Gutes daraus entsteht: Ich lernte in dieser Zeit meine Frau kennen.

Nachdem wir uns zwei Jahre kannten, heirateten wir. Wir wussten, dass diese Vorbereitungszeit entscheidend war, denn die Ehe wird für das ganze Leben geschlossen und wir danken Gott dafür, dass wir sie verantwortungsvoll gelebt haben. Wir haben miteinander gesprochen und in wichtigen Fragen, die heute nicht einmal kommentiert werden, dieselbe Meinung gehabt. Ein weiteres Tabu? Nachdem wir geheiratet haben, sind wir nach Oulu gezogen. Wir haben fünf Kinder, zwei Jungen und drei Mädchen.

1986 habe ich meinen Master in Theologie gemacht und wurde am 30. Oktober in der Kathedrale von Oulu von Bischof Olavi Rimpiläinen zum Pastor geweiht, der mir die Pfarrei in Li, einem Dorf 30 Kilometer nördlich von Oulu, anvertraute. Und dort bin ich noch heute, seit fast dreißig Jahren, tätig. Ich begann als Assistent, dann wurde ich Kaplan und seit sechzehn Jahren bin ich der Pfarrer.

In den 1970er-Jahren haben viele finnische Theologen eine Kehrtwende gemacht und eine Theologie gelehrt, die stark von der Befreiungstheologie geprägt war. Die Konsequenzen davon merkt man im Norden von Finnland weniger als in Helsinki.

Als ich Pastor wurde, begann ich, die klassische Theologie zu studieren, kohärent im Glauben, den mir meine Eltern überliefert hatten. Ich suchte meine geistlichen Wurzeln und stellte fest, dass für Martin Luther die Kirchenväter – von denen so selten in der Fakultät gesprochen wurde – sehr wichtig waren. Das führte mich dazu, die wenigen klassischen theologischen Werke zu lesen, die auf Finnisch übersetzt sind.

Glücklicherweise wurde in den letzten Jahren mehr davon übersetzt und dank dieser Texte habe ich über diese Punkte reflektiert: Die Protestanten, die Katholiken und die Orthodoxen trinken aus derselben Quelle, der Bibel, den Evangelien und den Kirchenvätern.

Ich nehme an den ökumenischen Treffen meiner Diözese teil und habe viele Freunde und Bekannte der unterschiedlichen christlichen Konfessionen, wie zum Beispiel Vater Marino. Kennst du ihn? Du musst mit ihm sprechen. Der Umgang mit anderen Christen hat mich geistlich bereichert und ich sehe die Hand Gottes darin, der mich durch einen langen Prozess hindurchführt, was mir sehr hilft in meiner pastoralen Arbeit.

Als ich nach Li kam, wusste ich nichts von der Geschichte der Pfarrei. Später, als ich in den Archiven nachforschte, erfuhr ich, dass sie im 14. Jahrhundert gegründet wurde, was bedeutet, dass sie vormals katholisch war. Niemand Geringeres als der Papst Innozenz VIII. schrieb 1488 einen Brief über die soeben errichtete Pfarrei in Li.

Schaut man auf einer Landkarte nach, wo Li liegt, nämlich Tausende Kilometer von Rom entfernt, kann man mein Erstaunen verstehen. Das Motiv des Briefes war, dass es Meinungsverschiedenheiten zwischen dem Bischof und den Gläubigen über den neuen Pfarrer gab. So schrieb der Bischof an den Papst und bat ihn um eine Entscheidung, und als Rom Stellung bezog, war das Problem gelöst.

Als ich mich mit diesem Geschehen auseinandersetzte, kam mir ein Satz meines Theologieprofessors in den Sinn, der sagte: Wenn die lutherische Kirche meine Mutter ist, so ist die katholische Kirche meine Großmutter. So sehe ich das auch und das hilft mir, um auf dem Weg zur Einheit voranzuschreiten, den wir Christen gehen müssen, und zwar durch Gebet und Brüderlichkeit. Die Einheit ist Frucht des Heiligen Geistes und nur vereint können wir in der Welt Zeugnis von Jesus Christus ablegen, so wie Er es will und, wenn es notwendig ist, als Märtyrer.

Die Christen, die den Mut haben, ihren Glauben kohärent zu leben, werden in diesen Momenten zu Dissidenten, was bedeutet, dass sie ein Risiko eingehen. Ich denke an Sophie Scholl, die lutherische Studentin, die mit 21 Jahren hingerichtet wurde, weil sie der Weißen Rose angehörte, einer Gruppe von Gegnern des Nationalsozialismus. Ein Volksgericht entschied, dass sie des Hochverrats schuldig sei, und so wurde sie am 22. Februar 1943 hingerichtet. Jene Gruppe bestand aus Christen der verschiedenen Konfessionen: Sophie und ihr Bruder Hans waren Protestanten, Christoph Probst, Willi Graf und Kurt Huber katholisch und Alexander Schmorell orthodox. Schmorell wurde von der russisch-orthodoxen Kirche heiliggesprochen.

Anneliese Knoop-Graf, Schwester von Willi Graf, kommentierte 2005, dass diese Jugendlichen zeigen, dass es immer Menschen gibt, die bereit sind, gegen das Böse anzukämpfen, mit den ihnen zur Verfügung stehenden Mitteln. Sie gehen das Risiko der Niederlage ein oder sogar das Risiko, ihr Leben zu verlieren. Und sie zog daraus die Konsequenz, dass es in jeder Epoche Menschen gegeben hat, die den notwendigen Mut aufgebracht haben, in einer angepassten Gesellschaft aufzustehen. Darin besteht die Aktualität ihrer Botschaft."

2. DIE ASCHE DER SAUNA
Marino Trevisini

Dove tu arriverai, sará la
storia di tutti noi.

Hymnus von La Juventus

Marino T.: „Ich weiß nicht, was ich Interessantes erzählen kann.“

José Miguel C.: „Etwas aus Ihrem Leben …, über ihre Berufung zum Priestertum …, was Sie wollen.“

Marino T.: „Also gut … Ich wurde 1950 in Triest geboren und ging zum Studium in das Seminar der Diözese Rom. 1971 begann ich mit der Theologie. Ich war ein junger Rebell, der in einer Atmosphäre von Widerstand und Protest aufgewachsen war, und ich hatte eine sehr kritische Haltung gegenüber der kirchlichen Autorität.“

Auch wenn es Marino Trevisini nicht gefällt, von sich selbst zu sprechen, gibt er meiner Bitte nach und erzählt mir im Schatten der Kathedrale vom hl. Heinrich in Helsinki seine persönliche Geschichte. Er ist ungefähr sechzig Jahre alt und wirkt fit. Mit seinem Bart und seinem Lächeln strahlt er Gelassenheit und Ruhe aus.

„Eines meiner großen Ziele war es, zusammen mit vier anderen Seminaristen in einem Armenviertel zu arbeiten. Wir planten – gegen den Willen unserer Vorgesetzten – in Baracken zu wohnen, zusammen mit den Ärmsten, um das in die Praxis umzusetzen, was man ‚Sozialkatholizismus‘ nennt.

Einer dieser vier Seminaristen lernte einen Spanier kennen, der gerade in Rom angekommen war und in einer Pfarrei Katechismusunterricht hielt. Seine Persönlichkeit hatte ihn beeindruckt und so stellte er ihn mir vor. Er hieß Kiko Argüello und der *Camino* war in den Anfängen. Ich unterhielt mich mit ihm und stellte ihm unser Projekt vor. Daraufhin schlug er mir vor, an einigen Vorträgen über den Aufbau von Gemeinschaften teilzunehmen.

Diese Vorträge riefen in mir eine starke innere Krise hervor, sie veränderten meine Einstellung zur Kirche und ich verlor meine Haltung der Rebellion und des Ungehorsams. Während dieser Zeit entstanden an verschiedenen Orten Italiens die ersten neokatechumenalen Gemeinschaften: in Rom, Florenz, Ivrea, einem kleinen Ort in der Nähe von Turin, wo Oscar Pasinato und seine Frau Paula wohnten. Sie hatten den *Camino* in Rom kennengelernt, wo sie eine Zeit lang gearbeitet hatten. Was soll ich noch erzählen?“

José Miguel C.: „Sie haben mir von den Studien im Seminar berichtet ...“

Marino T.: „Ach, die habe ich mit 23 Jahren aufgegeben, weil ich meinte, dass der Herr mich nicht zum Priestertum berufen hätte, sondern um als Laie ein radikales, authentisches Christentum zu leben, konkret als Katechist. Ich spürte einen starken Drang, die Welt, die sich auf dramatische Weise von Gott entfernte, zu evangelisieren. Ich war ein Jahr in Indien, danach ging ich nach Norwegen und blieb einige Zeit in Dänemark. Dort studierte ich Dänisch. Anschließend absolvierte ich den Militärdienst und nutzte die Zeit, um den Glauben zu vertiefen. Ich wurde reifer und begriff, dass Gott mich doch zum Priestertum berief, führte dann mein Studium fort. 1982, mit zweiunddreißig Jahren, wurde ich in der Diözese von Triest zum Priester geweiht."

José Miguel C.: „Und von Triest nach Finnland?"

Marino T.: „Das ist eine andere Geschichte. In Triest war ich sehr glücklich, aber ich spürte in meinem Inneren eine große Unruhe, denjenigen Christus näherzubringen, die am weitesten von Ihm entfernt sind. Ich sprach mit meinem Bischof und er sagte mir, wenn das der Wille Gottes sei, würde er sich eines Tages verwirklichen. ‚Aber momentan ist es nötig, dass du damit wartest, denn du wirst in der Diözese gebraucht.' Ich war derjenige, der für die Bildung der Seminaristen zuständig war, half in der Kathedrale und kümmerte mich um die Pfadfinder.

Aber jedes Mal, wenn ich betete, spürte ich, dass der Herr mich drängte, dort als Priester zu arbeiten, wo man noch nie von ihm gehört hatte. Ich sprach erneut mit dem Bischof. ‚Ich verstehe deine Unruhe, Marino, aber jetzt ist es noch nicht möglich. Ich habe nicht genug Priester in der Diözese und brauche dich hier. Wenn du willst, kannst du einen Monat in die Mission gehen, aber nicht länger.'

Kurze Zeit später nahm ich an einem internationalen Treffen mit Leuten des *Camino* teil, bei dem verschiedene Gruppen von Katecheten gebildet wurden. Sie bestanden aus einem Ehepaar, einem Priester und einem Jugendlichen. Oscar und Paula waren dabei, die sich darauf vorbereiteten, einige Monate nach Schweden zu gehen. ,Wir haben keinen Priester', kommentierte Kiko. Da zeigte Oscar auf mich und sagte: ,Hier ist Marino, der kann mit uns gehen. Außerdem kann er dänisch.'

Ich sagte ihnen, dass ich mit großer Freude mitgehen würde, aber dass mein Bischof mir gesagt hatte, dass ich in der Diözese gebraucht würde. ,Du kannst ihn einfach darum bitten, dass er dich zwei Monate mitgehen lässt, solange dauert die erste Katechese. Du wirst schon sehen, wie er das versteht, denn Schweden ist ein stark säkularisiertes Land.'

Ich sprach mit dem Bischof. ,Letztes Mal haben Sie mir gesagt, dass ich einen Monat in die Mission gehen könnte. Und wenn es zwei sind?'

,Na gut, dann geh zwei Monate. Aber danach kommst du zurück!'

So machten wir es. In dem Sommer waren wir in Göteborg und in den kommenden Jahren, 1983 und 1984, haben wir die Katechese in verschiedenen Städten Dänemarks und Norwegens gehalten. Oscar und Paula waren 1975 zum ersten Mal in diesen Ländern gewesen und hatten dort zehn Jahre gearbeitet. Die sichtbaren Ergebnisse dieser Arbeit waren wirklich ernüchternd.

Am 11. Oktober 1985 hielt der heilige Johannes Paul II. eine stark beachtete Rede anlässlich des 6. Symposiums der Bischofskonferenzen in Europa. Er lud die Kirche zu einem neuen missionarischen Aufbruch ein und sprach von der Notwendigkeit einer Evangelisierung auf einem Kontinent, der immer mehr verweltliche. Und er erinnerte daran, dass der Schwerpunkt der Evangelisierung die Familie sei.

Diese neue Evangelisierung – so präzisierte er – sei nicht ausschließlich die Aufgabe der Priester. Auch die Laien und die christlichen Familien müssten daran teilnehmen und durch ihr Beispiel und ihr Wort die Gesellschaft beleben. Die Zukunft der Kirche in Europa und die europäische Kultur seien in Gefahr.

Als man ihn fragte, auf welche konkrete Weise diese Neuevangelisierung geschehen solle, sagte er: ‚Ich weiß es nicht. Aber immer, wenn die Kirche in Gefahr ist, bewegt der Heilige Geist die Seelen der Christen und gibt ihnen die passende Antwort.‘

Als Kiko und Carmen diese Worte des Papstes hörten, dachten sie an den Ruf, der auf eine besondere Weise an die Familien ergangen war, die ihren Glauben im *Camino* lebten. In diesem Moment lebten die meisten von denen, die zu den Gruppen gehörten und die sich um die Evangelisierung bemühten, zölibatär. Die Idee reifte heran und bei einem internationalen Treffen der Katecheten des *Camino* sah man sehr klar, dass *Familien in Mission* gebraucht wurden. Diese Familien blieben verbunden mit ihrer ursprünglichen Kommunität, waren aber in die Pfarrei integriert und wurden von ihr getragen. Damit war ein enger Zusammenhalt zwischen der Pfarrei und der Mission gegeben.“

José Miguel C.: „Und was war der Grund dafür, dass Sie hierhin gekommen sind?“

Marino T.: „Nun, die erste Familie, die bereit war, nach Finnland zu kommen, das waren Oscar und Paula. Eine weitere Familie, die Franzosen Guliano und Danielle, zogen in einen kleinen Ort bei Straßburg, der Schlafraum genannt wurde. Eine andere Familie aus dem Norden Deutschlands – ich erinnere mich nicht mehr, wie sie heißen – zog nach Hamburg in das Rotlichtviertel. Der Name besagt schon alles. Das waren die ersten drei *Familien in Mission*.

Ich ging zu meinem Bischof und erklärte ihm das Projekt in der Annahme, dass er mir dasselbe wie vorher sagen würde. Aber als ich ihm von den *Familien in Mission* und deren Situation in den Ländern im Norden Europas erzählte, wo es so wenige Katholiken gibt, sagte er mir: ‚Schau, die Anfänge werden schwierig sein. Begleite sie, bleib einige Monate bei ihnen und danach sprechen wir wieder darüber.‘

Im Januar 1986 hatten wir ein Treffen mit dem Heiligen Vater, der uns seinen Segen gab. Danach fuhren wir nach Helsinki, wo es nur zwei Pfarreien gab. Die anderen drei waren in anderen Städten des Landes, sehr weit voneinander entfernt. Dem Bischof erschien es nicht klug, mit der Katechese in der Hauptstadt zu beginnen, denn da es nur sehr wenige Katholiken gab und *Camino* vielen unbekannt war, konnte es zu Missverständnisen kommen. So installierten wir uns in Oulu, einer Stadt in der Nähe des Nordpols.

Als wir mit dem Bischof darüber sprachen, fand er die Idee gut, obwohl er meinte, er könne dort nichts für uns tun, denn in Oulu gäbe es keine katholische Kirche. Die nächstgelegene Pfarrei sei in Jyväskylä, dreihundert Kilometer entfernt. In der Zone dort, weitaus größer als der Norden Italiens, gebe es ungefähr zwölf oder dreizehn Katholiken. Es ist nur allzu verständlich, dass viele dachten, es sei eine Verrücktheit. Was möchten Sie noch wissen?"

José Miguel C.: „Warum wollten Sie nach Oulu?"

Marino T.: „Das ist eine andere Geschichte. Während einer der Reisen hatten Oscar und Paula sich mit dem Pastor der lutherischen Kathedrale von Oulu befreundet, der inzwischen Bischof ist. Die Tochter von Olavi Rimpiläinen hatte kurze Zeit zuvor in Spanien den *Camino* kennengelernt. Sie sprachen über die Familien in Mission und der Pastor machte ihnen Mut, doch dort anzufangen, und versprach ihnen, soweit er konnte, zu helfen.

Es bedeutete, bei Null anzufangen … und das Ganze bei zwanzig Grad unter null. Wir hatten keinerlei Erfahrung, keine Mittel, keine Lebensmittel, keine Unterkunft, einfach nichts. Aber wir vertrauten auf Gott. Das Dringendste für Oscar und Paula war, Arbeit zu finden, um überleben zu können, während sie die Sprache lernten und eine Schule für die Kinder suchten.

Wie du siehst, kamen wir nicht als Eroberer, denn uns fehlte es an allem. Auch wenn es überraschend klingt, das Schlimmste war nicht unsere große Armut, auch nicht die Lebensumstände – dieses Problem löste sich schnell –, nicht die Härte des Klimas oder die anderen Gewohnheiten, das Schlimmste war das Sprachproblem.

Manchmal, wenn ich davon erzähle, sagt man mir: ‚Wie schlecht muss es euch gegangen sein.‘ Das Gegenteil war der Fall. Paula, Oscar und ich erinnern uns an diese Zeit als die glücklichste unseres Lebens. Auch wenn es uns nicht an

Schwierigkeiten fehlte, haben wir auf eine besondere Weise Gottes Hilfe gespürt. Er hat uns geleitet und uns Tag für Tag gestärkt.

Was sollten wir machen, womit anfangen? Wir wussten es nicht, denn es war das erste Mal, dass Familien in Mission gingen. Wir baten die Christen der Umgebung um Hilfe, Olavi, den lutherischen Bischof, und Leo, den orthodoxen Bischof, die uns liebevoll aufnahmen. Und nach und nach lösten sich die Probleme. Paula fand als Putzhilfe Arbeit und sie erreichte, dass eine ihrer Töchter in der Schule angenommen wurde, obwohl das Schuljahr schon begonnen hatte. Noch dazu ist das finnische Schulsystem anders als das italienische und es gibt keine gegenseitige Anerkennung der Zeugnisse.

Einige Zeit danach konnte eine weitere Tochter in einer anderen Schule anfangen und dann auch Marco, der mit seinen sechs Jahren die meisten Schwierigkeiten hatte, sich zu integrieren.

Ich erinnere mich an etwas, das in den ersten Tagen geschah. Es war kurz vor Aschermittwoch und wir wussten nicht, woher wir Asche bekommen sollten. Normalerweise werden dafür die Palmzweige vom Palmsonntag des vergangenen Jahres verbrannt. Aber wir waren gerade angekommen und es gab im Umkreis von Hunderten von Kilometern keine katholische Kirche. Ich ging in die lutherische Kathedrale. Der Pastor kannte diese Sitte nicht und riet mir: ‚Geh zum Popen der Orthodoxen. Sicher haben sie so etwas.'

Der Pope erklärte mir, dass die Fastenzeit nicht am Aschermittwoch beginne, sondern am Montag zuvor und dass keine Liturgie gefeiert würde. Als ich nicht mehr wusste, was ich machen sollte, kam der lutherische Pastor mit einem kleinen

Sack voller Asche. ‚Wo hast du sie her?', fragte ich ihn. ‚Aus der Sauna natürlich.'

Ich hatte keine Vorstellung davon, wie eine Sauna funktioniert.

Schon nach kurzer Zeit spürte ich das Klima der Freundschaft, das diese alte finnische Gewohnheit hervorbringt. Da ich der einzige katholische Priester im Norden Finnlands war, nahm ich an zahlreichen ökumenischen Treffen teil, zu denen mich die Mitglieder anderer Konfessionen einluden. Sie empfingen mich mit Freundlichkeit und Respekt, ich knüpfte Freundschaft mit Veijo Koivula, dem Pastor der lutherischen Kirche, und mit Raimo Kiiskinen, dem Popen der orthodoxen Kirche in Oulu. Diese Freundschaften bestehen bis heute.

Das ist meine Geschichte. Genügt dir das?"

3. EIN GESICHT MIT EINEM NAMEN
Marco Pasinato

Simili a digli eroi, abbiamo il cuore a strisce.
Ähnlich wie die Helden haben wir ein zerrissenes Herz.

Juventus

„Ich erinnere mich sehr gut. Es war im Februar 1986, ich war fünfeinhalb Jahre alt. Meine Eltern hatten mir gesagt, dass wir in die Mission nach Finnland gingen, und ich war verrückt vor Freude. Es kam mir vor wie ein wundervolles Abenteuer. Und das war es wirklich.

Wir brauchten von Ivrea, einem kleinen Dorf in der Nähe von Turin, im Nordosten von Italien, wo wir wohnten, sechs Tage, um in Oulu anzukommen. Oulu ist eine Stadt mit hunderttausend Einwohnern und damit die größte im Norden von Finnland.

Wir fuhren mit unserem Minibus – einem blauen Caravelle – zu sieben Personen, eingequetscht wie Sardinen in der Dose: mein Vater, meine drei Brüder, Marino, ein junger Seminarist aus Rom, und ich. Wir durchquerten die Schweiz, Deutschland, Dänemark … Und als wir in Stockholm ankamen, ging die Heizung kaputt. Wir versuchten sie zu reparieren, aber immer, wenn sie anfing zu funktionieren, beschlugen die Fenster durch den Atem. So mussten wir während der ganzen Reise wischen, damit man sehen konnte.

Es war Winter und wir froren schrecklich. Es herrschte eine Kälte, die wie Nadeln ins Fleisch stach und die Knochen zum Gefrieren brachte. Ich kann die Situation gar nicht beschreiben. So viel wir auch anzogen, es nützte nichts. Ich war begeistert, erschrocken, bewegt und erfroren zur gleichen Zeit.

Wir kamen per Schiff nach Helsinki. Dort erwartete uns meine Mutter, die schwanger war und deshalb mit einer meiner Schwestern mit dem Flugzeug gekommen war.

Und von Helsinki aus fuhren wir, vor Kälte schlotternd, auf einer endlosen Straße in Richtung Nordpol, durch ebenfalls endlose Tannen- und Birkenwälder. Alles war verschneit. Die Landschaft immer gleich und monoton, viele Stunden lang veränderte sich nichts. Ab und zu fuhren wir an einem zugefrorenen See vorbei und dann wieder Wälder und nochmals Wälder …

Um mich abzulenken, brachte mir der Seminarist einige Sätze auf finnisch bei, die mir wie Zungenbrechen vorkamen, so wie: Fischers Fritz fischt frische Fische … ‚Mal sehen, Marco, wiederhole mit mir: Olen ulkomaalainen, olen italialainen. Das heißt: Ich bin Ausländer, ich bin Italiener. Wenn du mal verloren gehst, sagst du einfach diese vier Wörter und alles ist okay.‘ Ich stellte mir vor, wie ich in diesen riesigen Wäldern verloren ging und dem, der mich finden würde, sagte: ‚Olen ulkomaalainen, olen italialainen.‘

Es wurde früh dunkel, und als wir in Oulu ankamen, war es Nacht. Wir brauchten lange, bis wir das Haus fanden, das uns die lutherische Kirche überlassen hatte. Allerdings war es kaum als ein Zuhause zu bezeichnen, sondern eher als eine Unterkunft, ohne Gardinen, ohne Lampen, ohne Möbel.

Es gab nur drei Stühle und einen kleinen Küchentisch. Wir schliefen verteilt in den verschiedenen Zimmern, in Schlafsäcken, müde, aber glücklich.

Wenig später zogen wir in eine alte Herberge um, die eher einer Ruine glich, aber wo wir wenigstens für alle ein Bett hatten. Das Problem war aber, dass sie von morgens bis abends geschlossen war und wir dort über Tag nicht bleiben konnten.

Es blieb uns nichts anderes übrig, als in einen großen Supermarkt zu gehen. Dort blieben wir Stunden um Stunden, liefen bis ein Uhr hin und her. Das ist die Erinnerung, die ich aus jener Zeit habe: Mein Vater, meine Geschwister und ich gingen von einer Seite zur anderen durch die Gänge des Supermarktes, schauten uns Hunderte von Waren an, ohne auch nur eine einzige zu kaufen, während meine Mutter das Essen auf einem Propangasherd im Minibus zubereitete. In der Caravelle aßen wir, sangen wir, beteten wir, lachten wir und verbrachten dort den Rest des Nachmittags, bis die Herberge wieder öffnete.

Kurze Zeit später fanden wir ein Haus und langsam gewöhnten wir uns an das finnische Leben. Einigen von uns fiel es leichter als anderen. Für mich war es sehr schwer. Alles war anders: die Sprache, das Klima, das Essen, die Mentalität, die Schule. Ich war in drei Schulen: in der Grundschule und in zwei verschiedenen Gymnasien. Ich erinnere mich daran, dass die Lehrerin der Grundschule uns am ersten Tag in die Sauna brachte und ich meiner Mutter danach erzählte, dass ich unsere Lehrerin nackt gesehen hätte. Daraufhin ging meine Mutter sofort zu ihr und erklärte ihr, dass das Schamgefühl für uns Katholiken sehr wichtig sei.

Noch viele weitere Situationen machten mir klar, dass wir anders waren. Je älter ich wurde, merkte ich, dass die Tatsache, Christ zu sein, in ganz konkreten Momenten nicht unwichtig war. Man merkte es. Und wie!

Und so wurde ich mir der Tatsache bewusst, dass Christsein das ganze Leben prägt und bestimmt. Es bezieht sich nicht nur auf große Prinzipien, sondern zeigt sich Tag für Tag in der konkreten Realität.

Es war eine schwere Zeit für mich. Ich war ein extrovertierter, fröhlicher Junge, der das Leben in einer großen Familie gewohnt war, und ich denke, dass es mir deshalb so schwerfiel, mich mit meiner neuen Situation anzufreunden. In der Schule war ich der einzige Ausländer und noch dazu der einzige Katholik. Es gab vieles, was mich leiden ließ, Dinge, die nicht so wichtig sind, wenn du erwachsen bist, die aber für ein Kind große Bedeutung haben. Zum Beispiel arbeiteten wir im Unterricht oft zu zweit, und wenn die Lehrerin sagte, dass wir uns aufteilen sollten, wollte niemand mit mir zusammenarbeiten. Die Lehrerin forderte dann einen Jungen dazu auf, der protestierte und sagte: ‚Nein, nicht mit dem Ausländer.'

Dasselbe geschah in den Pausen. Ich verstand die Kinder nicht und kannte auch nicht ihre Spiele. Gott hat sich dieser kleinen Leiden bedient, um mich innerlich wachsen zu lassen und mich an sich zu ziehen.

‚Papa, warum sind wir in Finnland?', fragte ich meinen Vater. Er erklärte mir, dass wir eine *Familie in Mission* seien und dass wir gekommen waren, damit viele Menschen, die von Gott entfernt leben, ihn, der unser guter Vater ist, kennenlernten. In Oulu gab es Lutheraner und Orthodoxe, aber die große Mehrheit glaubte nicht an Gott oder lebte so, als existierte er nicht.

Ich verstand das nicht und fand mich plötzlich im Alter von sechs, sieben oder acht Jahren mit dem Geheimnis des Leidens konfrontiert. Wie war es möglich, dass Gott, wenn er so gut war, wie mein Vater sagte, es zulassen konnte, dass ich so allein war? Und warum ließ er mich so leiden?

In jenen Momenten half mir Marino ganz entscheidend. Er war mir sehr nah, nicht nur, weil er in der ersten Zeit bei uns im Haus wohnte. Ich hatte großes Vertrauen zu ihm, wie zu einem Onkel, um einen Vergleich zu bringen.

Er hat mir beigebracht, von klein an tiefen Umgang mit dem Herrn zu haben und – nachdem die Schwierigkeiten überwunden waren –, hinter alldem die Liebe Gottes zu erkennen.

‚Don Marino, mir ist dieses und jenes passiert.' Und ich erzählte ihm alles.

Er hörte mir geduldig zu und am Ende sagte er: ‚Was meinst du, Marco, was wollte der Herr dir wohl damit sagen?'

Er brachte mir etwas sehr Wichtiges bei: den Wert der Wahrheit. ‚In vielem kannst du nachgeben, bei der Wahrheit nicht. Für die Wahrheit muss man alles in Kauf nehmen, ohne selbst andere zu verletzen. Aber mit der Wahrheit spielt man nicht.'

Wir waren gute Freunde. Uns begeisterte derselbe Sport. Er war Fan vom Fußballclub Juventus, genau wie ich. Ich hatte sehr viel Respekt vor ihm, weil ich sah, dass er in jeder Situation durch und durch Priester war. Er zeigte das in allem: In der Art und Weise, wie er sprach, wie er sich verhielt, wie

er gekleidet war … Ich habe ihn von klein auf immer in Pries-
terkleidung gesehen, sie war wie seine zweite Haut.

Aber es gab in den ersten Jahren nicht nur Schwierigkeiten, ganz im Gegenteil. Jene Situation hat unsere Familie gestärkt. Ich lachte viel, spielte, hatte viel Spaß und stritt mich
mit meinen Geschwistern wie jeder andere Junge in meinem
Alter. Aber durch das Leiden, das wir gemeinsam mit dem
Herrn durchstanden, indem wir Seinen Willen annahmen,
entwickelte sich zwischen uns eine besonders tiefe Bindung.

Meinen Eltern ging es genauso. Sie haben mich in einer
großen Freiheit erzogen, wofür ich ihnen sehr dankbar bin.
Ich hatte tiefes Vertrauen zu ihnen und sie zu mir, besonders
zu meinem Vater, den ich nach allem fragte, was ich nicht verstand … Und das, obwohl wir sehr unterschiedliche Charak-
tere waren. Er ist ein ruhiger Mensch, reflektierend, eher etwas schüchtern. Er spricht nicht gern, nur wenn es notwendig
ist. Er liebt Musik und singt sehr gut. Seine laikale Art hat
mich von klein auf fasziniert, auch weil er nicht zu den Personen gehört, die nur über *fromme* Dinge reden können. Er hatte politische Wissenschaften studiert und kam aus einer einfachen venezianischen Arbeiterfamilie.

‚Den Glauben sieht man und zeigt man an bestimmten Handlungen, die man entweder tut oder unterlässt‘, sagte er mir. ‚Gott spricht zu uns durch bestimmte Geschehnis-
se, durch unsere eigene Geschichte.‘ Aber das Wichtigste war
sein Beispiel, denn die Worte verweht der Wind. Er lehrte mich, in allem den Willen Gottes zu suchen. ‚Gut, *das* ist
dein Wunsch‘, sagte er mir, ‚aber hast du auch darüber nachgedacht, ob es der Wille des Herrn ist?‘

Er bewahrte mich vor Sentimentalismus und der Gefahr, im Umgang mit Gott und den anderen aus momentanen Gefühlen heraus zu handeln. ‚Schau, Marco, das Wichtige ist nicht, ob wir *fühlen* oder *nicht fühlen*, sondern ob wir in unserem Leben das *tun*, was Gott von uns will.'

Meine Mutter ist der Gegenpol: expansiv, offen und sehr impulsiv. Obwohl sie in einer wohlsituierten Familie aufgewachsen war – mein Großvater war Notar –, fiel ihr kein Stein aus der Krone, wenn sie in verschiedenen Häusern in der Nachbarschaft putzte, um die Familie voranzubringen. Ich war beeindruckt von ihrem ganz persönlichen Umgang mit Jesus Christus und ihrer außerordentlichen Liebesfähigkeit, durch die sie sich in den anderen hineinversetzen konnte. Ich erinnere mich an eine Situation, bei der sie sich mit einer Frau traf, die verzweifelt war. Sie war geschieden, hatte wieder geheiratet und ihr neuer Partner hatte sie verlassen. Sie war so am Ende, dass sie dreimal versucht hatte, sich das Leben zu nehmen. Als meine Mutter das hörte, sagte sie zu ihr: ‚Mach dir keine Sorgen. Komm eine Zeit lang zu uns, danach wird es wieder bergauf gehen.' Und sie kam mit dieser Frau nach Hause, die drei Monate lang bei uns blieb. Es war einer dieser für sie charakteristischen Impulse. Und dank dieser *Impulse* wurde die erste katholische Kirche in Oulu gebaut.

Das war so: An einem Morgen putzte sie in ihrem Kittel wie immer die Treppe in einem Haus, und als sie fertig war, ging sie auf dem Rückweg am Rathaus vorbei, trat ein und fragte: ‚Kann ich mit dem Bürgermeister sprechen?'

Die Sekretärin schaute sie erstaunt an, wie sie dort im Kittel stand, aber sie sagte Ja. Der Bürgermeister empfing sie, lud sie ein, sich zu setzen, und fragte, was sie wolle.

‚Ich bin katholisch', sagte sie, ‚und möchte eine Kirche errichten. Aber dazu brauche ich ein Grundstück.'

‚Wir haben einen Platz für diese Art der Benutzung bereit-
gestellt', antwortete der Bürgermeister.

Und das war der Beginn der jetzigen Kirche von Oulu, einer großen, modernen Kirche, in der viele Menschen Platz
haben.

Meine Eltern haben sich sehr gut ergänzt. Als meine Mutter nach dieser Antwort etwas durcheinander war und nicht
wusste, ob man das Angebot annehmen sollte oder nicht, griff
mein Vater ein, der sehr praktisch veranlagt ist, außerdem
entschieden und beharrlich. Er führte die Verhandlungen, erhielt die Baugenehmigungen und bat um wirtschaftliche Hilfe bei der neokatechumenalen Gemeinschaft in Norditalien.
1991 war der erste Bauabschnitt der Kirche fertig und genau
zehn Jahre später war alles beendet. Die Kirche ist sehr schön,
mit vielen ökumenischen Elementen, bei denen die Sakramente ins Auge fallen, die von der lutherischen Kirche akzeptiert werden, wie die Taufe und die Eucharistie. Der Stil der
Fresken ist orthodox. Auf diese Weise können sich hier Katholiken, Lutheraner und Orthodoxe zu Hause fühlen.

Während ich all das erzähle, befürchte ich, dass die Leute eine falsche Idee von meiner Familie bekommen. Wir waren *in Mission*, ja, aber wir waren eine normale Familie, in
der über alles geredet wurde: über Politik, Geschichte, Sport,
Kunst … Wir haben viel gelacht und jetzt, wo meine Eltern
alt sind, haben sie noch immer viel Humor, was mich oft erstaunt. Sie haben die Fähigkeit, oft zu lachen. Wenn ich an
meine Kindheit denke, dann sehe ich sie, wie sie mit meinen

Geschwistern und mir Witze machten, mit uns erzählten und lachten ...

Wichtiger für mich als ihre Ratschläge war ihr Beispiel. Sie lebten den Glauben und vertrauten absolut auf Gott.

Diese Haltung half mir, mich in meinem neuen Land anzupassen. Die Anfangsprobleme lösten sich und mit der Zeit akzeptieren mich meine Schulkameraden. Da ich ein leidenschaftlicher Sportler bin und Finnland das Paradies für Sportler ist, begann ich, Ski zu laufen, Federball und Eishockey zu spielen, und war in einer Fußballmannschaft der Stadt.

Mitten in der Zeit des Erwachsenwerdens machte ich eine starke Krise durch, die mehrere Jahre anhielt und deren Bedeutung mir damals gar nicht bewusst war. Ich begann zu denken, dass Gott mir nicht meinen sehnlichsten Wunsch erfüllen könne: zu lieben und mich geliebt zu wissen. An Seiner Seite – so dachte ich mir – könnte ich keine Freude mehr haben, es würde nie so schön sein wie mit einigen Mädchen meiner Gruppe, die mir besonders gefielen. Schließlich – so meinte ich – könnte Gott niemals meine tiefsten Wünsche nach Liebe und Glück befriedigen.

Manchmal, wenn zu Hause von Berufung gesprochen wurde, bemühte ich mich, vom Thema abzulenken. Ich wollte mir die Frage nicht stellen. ‚Bitte‘, sagte ich dem Herrn, ‚ich will keine Probleme haben, ich will ein normales Leben führen, so wie all die anderen.‘ Und in der Messe, ob in Oulu oder in den Sommerferien in Italien, empfand ich eine Distanz zur Religion. Ich hatte den Eindruck, in zwei Welten zu leben: in der Fantasiewelt, in der meine Eltern lebten und die Leute der Gemeinschaft, zu der sie gehörten, und der realen

Welt mit ihren Sorgen, die sachlich und konkret war – das war meine Welt.

Ich war gespalten: Da war der Katholizismus meiner Familie und das weltlich-heidnische Leben meiner Freunde. Und da ich den Wunsch hatte, von ihnen akzeptiert zu werden, nahm ich immer mehr ihre Art zu denken und zu handeln an. Je älter ich wurde, desto schwerer fiel es mir, dass ich mich von ihnen unterschied. Es war schrecklich für mich, dass meine Freunde mich anders fanden, weil ich katholisch war, und so setzte ich alles daran, dass sie es so wenig wie möglich merkten. Ich versuchte, meinen Glauben nicht zu zeigen, damit sie mich nicht als komischen Vogel betrachteten …

Ich entdeckte die Musik und gründete mit einigen Freunden eine Rockband. Es war eine schöne Zeit, in der wir Stunden um Stunden in einer alten, verlassenen Fabrik in Oulu Elektrogitarre spielten und Lieder von Nirvana, Led Zeppelin oder Guns N'Roses … sangen. All das, der Sport, der Umgang mit den Mädchen, die Musik fand in einer guten Atmosphäre statt, aber Gott interessierte mich immer weniger. Oder, anders gesagt, Er war an die zweite Stelle gerückt, wie es bei vielen Jugendlichen der Fall ist.

Und wie so viele andere Jugendliche kam ich dank des Weltjugendtages aus dieser Situation heraus. 1993 war ich in Denver mit Papst Johannes Paul II. und das schlug wie eine Bombe ein. Dort erlebte ich die schönsten Momente meines Lebens, denn ich verstand, nein, ich spürte die ganze Liebe Gottes zu mir. Bis dahin hatte ich immer versucht, koste es, was es wolle, erfolgreich zu sein, ich verbarg meine Schwächen in der Musik, im Umgang mit den Mädchen … Ich war damals vierzehn Jahre alt und fühlte mich tief geliebt von einer Person – Jesus Christus –, der mich liebte, so wie ich war, mit all meinen Schwächen und Fehlern. Eine Person – nicht etwas Abstraktes –, die mir eine Liebe anbot, die viel größer war als die menschliche Liebe, so ganz anders als alles, was ich mir bis dahin vorgestellt hatte.

Aber es war nicht nur das: Ich verstand, dass Gott mich zum Priestertum berief, mich aber ganz frei ließ in meiner Entscheidung.

Dieses innere Licht hat mich vieles entdecken lassen: Das Wesentlichste war, dass ich geliebt werden wollte, aber nicht wusste, wie man liebt. Es begann ein Prozess der Läuterung und der Klärung, der gleichzeitig befreiend und schmerzhaft war, denn dieser Ruf forderte von mir Loslösung von vielem, was einen Platz in meinem Herzen hatte. Ich träumte davon, zu heiraten, Kinder zu haben, eine Karriere als Sportler zu machen …

Ich sagte dem Herrn weder Ja noch Nein, ich klammerte die Frage einfach aus. Noch dazu verliebte ich mich kurze Zeit danach in ein Mädchen mit all der Begeisterung und dem Enthusiasmus, mit dem sich ein Fünfzehnjähriger verliebt. Und wieder war ich in meinem Inneren gespalten. Auf der einen Seite war ich in das Mädchen verliebt, auf der anderen Seite war der Ruf Gottes klar an mich gerichtet.

In dieser Zeit der Verwirrung war für mich die Unterstützung und Orientierung, die ich durch die neokatechumenale Gemeinschaft erhielt, entscheidend. Der Camino hat mir in meinem Umgang mit Gott und den Menschen geholfen, hat beigetragen zu meinem menschlichen und geistlichen Glück. Durch Katecheten und die anderen Brüder bekam ich die Kraft, den Glauben und den Impuls, den ich brauchte. Ihr Beispiel war in meinem Leben immer wie ein Leuchtturm.

Ich nahm an einem anderen Weltjugendtag teil. Dieses Mal fand er 1997 in Paris statt. Ich kam innerlich müde dort an. ‚Herr, was willst du von mir?‘, fragte ich Ihn. In Denver habe ich klar meinen Ruf zum Priestertum erkannt, aber ich habe ihn falsch verstanden, wie eine ständige Selbstverleugnung.

In jenen Tagen, während ich am Ufer der Seine entlangging oder bei der Vigil gemeinsam mit Johannes Paul II. betete, verstand ich in meinem Inneren, dass Gott nicht will, dass wir uns traurig hingeben, weil wir nicht anders können oder nostalgisch werden wegen alldem, was wir hinter uns lassen …

Ich entschied mich, an einem Einkehrtag in Porto S. Giorgio, einem Zentrum des *Camino* in Rom, teilzunehmen. Wir waren einige hundert Jugendliche, die vor der Entscheidung standen, in das missionarische Diözesanseminar *Redemptoris Mater* einzutreten.

Ich war achtzehn und es geschah etwas, das ich nie vergessen werde. Es war am Abend. Wir waren ungefähr dreihundertfünfzig Jungen, die in einem kleinen Hof beteten und meditierten. Man hatte uns einen Leitfaden mit Fragen gegeben, der uns bei unserem persönlichen Gebet helfen sollte. Und da kam aus dem Inneren meiner Seele diese Antwort:

‚Herr, wenn du mich so sehr liebst … will ich bei Dir sein und mein ganzes Leben lang an Deiner Seite bleiben!‘

Und der Herr antwortete mir, indem er mir eine unbeschreiblich tiefe Freude schenkte, die nicht aus mir selbst kam und die ich nie zuvor erlebt hatte. Ich hatte mit meinen Freunden und Freundinnen Spaß gehabt – zu diesem Zeitpunkt hatte ich keine feste Freundin – hatte Freude an der Musik und am Sport gehabt … Aber all das war ganz anders als die Freude, die mir Gott schenkte, als ich ihm Ja sagte und mich ihm ganz hingegeben habe, als ich wollte, dass Er die große Liebe meines Lebens sei.

Ich trat in das Seminar ein, wo mein Leben nicht gerade rosig war. Ich war daran gewöhnt, in Oulu ein friedliches Leben zu führen, zwischen Wäldern und Seen, in einer Stadt, die, obwohl sie nahe dem Nordpol liegt, mir vorkam, als sei sie der Nabel der Welt. Und jetzt befand ich mich umgeben von Lärm und Hektik in einer Metropole wie Rom, mit drei Millionen Einwohnern und einer italienischen Atmosphäre, alles ganz anders als das, was ich kannte. Es war ein Schock. Ich war sehr verbunden mit meinen finnischen Freunden, meinen *Hobbies*, gewöhnt an meinen Lebensstil, und es fiel mir sehr schwer, mich anzupassen. Es war für mich noch härter als damals, als ich mich bemühte, Finne zu werden. Ich hatte gelebt, wie es mir gefiel, aber in einem Seminar, mit 120 Seminaristen, gab es logischerweise Stundenpläne, Regeln.

‚Herr, was machst du mit mir?‘, fragte ich Ihn.

Aber während ich diese innere Wüste durchquerte, erfüllte mich der Herr mit Gnade. Ich musste mich von so vielen Dingen trennen, was sehr gut für mich war, aber es waren sowohl nach außen wie auch nach innen wesentliche Einschnitte. Ich lernte Gott kennen und mich selbst, entdeckte, dass ich die anderen nicht so akzeptierte, wie sie waren. Vor allem fiel es mir schwer, aus dem Glauben zu leben und mich vollkommen auf den Herrn zu verlassen.

Während der letzten Jahre im Seminar war ich zwei Jahre in der Mission in Estland. Dort verstand ich wieder einiges, was meine persönliche Geschichte betraf. So hatte ich zum Beispiel gedacht, dass jene Mission in Finnland für die anderen wichtig war, und ich sah nun, dass sie vor allem ein großes Geschenk für meine Familie und vor allem für mich gewesen war. Ich war derjenige, der den meisten Nutzen daraus gezogen hatte. Dank dieser Zeit fand ich Gott und entdeckte Seinen Ruf an mich.

Ich begann, Gott für das Beispiel, das meine Eltern mir gegeben hatten, zu danken, was ich bis dahin nicht gewürdigt hatte. So hatte mein Vater uns von klein auf aus der Bibel vorgelesen, er fragte uns dann, was der Herr uns durch diese Geschichte sagen wollte. Und wir antworteten darauf, wie eben Kinder antworten, und er erklärte uns die Lehre der Kirche auf eine unserem Alter entsprechende Weise. Dieses und viele andere familiäre Gewohnheiten, die wir zu Hause lebten, waren das Fundament für meine neue Lebenssituation.

Ich verstand den tiefen Sinn meines Leidens als Kind und als Heranwachsender, warum Gott jene Jahre der Dunkelheit zugelassen hatte. Es war eine Erfahrung, die mir heute hilft, andere besser zu verstehen und ihnen auf ihrem Weg beizustehen.

Jetzt bin ich Pfarrer der Kathedrale des hl. Heinrich in Helsinki. Der hl. Johannes Paul II. war 1989 während seines Besuches in Finnland hier. Ich war damals noch sehr klein. Es wäre interessant, wenn jemand dir erzählen könnte, was jener Aufenthalt des Papstes für dieses Land bedeutet.

Ich bin der Nachfolger von Vater Marino, was ich mir niemals hätte vorstellen können. Und ich danke Gott für so viel Gutes: für das Geschenk des Glaubens, das mir meine Eltern weitergegeben haben, für meine Familie, für meine Berufung als Priester, für den Weg im Neokatechumenat und für die Hilfe, die ich im Laufe meines Lebens von dort bekommen habe.

Gott war immer an meiner Seite, ohne dass ich mir dessen bewusst war, in jeder Situation, die ich nicht verstand, inmitten meiner Zweifel und Schwierigkeiten. Ich sehe hinter alldem den Willen Gottes und ein Gesicht, das einen Namen hat: Jesus Christus."[2]

---

[2] Marco Pasinato erzählte mir seine Erinnerungen in den Räumen der Pfarrei der Kathedrale St. Heinrich in Helsinki, deren Pfarrer er jetzt ist.

4. WER BIN ICH?

Benito Peix Geldart

„Ich kam im August 1987 nach Helsinki und lebte dort bis 1992. Am Anfang arbeitete ich als Anlageberater und bekam dadurch direkten Kontakt zur finnischen Mentalität und den Gewohnheiten. Ich hatte bis dahin in Schweden gewohnt und konnte dadurch die Gemeinsamkeiten und die Verschiedenheit zwischen Finnland und Skandinavien erleben, denn es sind in gewisser Hinsicht zwei verschiedene Welten.

In der Zeit hatte die finnische lutherische Kirche einen großen geistlichen Einfluss bewahrt, der noch aus der Vergangenheit stammte, und einige meiner Freunde und Arbeitskollegen zeigten öffentlich eine schlichte Religiosität. Außerdem ist die orthodoxe Kirche sehr präsent, was noch aus der Zeit der Abhängigkeit von Russland stammt.

Damals erwartete man mit großer Aufmerksamkeit sowohl vonseiten der Katholiken als auch der Lutheraner den Besuch von Johannes Paul II. Es war das erste Mal in der Geschichte, dass ein Papst die nordischen Länder besuchte. Der Bischof, Monsignore Verschuren, bat mich bei einem Treffen darum, ihm bei der Organisation des Besuches zu helfen, der bei der geringen Zahl von Katholiken im Land eine eher familiäre Dimension hatte, anders als in anderen Ländern. Alle Katholiken passten bequem in das Eisstadion von Helsinki, wo man die Messe geplant hatte.

Einige von uns, die bei der Organisation halfen, meinten, dass es dem Papst sicher Freude machen würde, die typisch finnischen Lieder und Tänze kennenzulernen, und als wir uns mit der bekanntesten Gruppe in Verbindung setzten und sie baten, den Papst mit traditionellen Liedern willkommen zu heißen, war ich sehr froh, als ich feststellen konnte, dass sie das als große Ehre empfanden, obwohl niemand von ihnen katholisch war.

Am Abend des 4. Juli 1989 kam der Papst am Flughafen von Helsinki an und der Präsident empfing ihn. Von dort fuhr er zur Bischöflichen Residenz, wo ich ihn begrüßen konnte. Die Gruppe führte die traditionellen finnischen Tänze vor und verhielt sich dem Papst gegenüber ungewöhnlich liebevoll.

Abgesehen vom Papst und vom Bischof waren wir nur sehr wenige in der Residenz: drei Ordensschwestern, die sich um das Haus kümmerten, der Sekretär des Papstes, Don Stanislaus, Vater Tucci SJ, der die Fahrten des Papstes organisiert, einige Polizisten und ich. Die anderen päpstlichen Begleiter wie die Schweizer Garde und die Sicherheitskräfte waren in einem nahegelegenen Gebäude untergebracht.

Am nächsten Tag, dem 5. Juni, war ein ökumenisches Treffen geplant. Gemäß der Tagesordnung sollte der Präsident um zehn Uhr morgens in die Residenz kommen, um den Papst im Hubschrauber bis zur lutherischen Kathedrale von Turku zu begleiten.

In der Nacht kam ein Fax an mit der Nachricht, dass es in Peking, auf dem Platz des Himmlischen Friedens, zu einem schrecklichen Zusammenstoß gekommen war mit Hunderten von Toten und Verletzten. Der Papst las es am Morgen und ohne etwas zu sagen, erhob er sich vom Frühstück und ging in die Kapelle, um zu beten.

Die Zeit verstrich und der Präsident musste jeden Moment ankommen. Man kann sich vorstellen, wie nervös die Organisatoren waren, denn der Papst betete noch immer vor dem Tabernakel. Erst wenige Minuten, bevor wir abfahren mussten, erhob er sich und verließ das Haus. Auf der Straße erwarteten ihn viele Menschen, unter ihnen auch einige Journalisten. Einer fragte ihn:

‚Weiß der Papst, was in China passiert ist?'

Johannes Paul II. blieb stehen und sagte mit trauriger Stimme: ‚Ja, ich weiß es. Das ist eine Tragödie.'

In seinem Gesicht sah man den tiefen Schmerz über dieses Gemetzel. Er stieg in den Hubschrauber, der ihn nach Turku brachte. Als er in der Kathedrale ankam, hielt er vor Vertretern der verschiedenen Religionen eine denkwürdige Ansprache.

‚Wer bin ich?' so fragte er sich.

Es war eine entscheidende, wesentliche Frage, die das Oberhaupt der katholischen Kirche in einem Land stellte, das mehrheitlich protestantisch war.

Und er antwortete darauf mit kräftiger, lauter Stimme:

‚Wie ihr alle bin ich ein Christ, der in der Taufe die Gnade empfangen hat, die mich mit Jesus Christus, unserem Herrn, vereint. Durch die Taufe bin ich euer Bruder in Christus geworden. Ohne eigene Verdienste hat er mich zum Priester berufen und ich wurde geweiht, um das Wort Gottes zu verkünden, die heilige Eucharistie zu feiern und die Sünden zu vergeben.'

Er fuhr fort, indem er von seinem Leben erzählte und fasste zusammen: ‚Der Wille Gottes war für mich, die besondere Aufgabe des Bischofs von Rom zu erfüllen, der der Nachfolger des heiligen Petrus ist, in Übereinstimmung mit den Lehren der katholischen Kirche, die der Herr am Anfang eingesetzt hat als immerwährendes und sichtbares Fundament des Glaubens und der Einheit.'

Als Nachfolger Petri erinnerte er daran, dass er für die Einheit aller Jünger Christi arbeite. Und obwohl die Christen in vielen wichtigen Punkten getrennt seien, ‚stimmen wir alle darin überein, dass die Suche nach der Einheit in Christus verwurzelt sein muss.' Und er zitierte danach Worte des Evangeliums: ‚Wer in mir bleibt und in wem ich bleibe, der bringt reiche Frucht, denn getrennt von mir könnte ihr nichts vollbringen.'

Die dreizehn Priester, die es in der Zeit in Finnland gab, aßen mittags gemeinsam mit dem Papst in der bischöflichen Residenz. Es war auch der Pfarrer von Estland dabei, dem Land, das damals noch zur UDSSR gehörte. Dieser Priester hatte es geschafft, mit einigen Gläubigen kommen zu können.

Der Papst gab uns Hoffnung und Trost in dem Vertrauen, dass der Herr eines Tages den Katholiken, Protestanten und Orthodoxen die ersehnte Einheit schenken würde. Es gab ein Vor und ein Nach dem Papstbesuch in der Geschichte der Kirche in den nordischen Ländern und ganz konkret in Finnland, denn er hatte eine Veränderung in der Einstellung zur christlichen Lehre hervorgerufen. Davon kann dir der Bischof von Helsinki erzählen. Warum fragst du ihn nicht?"

5. ICH WEISS ES AUCH NICHT
Teemu Sippo

„Wo liegt der Grund dafür, dass es so viele Männer und Frauen gibt, die sich in einer so säkularisierten Gesellschaft, wie es die finnische ist, für das Christentum interessieren?", frage ich Teemu Sippo. „Man hat mir geraten, mich bei Ihnen zu erkundigen ..."

„Nun, ich weiß es auch nicht", antwortet er mir lächelnd. „Ich kann mir ja noch nicht einmal gewisse entscheidende Momente in meinem eigenen Leben erklären. Wenn du willst, erzähle ich dir einiges in großen Zügen und du folgerst daraus, was du willst.

Ich wurde am 20. Mai 1947 in Lahti, im Süden von Finnland geboren. Früher war unser Land sehr arm, besonders in jener Zeit. Der Winterkrieg und die Folgen danach waren erst wenige Jahre zuvor beendet und das Land war ausgemergelt. Ich war das zweite von fünf Geschwistern und wuchs in einer lutherischen Familie auf, deren Mittelpunkt die Großmutter war, eine gute, liebevolle Frau, die uns jeden Sonntag mit in die Kirche nahm. Wir durften uns dort nicht bewegen, mussten steif wie Statuen sitzen, still sein und außerdem – und das war das Schwierigste – ohne zu niesen. Und wehe demjenigen, der mit den anderen flüsterte! Aber trotz allem gefiel es uns in der Kirche, denn dort wurden auf der Orgel wunderschöne Stücke gespielt.

Als unsere Großmutter starb, zogen wir nach Helsinki. Es war eine Zeit großer sozialer Veränderungen. Bis dahin war Finnland vom Rest Europas wegen seiner geografischen Lage ziemlich getrennt; durch die Medien, besonders das Fernsehen, lernten wir die anderen Kulturen, Mentalitäten und Religionen besser kennen. Ganz konkret: Ich interessierte mich besonders für die katholische Kirche. Warum? Ich weiß es nicht. Ich hatte nie in meinem Leben einen Katholiken gesehen.

1965 wurde mein Vater nach Tampere versetzt und ich suchte dort weiter nach Informationen über den Katholizismus. Als ich davon 2010 Benedikt XVI. während eines Aufenthaltes in Rom erzählte, hörte er mir mit genau demselben erstaunten Gesichtsausdruck zu wie du jetzt. Und mit seinem ihm eigenen Blick stellte er mir die Frage, die ich mir selbst auch schon oft gestellt habe: Warum hat ein junger Finne ein so tiefes Interesse am Katholizismus, obwohl er nie damit in Kontakt gekommen war? Ich antworte dir genauso wie dem Papst: Ich weiß es nicht. Es war die Gnade Gottes.

Als ich achtzehn Jahre alt war, geschah Folgendes: Damals fragte ich, wo ich eine katholische Kirche finden könne, und man sagte mir, dass es in Tampere nur eine kleine Kapelle in der zweiten Etage eines bescheidenen Wohnhauses gäbe. Ich ging hin, klingelte und mich empfing ein Priester, ein Ordensmann der Dehonianer, der mir die Kirche zeigte. Sie war sehr klein, hatte die Größe einer Kapelle. Er wohnte in einem nahegelegenen Gebäude in einem sehr einfachen Appartement. Ich nahm sonntags an der heiligen Messe teil und entschied mich ein Jahr später, 1966, katholisch zu werden.

Und danach Priester.

Nachdem ich das Glaubensbekenntnis abgelegt hatte, sagte ich dem Priester, dass ich den Wunsch hätte, so schnell wie möglich mit dem Theologiestudium zu beginnen. Er freute sich sehr, aber er riet mir, dass ich in Ruhe darüber beten und meditieren solle.

‚Warum bringst du nicht zuerst den Militärdienst hinter dich und danach sprechen wir darüber?'

Ich hörte auf ihn. Nach der Ausbildungszeit in einem verlorenen Dorf, wo ich mich total langweilte, denn meine Aufgabe war es, eine Telefonkabine vor möglichen Angriffen des Feindes zu bewachen, wiederholte ich ihm meinen Wunsch. Er stellte fest, dass es nicht nur ein momentaner Enthusiasmus gewesen war, und riet mir, dass ich nach Helsinki fahren solle, um in der bischöflichen Residenz mit dem Bischof zu sprechen.

Ich machte mich auf den Weg und sprach dort mit Monsignore Verschuren, der ebenfalls Dohonianer war. Er war Holländer, groß und schlank, mit hoher Stirn und weißen Haaren. Er hörte mir geduldig zu, und als ich fertig war, fragte er mich etwas, das mich ganz durcheinanderbrachte:

‚Gut, aber welche Art von Priester willst du werden: Ordens- oder Diözesanpriester?'

Nachdem er mir den Unterschied zwischen beidem erklärt hatte, riet er mir, eine Zeit lang nach Deutschland zu gehen, in ein Haus nach Freiburg, das von der Kongregation der Priester des Herzens Jesu geleitet wurde. Abgesehen davon, dass ich mit Jugendlichen zusammenwohnen könnte, die den Wunsch hatten, Dehonianer zu werden, wäre es eine Gelegenheit, den Katholizismus besser kennenzulernen. Ich hätte dort die Möglichkeit, nachzudenken, in Ruhe zu beten und mit tieferer Kenntnis zu entscheiden.

Die Erfahrung in Freiburg war sehr gut. Ich hatte bis dahin sehr wenige Katholiken in meinem Alter kennengelernt und war überrascht von der Atmosphäre der Jugend, der Freude und der Freiheit, die man in dem Haus atmete, so ganz anders als das starre, traurige Klima während der Monate meines Militärdienstes.

Ich lernte Vater Dehon kennen, einen französischen Richter des XIX. Jahrhunderts, der 1868 zum Priester geweiht wurde, nachdem er an der Sorbonne Examen gemacht hatte. Kurz danach gründete er die Kongregation, um die Verehrung des Heiligsten Herzens Jesu zu fördern, Seminaristen auszubilden, dem Klerus vor Ort zu helfen und die Missionen im Ausland zu unterstützen. Wie bei so vielen anderen Gründern in der Kirche erlitt er viele Widerwärtigkeiten und Leiden, sowohl geistiger als auch materieller Art. Ein Feuer zerstörte das Schulgebäude, wo die ersten Novizen ausgebildet wurden, und Verleumdungen bewirkten, dass der Heilige Stuhl, schlecht informiert, das Institut kurz nach der Gründung schließen ließ.

Vater Dehon überstand diese Prüfungen mit Demut und Hoffnung auf Gott und kurze Zeit später konnte er das Institut unter dem Namen ‚Priester vom Herzen Jesu' wiedereröffnen. 1907 war er in Finnland und nach seiner Rückkehr entschied er, zwei dehonianische Priester aus Holland dorthin zu schicken, damit sie die Katholiken des Landes betreuten. Einer von ihnen wurde nach der Unabhängigkeit von Russland Bischof von Helsinki.

Vater Dehon, sein Leben und sein Charisma beeindruckten mich sehr und 1969 trat ich als Novize der Dehonianer in Deutschland ein. Für einen jungen Finnen von zweiundzwanzig Jahren, der ich damals war, katholisch seit drei Jahren, war das ein fast unerreichbares Ziel. Ich musste Latein,

Griechisch, Hebräisch … und Deutsch lernen, um den Unterricht verstehen zu können.

Mit der Hilfe Gottes habe ich es geschafft. Im nächsten Jahr legte ich am 11. Oktober 1970 mein erstes Ordensgelübde ab und am 28. Mai 1977 weihte mich in Helsinki Bischof Verschuren in der Kirche St. Marien, die nicht mehr eine armselige Kapelle, sondern eine moderne, weiträumige Kirche war, zum Priester.

Meine erste pastorale Aufgabe führte mich nach Jyväskylä, einer Universitätsstadt am Ufer des Sees Päijänne, 140 Kilometer von Tampere und 270 von Helsinki entfernt. Von einigen wird sie als die ‚Antennen Finnlands‘ bezeichnet, denn es gibt dort verschiedene Lehrinstitute. Meine Pfarrei, die Kirche St. Olaf, war eine der insgesamt fünf, die es im ganzen Land gab, mit ungefähr dreihundert Gläubigen verschiedener Rassen und Nationen, die weit voneinander entfernt wohnten.

Gemeinsam mit einem holländischen Priester machte ich viele Reisen, um sie zu betreuen, dabei lernte ich Finnland von Grund auf kennen. Wenn wir ankamen, trafen wir uns mit den Katholiken der Gegend – es waren zehn oder fünfzehn, im Höchstfall zwanzig –, feierten die heilige Messe, wo wir konnten, in einer orthodoxen oder lutherischen Kirche, und übernachteten danach bei einer uns bekannten Familie.

Für sie war es ein Anlass großer Freude, aber ich muss zugeben, dass es für mich, einen dreißig Jahre alten Priester, der gerade geweiht war, eine interessante, aber auch harte Erfahrung war. Die meisten meiner Gläubigen kamen aus anderen Ländern: Philippinen, Deutsche, Afrikaner, Südamerikaner …, denn abgesehen von den Sprachproblemen, die es zu überwinden galt, musste ich mich an ihren Charakter, ihre Kultur, ihre Mentalität und ihre Traditionen gewöhnen. Und das ist nicht immer leicht.

Jahre später kam ich an die Pfarrei St. Marien in Helsinki, wo es normaler war, obwohl das Wort normal in einem Land wie Finnland, das damals insgesamt sieben Pfarreien hatte, sehr relativ ist. Ich kümmerte mich um die Kirchenzeitung und die Informationen im Radio und im Fernsehen, denn schon immer hatte mich die Welt der Kommunikationsmittel interessiert.

Danach zog ich in eine andere Pfarrei in Helsinki um, nach St. Heinrich, wo ich siebzehn Jahre lang blieb. Ich lernte dort Marco Tervaportti kennen, einen Philosophen, der dir seine Version über diese Zeit darstellen kann. Und da ich der einzige katholische Priester aus dem Land war, wurde ich jemand, an dem man den finnischen Katholizismus ablas.

Auf Monsignore Verschuren folgte Józef Wróbel, ebenfalls Dehonianer. Er wurde am 28. Juli 2008 zum Weihbischof von Lublin in Polen ernannt. Eines Tages erhielt ich einen Anruf aus der Nuntiatur in Stockholm.

‚Kannst du kommen?'

‚Ja klar, wann denn?'

‚So schnell wie möglich.'

Dort angekommen, sagte man mir, dass mich der Papst zum Bischof von Helsinki ernennen wolle, einer Diözese, zu der ganz Finnland gehört, ich hätte zwei Wochen Zeit, um mir zu überlegen, ob ich annahm oder nicht.

Als ich meine anfängliche Überraschung überwunden hatte, wurde mir klar, dass ich keine andere Möglichkeit hatte, als Ja zu sagen, denn ich war der erste Finne nach der Reformation, der katholischer Priester geworden war. Ich atmete tief durch, empfahl mich Gott und sagte: ‚Ok.'

Danach fuhr ich nach Rom. Kardinal Re ermutigte mich zur Annahme meines neuen Auftrags und bestätigte meine Ernennung. Als ich zurückkam, war meine erste Handlung, den Ort zu suchen, wo ich geweiht werden konnte, denn die Kathedrale von Helsinki hatte zu wenige Plätze.

Da wir gute Beziehungen zu anderen Konfessionen haben, erreichte ich, dass man mir die lutherische Kathedrale in Turku überließ, die vor der Reformation katholisch war. Ich fragte in Rom nach und man sagte mir, das sei kein Problem.

Diese Antwort beruhigte den deutschen Kardinal Lehmann. Ich erinnere mich noch an sein Erstaunen, als ich ihm das Datum meiner Bischofsweihe nannte – den 5. September 2009 – und ihm sagte, dass sie in einer lutherischen Kirche stattfinden werde.

Es nahmen zehn katholische Bischöfe teil zusammen mit zahlreichen Repräsentanten anderer Konfessionen. Der Kardinal ging auf das Motto ein, das ich für mein bischöfliches Wappen ausgewählt hatte: *Christus fons vitae*, Christus, Quelle des Lebens. Die Zeremonie verlief in einer Atmosphäre brüderlicher Freude und sie wurde mehrmals im Fernsehen übertragen, denn es war das erste Mal nach fünfhundert Jahren, dass ein katholischer Bischof, der in Finnland geweiht wurde, aus dem eigenen Land kam. Der letzte Vorgänger war Arvid Kurki gewesen, der 1522 starb.

Wie ich schon berichtete, haben wir zur Zeit sieben Pfarreien in einem Land mit weniger als 0,2 Prozent Katholiken. Es gibt zwei Pfarreien in Helsinki: die Kathedrale St. Heinrich und die Kirche St. Marien. Die anderen sind in Turku, Jyväskylä, Tampere, Kouvola und Oulu. Wir haben geplant, auch in anderen Städten zu beginnen, und rechnen mit zwei Klöstern von Ordensleuten, eines der Birgittinen und ein anderes der Karmeliten.

Während der letzten Jahrzehnte hat sich Finnland in ein reiches Land gewandelt. Aber im Geistlichen gibt es eine spürbare Leere. So haben wir beispielsweise viele katholische Kinder, die keinen angemessenen Religionsunterricht erhalten, und obwohl wir uns bemühen, dass sie an Sommercamps teilnehmen, die den katholischen Glauben vermitteln, ist es nicht leicht, denn die Entfernungen sind immens und es gibt viele gemischte Ehen, bei denen die Weitergabe des Glaubens auf Schwierigkeiten stößt. Es fehlen uns Priester, es fehlen Berufungen von Priestern, es fehlen uns Katecheten … Aber weil wir in den Händen Gottes sind, haben wir das einzig wirklich Wesentliche, die Gnade.

Schließlich und endlich war es das Einzige, womit ich damals rechnen konnte, als ich an jener Tür in der zweiten Etage eines bescheidenen Hauses in Tampere klingelte.“

6. DEIN ESSEN STEHT IM KÜHLSCHRANK

Marko Tervaportti

Marko Tervaportti ist ein korpulenter, ruhiger Mann, der ab und zu innehält, um zu reflektieren. Er schließt dann für einige Sekunden die Augen, überdenkt, was er sagen will, und fährt fort. Goyarrola, ein Student aus dem Baskenland, übersetzt mir in Helsinki seine Worte. Ich stelle Marko dieselben Fragen wie dem Bischof:

„Warum interessieren sich so viele Finnen, die in einer stark säkularisierten Gesellschaft leben, heutzutage so sehr für das Christentum?"

Marko T.: „Da der Bischof keine Antwort darauf geben konnte, fürchte ich, dass ich das ebenfalls nicht kann. Die Frage ist nicht leicht zu beantworten, denn es ist diese Sehnsucht nach Christus, die man zur Zeit im Leben vieler Finnen beobachten kann. Und das hat viele Gründe. Auf der einen Seite ist da die tiefe Unzufriedenheit und die innere Leere, die durch den Materialismus entstanden ist. Auf der anderen Seite erleben wir das Wirken des Heiligen Geistes, der weht, wo Er will, wie Er will und wann Er will. Und manchmal auf sehr überraschende Weise. Schau, ich bewege mich als Philosoph in der Welt der Gedanken, und mein Leben hat sich durch etwas ganz Materielles und Prosaisches verändert, nämlich durch das Essen. Ich erzähle es dir.

Ich habe mein Examen in Philosophie und deutscher Literatur abgelegt und war eine Zeit lang Lehrer in einer Schule in Vantaa, in der die Hälfte der Schüler aus zerrütteten Elternhäusern kamen. Einige lebten bei einem Familienmitglied – zum Beispiel bei der Oma – und die große Mehrheit war außerhalb der Ehe geboren. Ich dachte über dieses Problem nach, das in der letzten Zeit vermehrt auftritt und dessen Ursachen sehr unterschiedlich sind. Eine davon ist der letzte Krieg, dessen traurige Folgen noch andauern. Viele der Soldaten, die überlebten, verfielen dem Alkohol und anderen Krankheiten und in ihrem Zuhause – das viele Jahren in den Händen ihrer Frauen war – waren sie unerwünscht. Nichts war mehr wie vorher. Und mit der sexuellen Revolution in den Sechzigerjahren begann, wie in anderen Ländern der Welt auch, die freie Liebe, die zur Zerstörung der Familien führte.

Hinzu kam aufgrund unserer geografischen Lage der Einfluss von Schweden und in gewissem Maße auch der Sowjetunion und brachte uns den materialistischen Sozialismus. Außerdem fehlte im Süden Finnlands die religiöse Kraft. Ich sage absichtlich im Süden, denn im Zentrum des Landes und in Lappland ist die Wirklichkeit ganz anders. Als ich jung war und wie viele als Rucksacktourist in Österreich, Italien, Griechenland oder Spanien unterwegs, erstaunte mich sehr, dass die Kirchen offen und dort so viele Bilder der Muttergottes zu sehen waren. Wenn ich zurückkam, spürte ich die Abwesenheit Gottes in den Straßen Helsinkis und das ließ mein Herz erfrieren.

Das alles zusammen und noch viele andere Ursachen zersetzten das Ideal der Treue in der Ehe und zerstörten die christliche Tradition, die die finnischen Familien jahrhundertelang gelebt hatten. In der Aktualität ist das Ergebnis, dass der Umgang zwischen Eltern und Kindern in der Familie sehr kalt ist. Die meisten Eltern haben eine große Distanz zu ihren Kindern und sehr selten zeigen sie einander ihre gegenseitige Liebe.

Natürlich sind nicht alle Familien so. Zum Beispiel meine Mutter – sie wurde als Baby von einem lutherischen Pastor adoptiert – hat mir den christlichen Humus mitgegeben und sie gab mir jeden Tag einen Kuss, wenn ich nach Hause kam. Aber meiner Frau, die eine eher konventionelle finnische Erziehung bekam, fällt es schwer, unsere Kinder zu umarmen und zu küssen, denn sie hat das nie in ihrer Familie erlebt.

Folgende Szene wiederholt sich Tag für Tag in Tausenden finnischen Haushalten: Das Kind, zehn, elf oder zwölf Jahre alt, kommt nach Hause und die Mutter oder jemand anderes, mit dem es zusammenlebt oder der gerade da ist, sagt ihm: ‚Dein Essen ist im Kühlschrank.' Es sei denn, es handelt sich um ein Schlüsselkind, das niemanden vorfindet, wenn es nach Hause kommt. Es geht in die Küche, nimmt sich, was es will, und schließt sich im Zimmer ein, um am Computer zu spielen, sich mit den Freunden per WhatsApp zu unterhalten oder im Internet zu surfen. Nur in sehr seltenen Fällen isst die Familie zusammen.

Auf der anderen Seite ist die Erziehung bei uns sehr normativ. Viele Eltern richten sich nach Prinzipien, die die Folge von Ideologien unserer jüngsten Geschichte sind. Wenn die pädagogischen Autoritäten dieses oder jenes raten – so denken sie –, wird das schon gut sein. Sicher, unser System ist sehr gut, es ist international anerkannt, aber die pädagogischen Inhalte, die in diesem großartigen System weitergegeben werden, sind zweifelhaft. Ich habe eine kleine Tochter in der Schule und man bringt ihr unzumutbare Dinge bei, Folge einer sexualisierten Ideologie. Wenn ich dann protestiere, sehen mich sowohl der Lehrer als auch die Eltern erstaunt an. Ein Vater, der sich erdreistet, nicht mit dem einverstanden zu sein, was das Erziehungsministerium vorschreibt!

Und sie sind noch erstaunter, wenn ich ihnen sage, dass ich das Recht habe, meine Kinder meinen eigenen Überzeugungen gemäß zu erziehen. Das ist eine Art zu denken, die für viele befremdlich ist, denn sie sehen die Familie nicht als einen Ort, an dem Werte weitergegeben werden. Bei den meisten Familien besteht nicht diese Sorge, die Kinder in den eigenen Überzeugungen zu erziehen, wie es in anderen Ländern der Fall ist. ‚Da kümmert sich schon der Staat drum‘, so denken einige. ‚Das ist die Aufgabe der Erzieher‘, denken andere, ‚das sind diejenigen, denen das zusteht, denn sie sind Spezialisten in dieser Materie.‘

Diese Mentalität erklärt, warum sich nur wenige finnische Eltern für die Erziehung ihrer Kinder – im weitesten Sinne des Wortes verstanden – verantwortlich fühlen. Sie verstehen ihre Verantwortung vor dem Gesetz, bis die Kinder achtzehn Jahre alt sind: Sie ernähren sie, geben ihnen ein Zuhause, bringen sie zum Arzt, wenn sie krank sind, und bemühen sich darum, dass sie ein gesundes Leben führen … und der Staat mit seinen Sozialeinrichtungen erleichtert ihnen diese Aufgabe: durch Mutter- oder Vaterschaftsurlaub, Hilfen bei der Betreuung, Schulgeldfreiheit. Aber wenn die Kinder achtzehn Jahre alt sind und sich emanzipieren, trennen sich Eltern und Kinder voneinander, wenn es in den Familien zuvor nicht diese starken affektiven Bindungen gegeben hat. Sie werden zu Fremden. Einige treffen sich noch sporadisch, besuchen sich einmal im Jahr oder schreiben sich zu Weihnachten. Den meisten fällt diese Trennung nicht sehr schwer, denn die Bindung zwischen Eltern und Kindern ist sehr schwach. Den Eltern ermöglicht die Emanzipation ein bequemeres Leben und den Kindern die Freiheit, die sie sich wünschen. Die Studenten haben keine Eile, ihr Studium zu beenden, denn der Staat bezahlt ihnen einen großen Teil der Unterkunft und die Universität und sie wissen, dass sie in der Zukunft ohne große Schwierigkeit eine Arbeit finden werden.

Außerdem gibt es für die Studenten viele Vergünstigungen. Man kann sich wirtschaftlich über Wasser halten, indem man während des Sommers arbeitet oder zum Beispiel sein Studium ein Jahr lang unterbricht, um eine Reise durch Europa zu machen. Und wenn du krank wirst, begleitet dich das Mädchen oder der Junge, mit dem du zusammenlebst. In den seltensten Fällen ist es jemand aus der Familie, es sei denn in extremen Situationen. Das ist die allgemeine Norm, natürlich gibt es auch Ausnahmen.

Wie ich dir am Anfang sagte, begann meine Annäherung an die katholische Kirche konkret damit, dass die katholischen Familien, die ich kennenlernte, zusammen aßen. Ich verstand, dass es da um mehr ging als um eine soziale Tradition oder darum, dass es schöner war, in Begleitung zu essen. Es ist ein äußeres Zeichen der christlichen Botschaft der Liebe, die das Leben menschlicher, wärmer und froher macht. Ich war sehr erstaunt, als ich mich in die Lehre der Kirche über die Ehe zu vertiefen begann.

Wir suchen alle nach dem Glück und die christliche Erfahrung lehrt, dass man auf der Welt glücklich sein kann auch inmitten von Leid. Dieses Glück, vereint mit der Saat der Botschaft Christi, der Liebe und des Friedens, zieht die Menschen dieser Gesellschaft an, die auf die großen Fragen keine Antwort haben: ‚Welchen Sinn hat mein Leben?' ‚Welchen Sinn hat der Schmerz?' ‚Sind wir unnütze, absurde Wesen, zum Scheitern und zum Tod verurteilt?'

Ich denke oft über meinen Militärdienst nach und habe lange über dieses Thema mit Teemu Sippo gesprochen, der damals der Pfarrer von einer der beiden Kirchen in Helsinki war. Er hat mir die Wahrheiten des Glaubens erklärt und ich bin am 25. Mai 1993 in die katholische Kirche eingetreten. Sieben Jahre danach, am 15. Juli, habe ich geheiratet. Wir haben fünf Kinder, von denen drei noch leben. Die beiden anderen sind schon im Himmel.

Wie du siehst, habe ich nicht auf deine Frage geantwortet, aber jetzt kennst du schon Fakten, die dir weiterhelfen können. Ich denke, es gibt einen Grund, weshalb konkret die katholische Kirche in Finnland wächst. Es gibt natürlich nicht nur den einen, aber mir scheint er wichtig: Es ist eine Kirche, die nicht vom Staat abhängt. Sie handelt nicht in Funktion der Regierung oder der Zusammenschlüsse verschiedener Parteien. Sie kann sagen, was sie will – und das tut sie auch –, denn sie ist nicht an politische Interessen gebunden. Diese Kirche ist frei, sie ist eine Kirche, die keine Angst hat."

7. MITTERNACHTSSONNE
Raimo Goyarrola

Nach dem Interview mit Tervaportti erzählt mir Raimo Goyarrola von seinem Leben, während wir mit dem Auto durch die Straßen von Helsinki fahren.

„Du weißt sicher, dass wir aus Bilbao meinen, dass wir selbst entscheiden, wo wir geboren werden. Um die Sache nicht so kompliziert zu machen: Ich wurde in Bilbao geboren. Dort ging ich in die Grundschule, dann ins Gymnasium, entschied mich dazu, Arzt zu werden und wurde von Gott zum Opus Dei berufen.

Als ich siebzehn Jahre alt war, bekam meine Mutter Krebs. Die Operation und die Strahlentherapie hatten keinen Erfolg und sie musste mit der Chemotherapie beginnen, bei der sie alle Haare verlor. Wir Männer können uns kaum vorstellen, wie demütigend und schmerzhaft das für eine Frau ist.

Mein Vater, meine Geschwister und ich – ich bin der Älteste – haben angefangen, für ihre Heilung zu beten. Eine Tante hatte uns dazu ermutigt, fügte aber hinzu: ‚Ihr müsst jedoch immer den Willen Gottes annehmen, denn Er weiß besser als wir, was gut für uns ist.' Diese Worte haben sich mir eingeprägt.

Es ging ihr immer schlechter, bis der Moment kam, dass wir sie ins Krankenhaus bringen mussten. Eines Tages sah ich, dass die Sauerstoffflasche leer war, und ich bat die Krankenschwester darum, eine neue zu bringen.

,Der Arzt hat angewiesen, dass wir ihr keine mehr bringen, denn da ist sowieso nichts mehr zu machen', sagte sie.

Als wir das hörten, brachten wir sie sofort in eine andere Klinik, wo sie die nächsten zwei Monate sehr gut versorgt war. Außerdem konnte sie dort täglich die heilige Kommunion empfangen, die sie sehr stärkte. Ich erinnere mich an eine Situation, in der ich mit ihr allein war und sie mit dem Finger nach oben zeigte – sprechen konnte sie nicht mehr – so, als wollte sie mir sagen: ,Ich bin darauf vorbereitet, zu Gott zu gehen.'

Zum Schluss konnte sie sich mit uns nur noch schriftlich verständigen und eines ihrer letzten Worte, die sie meinem Vater schrieb, war: ,Hab Glauben. Bring unseren Kindern weiterhin bei, Jesus zu lieben.' Kurze Zeit später starb sie, fest meine Hand umklammernd. Vorher hatte sie noch die Krankensalbung empfangen.

Ich war damals im ersten Jahr des Medizinstudiums und das hat eine tiefe Spur in mir hinterlassen. Ich beendete mein Studium und ging nach Rom, um weiter zu studieren. Dort war wenige Monate zuvor Alvaro del Portillo verstorben. In Rom bat mich Gott, meinen Beruf auf andere Weise auszuüben, nämlich als Seelenarzt. Ich wurde 2002 zum Priester geweiht und nicht einmal zehn Jahre später, im Sommer 2006, kam ich nach Finnland.

Man kann aus ganz verschiedenen Gründen in ein anderes Land ziehen. In dieses Land im Norden Europas kommen Menschen, die politisches Exil suchen, Immigranten, Touristen … Jeder hat seine eigene Geschichte. Einige bleiben, andere gehen in ihr Heimatland zurück. So etwas Ähnliches passiert mit den Priestern: Einige kommen, um sich einige Monate oder Jahre um die Immigranten ihres Landes zu kümmern, andere, zu denen ich gehöre, kommen, um Finne zu werden. Ich bin nicht vorübergehend hier und jeden Tag fühle ich mich mehr als Finne. Ich habe feststellen können, dass die Tugenden der Finnen wie Arbeitsamkeit, soziale Verantwortung, berufliche Ehrenhaftigkeit und die Haltung der Toleranz es erleichtern, dass sie die Botschaft des heiligen Josefmaria verstehen.

Vielleicht denkst du, dass es sehr schwierig ist, sich ganz an das neue Land anzupassen und einer von ihnen zu sein, vor allem – das ist ein Witz – wenn man in Bilbao geboren ist … Natürlich ist das nicht leicht, aber wenn der Herr dir einen Auftrag gibt, gibt er dir auch die notwendige Gnade, ihn zu erfüllen.

Es ist schon mehr als ein halbes Jahrhundert her, in den Sechzigerjahren, dass die ersten Finnen in Kontakt mit dem Opus Dei kamen. Es waren ein paar Medizinstudenten, die in Österreich das Opus Dei kennengelernt hatten. Seppo Rottinen kann dir die Geschichte erzählen. Jahrelang wurden von Deutschland aus Reisen nach Finnland gemacht, und natürlich auch von Schweden, bis die ersten Laien und Priester in den Achtzigerjahren hierhin zogen.

Die ersten mussten die typischen Anfangsschwierigkeiten durchstehen und sie haben den Grundstein für viele apostolische Initiativen gelegt. Sie mussten eine Bresche schlagen, indem sie bei null anfingen und es galt, unzählige Hindernisse zu überwinden. Jetzt, einige Jahre später, können wir, die wir nach ihnen gekommen sind, die Früchte von dem einsammeln, was sie gesät haben.

Da ich den Wunsch hatte, mich um Studenten zu kümmern, versuchte ich, als Kaplan im biomedizinischen Campus zu arbeiten. Aber ich erreichte nichts, ebenso wenig in der Universität von Helsinki, an der mehr als dreißigtausend Studenten eingeschrieben sind.

‚Okay‘, sagte ich mir, ‚wenn ich weder als Kaplan noch als Lehrer Zugang finde, versuche ich es eben als Student.‘ So fing ich an, in die Vorlesung des Dekans der Fakultät zu gehen, den ich kannte, und ich befreundete mich mit einigen Kommilitonen. Und vor wenigen Monaten, in der Osternacht, taufte ich einen von ihnen.

Ich versuchte, anderswo angenommen zu werden, zum Beispiel in der Universität von Otaniemi, an der 16 000 Studenten verschiedener Richtungen der Ingenieurwissenschaften eingeschrieben sind. Ich ging direkt zur Universitätsseelsorge, die von der lutherischen Kirche betreut wird. Man nahm mich sehr gut auf, bot mir ein Büro an und überließ mir zu bestimmten Zeiten die Kapelle. Sehr schnell befreundete ich mich mit Jyri und Juha, den beiden Pastoren.

Von den Tausenden Studenten war, wenn es hoch kommt, nur ein Dutzend katholisch. Um möglichst viele kennenzulernen, spielte ich am Freitag Abend Hallenfußball in einer Turnhalle. Ich strengte mich an, möglichst viele Tore zu schießen, und nach diesem Einstieg sagte ich ihnen, dass ich der neue katholische Kaplan sei. Dank des Fußballs lernte ich viele Studenten der unterschiedlichsten Länder und Religionen kennen.

Dem Beispiel des heiligen Josefmaria folgend, begann ich, mit einigen von ihnen alte Menschen zu besuchen. Da die wirtschaftliche Situation des Landes sehr gut ist, haben die

Senioren normalerweise keine materiellen Probleme, aber sie leiden an Einsamkeit oder Vernachlässigung.

In einer anderen Universität startete ich einen neuen Versuch, in der Business-School von Kauppakorkeakoulu. Da ich dort niemanden kannte, ging ich gleich zum Büro des Rektors. Zufällig stand die Tür zu seinem Büro offen. Ich empfahl mich Gott und nahm mir vor, der ersten Person, der ich begegnete, meine Bitte vorzutragen.

‚Entschuldigung‘, sagte ich einem Herrn, der kam, um die Tür zu schließen, ‚ich bin katholischer Priester und würde gern den Rektor sprechen, um ihm zu sagen, dass ich gern der Kaplan dieser Universität werden möchte.‘

Er schaute mich erstaunt an – es war der Rektor persönlich – und sagte zu einer Frau, dass sie sich um mich kümmern solle. ‚Das war es‘, dachte ich, ‚nun gut, so haben wir Zeit gespart.‘ Es stellte sich heraus, dass die Frau die Vizerektorin war, und nach einem kurzen Gespräch fügte sie meinen Namen in die Website der Universität als offiziellen katholischen Kaplan ein.

Dadurch lernte ich viele Menschen unterschiedlicher sozialer Situationen, Religionen und Altersstufen kennen.

‚Was tust du dort eigentlich?‘, fragte mich mein Vater, kurze Zeit, nachdem ich in Finnland angekommen war. Ich erzählte ihm von meinen verschiedenen pastoralen Aufgaben: ‚Ich kümmere mich um Familien, um Studenten, Jugendliche …‘ ‚Sehr gut‘, sagte er mit einer für mich erstaunlichen Entschiedenheit, ‚vergiss nicht, dass eine deiner wichtigsten Aufgaben darin besteht, dich für die Einheit der Christen einzusetzen.‘ Mich wunderte das sehr, denn niemals zuvor hatten wir darüber gesprochen.

Ich bekam im Laufe der Zeit immer mehr Kontakte mit Menschen anderer Konfessionen, auch dank der Leute vom Opus Dei, die mir ihre Freunde und Bekannten vorstellten, die den Wunsch hatten, mit einem katholischen Priester zu sprechen. Durch Diskussionen über die Euthanasie, die in Finnland wie in anderen Ländern praktiziert wird, habe ich viele Orthodoxe und Protestanten kennengelernt.

Eines Tages las ich den Artikel eines nicht-katholischen Arztes, der die Euthanasie verteidigte. Ich fuhr in das Palliativzentrum, das er leitete. Er empfing mich sehr distanziert, denn er wollte nicht mit mir über das Thema sprechen, da er wusste, dass wir unterschiedlicher Ansicht waren. Ich beruhigte ihn und erklärte, dass ich ihn nur darum bitten wollte, dass einige mit mir befreundete Studenten bei der Versorgung der Patienten, die im Endstadium waren, helfen dürften. Ich erklärte ihm, dass es sehr wichtig sei, dass junge Leute den Wert des Schmerzes und des Leidens kennenlernen.

Er lächelte ein wenig und unsere Unterhaltung wurde immer freundschaftlicher bis zu dem Punkt, dass er mir erzählte, dass er in Rom bei einer Audienz mit Papst Franziskus gewesen sei, und was für eine Freude das für ihn gewesen war. Als wir uns verabschiedeten, bat er mich darum, dass ich möglichst kurzfristig mit dem Studenten kommen solle. Trotz unserer in einigen Punkten unterschiedlichen Auffassungen hatte sich zwischen uns ein Vertrauen gebildet, was sehr wichtig ist, wenn der Dialog fruchtbar sein soll. Sehr wesentlich für die ökumenische Bewegung war die veränderte Wahrnehmung des anderen und ein Klima der Freundschaft, das jetzt zwischen so vielen Menschen unterschiedlicher Konfessionen entstanden ist.

Da ich die Haltung der öffentlichen Meinung in Bezug auf die Euthanasie kannte, schrieb ich in der wenigen Zeit, die mir bei meinen seelsorglichen Verpflichtungen blieb, ein Buch mit Fragen und Antworten zu diesem Thema. Ich bekam viele Rückmeldungen von Leuten, die es gelesen hatten, von Ärzten, lutherischen Bischöfen und Orthodoxen. Kurz danach führten wir mit allen eine Tagung über Euthanasie und Palliativ-Versorgung durch. Und es gibt Fortschritte in diesem Bereich, sowohl in dem, was sich auf die Würde des Kranken als auch auf Mitleid und eine medizinische Praxis bezieht, die in die richtige Richtung führen. Während der ersten Jahre in Finnland hatte ich die verschiedensten apostolischen Aufgaben, bis der Bischof, Teemu Sippi, mich zum Generalvikar der Diözese ernannte. Das hat mir ermöglicht, die Freundschaft mit den Mitgliedern anderer Kirchen, wie zum Beispiel dem Archimandrit des Patriarchen von Konstantinopel, den ich während eines ökumenischen Empfangs in Helsinki kennenlernte, zu festigen. Er wurde zum Bischof geweiht und wird als einer der großen Experten für Bioethik innerhalb der orthodoxen Theologie betrachtet.

Ich hatte die Freude, an einer sehr schönen Tradition teilnehmen zu können: dem offiziellen Besuch der finnischen Delegation, bestehend aus Lutheranern und Katholiken, der jedes Jahr am Fest des heiligen Henrik, dem Patron von Finnland, in Rom stattfindet. Den Höhepunkt bildet eine Privataudienz beim Papst. Bei einem dieser Besuche wurden Seppo, der lutherische Bischof aus Mikkeli, und ich enge Freunde. Wir haben großes Vertrauen zueinander. Er will den Lehren Jesu treu sein und zeigt sehr viel Mut, wenn er über die Würde des Menschen und über Ehe und Familie spricht und damit gegen den Strom schwimmt.

Ebenfalls hat sich eine Freundschaft mit vielen orthodoxen Priestern entwickelt, die mich bei zahlreichen Gelegenheiten eingeladen haben, an der göttlichen Liturgie teilzunehmen. Häufig sprechen wir miteinander über die Einheit der Christen, im Bewusstsein der doktrinellen, geistlichen und brüderlichen Nähe unserer Kirchen, und gleichzeitig sehen wir die Notwendigkeit zu beten, damit der Herr unsere Herzen bewegt.

Es wird dich interessieren, mit Elisabeth zu sprechen, sie ist Ärztin aus Leidenschaft. Und mit Sari, einem anderen Arzt, der durch sein öffentliches Auftreten im Land bekannt ist.

Die Worte meines Vaters klingen mir Tag für Tag in den Ohren: ,Du musst für die Einheit der Christen arbeiten.' Auch er hielt im Moment des Sterbens meine Hand, genau wie meine Mutter. Nach seinem Tod spüre ich, dass er mir vom Himmel aus sehr hilft.

Wir Christen stehen in Finnland, wie in anderen Ländern auch, vor vielen Herausforderungen. Menschen, die während des Sommers in unser Land kommen, sind begeistert von der Mitternachtssonne. ,Es ist eine Sonne, die zu früh aufgeht', sagen sie. Ich bitte Gott, dass er die Zeit abkürzt und dass die Sonne der Einheit die lange Nacht der Missverständnisse unter den Christen beendet. Das ist etwas, das nur der Heilige Geist erreichen kann."

8. PESÄPALLO
Elisabeth

„Ich weiß nicht genau, wann es war, aber auf jeden Fall in den 1980er-Jahren. Bei schwüler Hitze fuhren wir mit unserem Minibus vom Roten Kreuz von einem der beiden Flüchtlingslager ins andere, wo ich als Ärztin arbeitete. Wir durchquerten die Wüste des Sudan in Richtung Kartum, als wir ins Schleudern gerieten. Ich wurde wütend: Der Fahrer war wieder einmal am Lenkrad eingeschlafen. Als ich ihn ausschimpfte, denn es war nicht das erste Mal, antwortete er auf meinen Ärger:

‚Wenn Gott will, dass wir nach Kartum kommen, dann werden wir dort ankommen, und wenn Gott das nicht will, dann nicht.'

Ich schaffte es, mich zusammenzureißen. Dieser Providentialismus brachte mich auf hundertachtzig. Ich sagte ihm:

‚Ok, wenn Gott will, komme ich in Kartum an, indem ich dorthin fahre, und du, wenn Gott will, wirst auch in Kartum ankommen, aber zu Fuß. Steig aus dem Auto aus!'

Schließlich beruhigten wir uns beide und erreichten gemeinsam die Hauptstadt.

In dieser Zeit lagen meine Nerven blank. Ich kümmerte mich um zwei Flüchtlingslager, und obwohl ich eine Frau bin, die einiges aushalten kann, war ich am Ende meiner Kräfte. Ich hatte schon Jahre lang als Ärztin in Extremsituationen gearbeitet, in katastrophalen, von der Regierung eingerichteten Zelten, ohne finanzielle Mittel, ohne Medikamente, ohne Helfer und in manchen Momenten wollte ich mich umbringen.

Jetzt wird mir klar, dass das in jedem Moment hätte passieren können: In Malaysia, wo ich drei Monate arbeitete, am Niger, wo ich ein halbes Jahr war, und auch in Äthiopien oder in einem Nest am Balkan, wo ich dreieinhalb Jahre überlebte – anders kann man es nicht ausdrücken –, die mir ewig schienen. Oder in Ägypten, wo ich anderthalb Jahre war, oder im Tschad.

Ja, an jedem dieser Orte hätte ich Selbstmord begehen können, denn ich habe den Sinn all dieses grausamen Leidens, das mich von allen Seiten umgab, nicht verstanden.

Jene Monate im Sudan waren besonders kritisch. Es gab nicht genug Blut für die Transfusionen und kaum eine Möglichkeit, es zu besorgen, bevor die Menschen starben. So musste ich entscheiden, wer die Transfusion bekam und wer nicht, je nachdem, welche Lebenserwartungen er noch hatte, und manchmal bekam er das Blut und starb. Hätte ich es nicht lieber einem anderen geben sollen, den ich damit gerettet hätte? Das alles war mir unerträglich, während die westliche Welt uns vergaß und die Stämme in nicht endende Kriege verwickelt waren. Der Krieg im Sudan dauerte zweiundzwanzig Jahre.

Das Schreckliche war nicht nur, Tag für Tag mit dem Tode ringende Mütter, verstümmelte Soldaten und Leichen von verhungerten Kindern zu bekommen. Das Unerträgliche war, zu entscheiden, wer die Transfusion bekam und wer nicht. Diese Entscheidungen sollte nur Gott fällen.

Ich brachte mich nicht um, weil die hungernden Kinder und die entstellten Männer und Frauen mich anschauten, ohne Füße, ohne Arme, angeschwemmt vom trunkenen Hass, der jedem Krieg innewohnt.

Ich weiß nicht, ob du schon einmal im Zeltkrankenhaus eines Flüchtlingslagers warst. Das hat nichts mit einem normalen Krankenhaus zu tun. Das Leid begleitet dich sowohl physisch als auch psychisch, bis es sich in ein Meer von Blut und Schmerz verwandelt, das dich erstickt, und es kommt ein Moment, in dem weder die Seele noch der Körper in der Lage sind, das zu ertragen.

Aber der tiefere Grund, weshalb ich keinen Selbstmord beging, war ein anderer. In einem besonders kritischen Moment erinnerte ich mich an die Szene des Evangeliums des heiligen Johannes, als der Herr sagt, dass Er das Brot des Lebens ist, und alle Jünger ihn verlassen. Danach fragt er die Apostel, was sie tun wollen, und sie antworten: ‚Herr, zu wem sollen wir gehen? Du hast Worte des ewigen Lebens.‘ ‚Wohin soll ich ohne dich gehen?‘, fragte ich Gott. Und ich arbeitete weiter in jener Hölle.

Es ist merkwürdig, denn die Hölle hatte dazu geführt, dass ich mich während meiner Jugend von Gott entfernte. Meine Familie war nicht religiös, außer meiner Großmutter, die mir, als ich klein war, ständig damit drohte: ‚Helena, wenn du nicht gehorchst, kommst du in die Hölle! Helena, wenn du deinen Nachtisch nicht aufisst, holen dich die Teufel!‘

Tatsächlich, mein richtiger Name ist Helena. Das wissen nur wenige Leute. Dass man mich Elisa nennt, war die Idee einer Lehrerin meiner Schule, die mir eines Tages sagte:

‚Elisa ist der Name, der genau zu dir passt. Weißt du, was er bedeutet? Gott beschützt dich.‘

Und so blieb es bei Elisa.

Natürlich war ich es gewesen, die sich dafür entschieden hatte, in jenen Flüchtlingslagern zu arbeiten. 1953 wurde ich in Helsinki geboren – es macht mir nichts aus, das Jahr zu nennen – und ich hätte dort in der Stadt in einem Krankenhaus, das mit allem technischen Fortschritt ausgestattet war, meinen Beruf ausüben können.

Aber aus mehreren Gründen wollte ich etwas anderes, ich wollte zu den Flüchtlingen: Einer der Gründe war, dass ich während meines Medizinstudiums in Lille mehrere Priester und Ordensleute kennengelernt hatte, die sich auf ihren Einsatz in Afrika vorbereiteten, und ich dachte, dass man mich dort mehr brauchte als hier. Hinzu kam, dass zu der Zeit, als ich nach Finnland zurückkam, noch Relikte sowjetischer Mentalität vorhanden waren, und eine Studentin wie ich, die im Ausland studiert hatte, war verdächtig. Und der dritte Grund war, dass ich mich in einen amerikanischen Juden verliebt hatte, aber unser Verhältnis endete auf eine unglückliche Weise. Wenn das nicht passiert wäre, hätte mein Leben einen anderen Verlauf genommen.

Alles begann mit einem Streik der Krankenschwestern, der verursachte, dass ich im Krankenhaus in Helsinki mit der einzigen Krankenschwester, die zur Arbeit gekommen war, allein verblieb. Es war in der Zeit, als ich zwischen meinem Aufenthaltsort in Finnland und dem Flüchtlingslager hin und her wechselte. Diese Krankenschwester erzählte mir, dass ihr Mann, der orthodox war, das Osterfest im Kloster von Valamo verleben wollte. ,Willst du mitkommen?', schlug sie mir vor. Ich fuhr hin, obwohl ich in der Zeit keine geistliche Unruhe verspürte. Ich war von klein auf an Musik und dem pesäpallo – dem finnischen Baseball – interessiert und nicht an Religion. Und wie ich dir schon sagte, außer meiner Großmutter sprach niemand zu Hause von diesen Themen.

Wir fuhren nach Valamo. Ich war überrascht, denn an der Tür bekam ich ein Velum umgelegt und von den Zeremonien verstand ich fast nichts. Aber dort begann etwas, das wir geistliches Erwachen nennen können. Dieser Prozess hat mich langsam auf den Weg zur Orthodoxie gebracht. Bei den Kirchenvätern und in der Liturgie fand ich die Antworten auf den Sinn des Schmerzes und des Lebens, die ich seit Jahren suchte.

Ich entschied mich, der orthodoxen Kirche beizutreten. Ich war glücklich, aber es beunruhigte mich der Gedanke, was wohl meine Familie dazu sagen würde. Eines Tages ging ich zu meiner Mutter, die bei meiner Schwester war, und teilte ihnen meinen Entschluss mit. Sie waren erstaunt und stellten mir Fragen. Während ich ihnen antwortete, wurde ich in meiner Entscheidung immer sicherer. Und wir verblieben, dass sie mir ihre Antwort geben würden.

Du hast schon gemerkt, dass wir Finnen wenige Worte machen. Da ich viele Jahre in Flüchtlingslagern in Afrika, Asien und dem Balkan war, bin ich inzwischen davon abgekommen; denn dort geht alles langsamer und ist mit Zeremonien verbunden. Um zu erklären, warum und wie man ein Medikament einnehmen muss, bedarf es ganzer Geschichten … Aber wie ich dir schon sagte, ist es in Finnland mit einer Geste und wenigen Worten schon genug. Und die Geste fand ich am nächsten Tag vor, als ich zu meiner Mutter nach Hause ging. Auf dem Tisch im Wohnzimmer stand ein wunderschöner Blumenstrauß. Das war ihre Antwort.

Ich hatte den großen Wunsch zu beichten, aber als ich das Vater Alexander vorschlug, antwortete er mir lächelnd:

‚Das ist noch nicht möglich, du bist noch nicht orthodox.‘

‚Gut, wenn ich es dann bin, wird es das Erste sein, was ich tue', antwortete ich ihm.

Ich legte vor Vater Alexander, der sehr mit Gott verbunden ist, in der Öffentlichkeit das orthodoxe Bekenntnis des Glaubens ab. Der Zeuge dabei war der Mann der Krankenschwester. Vater Alexander ist heute vor drei Tagen verstorben und noch immer leide ich unter diesem Verlust. Gott möge ihn segnen, er hat mir sehr viel Gutes getan.

Im Laufe der Zeit wuchs in meiner Seele der Wunsch, Ordensfrau zu werden. Da ich mich um meine Mutter kümmern musste, die schwer krank war, sagte ich das dem Bischof und er riet mir zu warten.

Während der Zeit arbeitete ich als Ärztin in einem Krankenhaus in Helsinki und versorgte meine Mutter, bis eines Tages der Bischof mich anrief und sagte:

‚Wenn du willst, kannst du, solange du deinen Beruf ausübst und deine Mutter versorgst, schon geweihte Ordensfrau sein und später trittst du in das Kloster ein.'

Ich erinnere mich noch heute an die erstaunten Gesichter meiner Kollegen, als ich mit Schleier und schwarz gekleidet ankam, und das, obwohl ich sie darauf vorbereitet hatte. Wie sie mich ansahen! Wie eine Kuh mit Hut.

Jahre später, als meine Mutter gestorben war, wusste ich nicht, was ich tun sollte. ‚Wo will Gott mich haben?', fragte ich mich. ‚In Lintula?' Bei den Orthodoxen liegen die Klöster weit von den Städten entfernt und ich dachte daran, ein Kloster mitten in Helsinki zu gründen. Ich erfuhr von einem Haus, das leer stand, sprach mit dem Bischof und erklärte ihm die Idee. Am selben Abend hatte ich die Schlüssel in der Hand.

Ich bat meine Freunde und Bekannten um Möbel, Ikonen und alles andere Notwendige. Wenige Tage später musste ich sie bitten, mir nichts mehr zu schicken, denn ich lief Gefahr, unter all den Dingen begraben zu werden. Sie hatten sehr großzügig auf meine Bitte geantwortet.

Jetzt beten wir jeden Donnerstag gemeinsam das Akatistos und ab und zu kommt ein Priester, um die göttliche Liturgie zu feiern. Jeden Tag kommen Menschen, um hier zu beten. Sie erzählen von ihren Problemen und wir beten für alle, besonders aber für die Einheit der Kirche, damit wir das sind, was Christus uns gelehrt hat: eine einzige Herde und ein einziger Hirt.

Bis jetzt war ich allein, aber in Kürze kommt eine Ordensfrau aus Zypern, die bis jetzt ihren kranken Vater versorgen musste. Und ich bitte Gott darum, dass er mir mehr Menschen schickt.

Dieses Haus ist wie eine Insel in einer Welt des Leidens. Denn es leiden nicht nur die Menschen in den Flüchtlingslagern. Hier, in Helsinki, leiden viele, trotz der materiellen Mittel, die sie haben. Jeden Tag erlebe ich das: Krankheiten, familiäre Probleme …, denn sie sind von Gott entfernt. Die einfache Tatsache, noch einen Tag mehr zu leben, ist für sie hart. Es gibt viele alte Menschen, die einsam sind, Menschen ohne Hoffnung, innerlich zerstört …

Ich verstehe immer noch nicht den Sinn des Leidens. Es ist ein Geheimnis. Aber ich habe feststellen können, dass der Schmerz reinigt, und wenn man ihn in Liebe annimmt, wird er zu einem Weg, um Gott zu finden.

‚Warum passiert das ausgerechnet mir?‘, fragen sie mich. Ich antworte dann, dass wir den Grund hier auf Erden vielleicht nie erfahren werden, aber dass die Widrigkeiten uns helfen, besser zu werden. Sie befreien uns davon, zu meinen, wir seien autark und könnten unser Leben absolut beherrschen. Sie helfen uns, reifer zu werden. Sie führen uns zu Gott und bei Gott gibt es immer Hoffnung.

Dank dieser Hoffnung lebe ich. Und dank des Vertrauens auf die Gnade kämpfe ich weiter. Vor Kurzem las ich eine Legende, die teils lustig, teils ernst war. Sie erzählt von einem Mann auf dem Berg Athos, der einen Mönch fragt, was das Wichtigste im Leben sei. ‚Gott und den Nächsten aus ganzem Herzen zu lieben‘, antwortete ihm der Mönch.

‚Und jener Mann nahm sich vor zu lieben‘, fährt der Erzähler fort, ‚und nach vierzig Jahren hatte er das erreicht.‘

‚Gut‘, sagte ich mir, ‚ich habe damit angefangen und vierzig Jahre sind eine lange Zeit. So bleibt mir noch einiges, um lieben zu lernen.‘“

9. DER SIBELIUS-PARK
Sari Mäkimattila

Ich verabredete mich mit Sari für Mittwochabend im Sibelius-Park, in dem das Denkmal des berühmten finnischen Komponisten steht. Am Sonntag danach fanden die Wahlen in Finnland statt und ich dachte, es sei besser, mich mit Sari so früh wie möglich zu treffen, denn für ein wichtiges Parteimitglied, wie sie es ist, wird die letzte Woche vor den Wahlen besonders stressig. Aber wenige Stunden vorher rief sie mich an, um unsere Verabredung aufzuschieben, da sie ihre Tochter dringend ins Krankenhaus bringen musste. Als wir uns dann freitags trafen, sah man ihrem Gesicht die Müdigkeit an, denn sie hatte drei Tage an Saras Bett gewacht. Man hatte mir gesagt, dass sie zu hundert Prozent Mutter sei. Und das sprach ich jetzt an.

„Nein, was für mich hundertprozentig ist, ist der Glaube. Ich bin in erster Linie lutherische Christin und dann Mutter. Ich betrachte mich als Tochter, als Tochter eines Gottes, der mir gläubige, zärtliche Eltern geschenkt hat. Mein Vater war lutherischer Pastor, ein großartiger, spiritueller Mann, der zu lieben verstand und von allen geliebt wurde. Er predigte aus ganzem Herzen und seine Worte drangen ins Herz. Er war seinen Prinzipien treu, und wenn man ihm vom Priestertum der Frauen sprach, stellte er sich mit ganzer Kraft dagegen: ‚Gott zeigt uns in der Bibel seinen Willen klar und deutlich‘, sagte er.

Mit achtzehn Jahren begann ich, Medizin und Diätetik zu studieren. Ich träumte von alldem, wovon ein Mädchen in dem Alter träumt: den Mann meines Lebens zu treffen, zu

heiraten, eine Familie zu gründen und meinen Beruf auszuüben. Und wenn ich mit meiner Patin sprach, dann schilder-
te ich ihr sogar die Augenfarbe, die mein Traummann haben
sollte.

Kurze Zeit später, im Mai, ging ich mit einigen Freundinnen in den Sibelius-Park, wo eine Gruppe von christlichen
Studenten einen Wettkampf im Minigolf organisiert hatte. Sie
wollten damit Geld für die Mission sammeln. Es gab eine Regel: Die Teilnehmer mussten paarweise antreten, und obwohl
ich mich am Anfang nicht traute, denn ich hatte das noch
nie gespielt, habe ich mitgemacht. Wir fingen an zu spielen
– er sehr gut, ich katastrophal – und wir wurden Zweite. Der
Schiedsrichter, der die Preise verteilte, war ein junger Mann,
und als er mich begrüßte – es waren nur ein paar Augenblicke –, geschah mit mir etwas ganz Besonderes. So besonders,
dass ich am Abend in mein Tagebuch schrieb: ‚Ich ahne, dass
ich heute meinen zukünftigen Mann kennengelernt habe.‘

Es war eine platonische Verliebtheit, wir hatten uns nur
ein paar Sekunden gesehen, während wir uns begrüßten und
man ein Foto von uns Zweitplatzierten machte. Wenige Tage
später träumte ich, dass meine Mutter und meine Oma mir
sagten: ‚Sari, wie schön! Du hast deinen Mann gefunden.‘

Tausende Heranwachsende auf der ganzen Welt erleben
dieses Karussell der Gefühle und der Vorahnungen und eine
Woche später haben sie das schon wieder vergessen. Aber
bei mir war es anders. Acht Tage später ging ich mit meiner
Schwester zu einer anderen Veranstaltung der Gruppe und
dort kauften wir uns an einem Stand ein Eis.

‚Du bist diejenige, die den zweiten Platz gewonnen hat‘,
rief der Eisverkäufer aus, und indem er sich an die anderen

Jugendlichen wandte, sagte er: ‚Ihr müsst mich ablösen, ich mache eine Runde und komme nachher zurück.'

Ich hatte noch nicht einmal am Eis geleckt, als mir klar wurde: ‚Das ist er!' Und wir gingen spazieren. Meine Schwester, die die Situation durchschaute, sagte das, was man in so einem Fall sagt: Sie müsse schnell weggehen, denn sie habe etwas Wichtiges vergessen … Und so blieben wir allein. In der Situation spricht man keine hoch philosophischen Fragen an. Wir sprachen ganz konkret von einem Kaninchen, das ich sehr liebte und das krank war. ‚Nach dem, was du mir erzählst, hat es eine Chromosomenveränderung', meinte er.

Drei Jahre später – inzwischen war ich vierundzwanzig – haben wir ein Foto vom Preis beim Minigolf als Einladung zur Hochzeit verschickt.

Da mein Mann ein brillantes Examen machte und ausgezeichnet wurde, bekam er sofort eine Stelle in Helsinki. Ich versuchte, dort auch etwas zu finden, aber es blieb mir nichts anderes übrig, als in einer Klinik in Kuopio zu arbeiten, vierhundert Kilometer entfernt. Das hieß, dass ich jede Woche hin- und herfahren musste. Ich habe eine bittersüße Erinnerung an Kuopio, wo ich anfing zu arbeiten und gleichzeitig meine Doktorarbeit schrieb, vor allem aber, weil in die Sprechstunden Frauen kamen, die den Wunsch hatten, abzutreiben. Zu meinem Glück wusste meine Chefin, dass ich Christin bin, und sie erreichte, dass ich nicht verpflichtet wurde, gegen mein Gewissen zu handeln. Zur Zeit haben wir in Finnland den Respekt vor der Freiheit verloren, jetzt kann man sich nicht mehr auf sein Gewissen berufen.

Außerdem litt ich sehr unter dem Verhalten eines Professors, der mich öffentlich wegen meines Glaubens verspottete.

‚Wie ist es möglich, dass du an diese Dummheiten glaubst?‘, fragte er mich. Und ich antwortete ängstlich, denn ich wusste, dass seine Note bei der Beurteilung meiner Doktorarbeit entscheidend sein würde.

Ich bat Gott um Kraft, diese Situation, wegen der ich sehr angespannt war, zu bestehen. Ich betete für den Professor, damit Gott ihm den Glauben zurückschenke und die ewige Seligkeit. Meine ganz konkrete Bitte war: ‚Mein Gott, führe ihn ins Paradies. Aber sei so gut, dass wir uns dort nicht treffen.‘

Trotz seiner Unverschämtheiten schaffte ich meinen Doktortitel und 2002 zog ich nach Malmö und spezialisierte mich dort in Endoktrinologie. Und jetzt ging es anders herum: Mein Mann kam jedes Wochenende zu mir nach Schweden, indem er die Reisen ausnutzte, die er beruflich dorthin machen musste.

Auch meine Erinnerungen an Malmö sind aus verschiedenen Gründen sehr gemischt. Ich war daran gewöhnt, jeden Sonntag in den protestantischen Gottesdienst zu gehen, und stellte fest, dass die schwedisch-lutherische Kirche sehr verweltlicht war. Das ging so weit, dass die Mitglieder des Kirchenvorstandes sich aufteilten, sodass jeden Sonntag im Monat nur einer von ihnen am Gottesdienst teilnahm. Ich bemühte mich darum, so gut wie möglich zu helfen, und ging in den Chor. Aber nur einige Lieder, die gesungen wurden, hatten einen religiösen Bezug und sehr wenige einen christlichen Hintergrund.

Währenddessen erzählte man mir, dass der Professor aus Kuopio sich nach dem Tod seines Vaters auf erstaunliche Weise verändert habe und ein überzeugter Christ geworden sei.

Ich war wie betäubt. Gott hatte mein Gebet erhört, so sehr, wie ich es nie erwartet hatte.

In der Zeit wurde mein Vater krank und manchmal rief er mich an und sagte: ‚Sari, sprich mit mir. Ich möchte nur deine Stimme hören. Dir zuzuhören ist für mich in diesen Momenten das Beste.'

2003 ging ich nach Finnland zurück. Wir machten uns Sorgen, denn wir bekamen keine Kinder, bis ich 2005 Sara erwartete. Eines Nachts, Monate vor ihrer Geburt, träumte ich von ihr und hörte eine innere Stimme oder, besser gesagt, ich erfasste im Inneren: Mit der Geburt dieser Tochter wird viel Leid auf dich zukommen.

Nach ihrer Geburt verstand ich den Sinn dieses Satzes und erinnerte mich an die erste Unterhaltung mit meinem Mann und seine Worte: Chromosomenveränderung. Es begannen fünf sehr harte Jahre mit fast täglichen epileptischen Anfällen und anderen Krankheiten und ich musste mich ständig um Sara kümmern, Tag und Nacht. Noch härter waren die Vorwürfe meiner Freundinnen. Bei einigen reichte schon der Blick, wie sie mich anschauten. Andere fragten mich ganz offen: ‚Aber Sari, wie kannst du als Ärztin so ein Kind zur Welt bringen?'

Diejenigen, die sich nicht trauten, so etwas zu sagen, fragten: ‚Hat man dir das denn während der Schwangerschaft nicht gesagt?'

Sie haben nicht verstanden, dass ich Sara geboren hätte, auch wenn mir all das bekannt gewesen wäre, denn das Leben ist heilig und nur Gott kann darüber verfügen.

Leider kommen jetzt nur wenige Kinder wie Sara zur Welt. Es überleben nur einige wenige, weil sich ihre Mütter bewusst

dafür entscheiden oder weil der Arzt vergessen hat, es mitzu-
teilen. Die meisten werden abgetrieben.

Ich wurde wieder schwanger, obwohl mir die Ärzte und
meine Bekannten abrieten, das Kind auszutragen, und mich
damit in Angst und Verzweiflung stürzten, bis zu dem Moment, als Marko geboren wurde. Er ist ein gesunder Junge
voller Vitalität. Manchmal mit zu viel Vitalität!

Um mich meiner Familie und vor allem Sara widmen zu
können, hörte ich auf zu arbeiten. Ich habe bereits davon gesprochen, dass für mich fünf sehr harte Jahre begannen, in
denen ich besonders für meinen Mann da war, denn er war
und ist immer an erster Stelle und der Wichtigste. In solch einer Situation besteht die Gefahr, dass er vernachlässigt wird,
denn da war mein kleiner Sohn und Sara, die, je größer sie
wurde, unter weiteren Anfällen litt und die wir zu jeglicher
Zeit, Tag und Nacht, ins Krankenhaus bringen mussten.

Nach diesen fünf Jahren fühlte ich mich physisch und
mental ausgebrannt. Es waren Monate über Monate ständigen Wachens und ich merkte, dass es so nicht weitergehen
konnte. Ich folgte dem Rat der Ärzte und mein Mann und ich
entschieden uns schweren Herzens, Sara in eine spezialisierte
Behandlung zu geben.

Den Leuten fällt es schwer zu glauben, wenn ich ihnen
sage, dass es zwar fünf harte Jahre waren, aber keine schrecklichen, denn in dieser Zeit spürte ich eine große Gelassenheit und einen außerordentlichen Frieden. Gott stärkte mich
und in jedem Moment hielt er mich in seinen Händen. Mein
Glaube wurde sehr stark, so sehr, dass ich fest davon überzeugt bin, dass der Herr uns niemals verlässt. Das ist eine Tatsache, die ich mit Händen greifen konnte.

Im Jahr 2010, Sara war im Krankenhaus und Marko in der Schule, entschied ich, mich in der Politik zu engagieren. Die Abwesenheit von Sara war für mich sehr traurig, deshalb hatte ich mich entschlossen, wieder als Ärztin zu arbeiten. Zu Beginn versuchte ich es, aber es war keine gute Erfahrung, denn ständig musste ich den Patienten die Termine absagen, weil ich Sara ins Krankenhaus bringen musste. Das ging auf Dauer nicht.

Übermorgen haben wir in Finnland Wahlen. Ich weiß nicht, wie meine Partei abschneiden wird. Für mich ist die Politik ein Mittel, um für meine Überzeugung und für meine Familie zu kämpfen, ganz konkret für meine Tochter und für Kinder, die wie sie krank sind, damit die Gesellschaft sie als das annimmt, was sie sind. Jedes dieser Kinder ist einzigartig und wir müssen sie respektieren, denn jedes von ihnen hat die Würde eines Kindes Gottes, sie sind seine geliebten Kinder, die er in den Himmel führen will.

Jedes Mal, wenn ich an den Himmel denke, erinnere ich mich an meinen Vater, der eines Nachts träumte, dass einer der Gläubigen seiner Pfarrei, der gestorben war, ihn fragte: ‚Warum hast du uns so wenig über den Himmel gesagt und über das Glück, das Gott uns verheißen hat?‘

Dieser Traum beeindruckte ihn so sehr, dass er begann, in den letzten Jahren seines Lebens, in denen er eine Muskelschwäche erlitt, die sich besonders auf seine Sprache auswirkte, sehr oft darüber zu predigen.

Kurz vor seinem Tod wurde noch einer seiner größten Wünsche erfüllt: Er fuhr nach Rom. Ich habe ihn mit meiner Mutter und meiner Schwester begleitet. Von dort fuhren wir nach Orvieto, wo er so müde ankam, dass er nicht einmal mehr die Kraft hatte, die Kathedrale zu besuchen. Er sagte uns, wir sollten dort hingehen, während er sich in einem Restaurant ausruhte. Während dieser Zeit sah er einen katholischen Priester, der eine große Freude ausstrahlte, als er an der Kirchentür eine Pilgergruppe empfing. ‚So müssen wir Christen sein‘, sagte er, als wir zurückkamen, ‚froh, herzlich, liebenswürdig und sympathisch. Wenn wir von Gott sprechen, müssen wir immer ein Lächeln auf den Lippen haben.‘ Und er schrieb einen Artikel über diesen Priester und die Freude, die zu einem Christen gehört.

Vor Kurzem, nach seinem Tod, musste ich zu einem Kongress über Diabetes nach Orvieto fahren. Ich war in der katholischen Kirche gegenüber dem Restaurant und erzählte dem Pfarrer, was geschehen war. Logischerweise erinnerte er sich nicht daran, aber er sagte mir etwas, das mir eine große Freude bereitete: ‚Es kann sein, dass ich das war, ich weiß es nicht. Aber auf jeden Fall werde ich heute Abend die Messe für die Seele deines Vaters feiern.‘"

10. DER KOMPASS IM WALD
Seppo Rotinen

Die Liebe ist das letzte und höchste Ziel,
das der Mensch erstreben kann.
Viktor Frankl

„Ich weiß nicht, ob du eine Reise nach Ilomantsi in Nordkarelien geplant hast, wo ich geboren bin. Es ist eine Gegend mit Wäldern und Seen, sehr nah an der russischen Grenze. Viele Generationen meiner Vorfahren lebten dort und widmeten sich dem Ackerbau und der Viehzucht, weit entfernt vom Rest der Welt.

Das bedeutet nicht, dass wir ein langweiliges Leben geführt hätten, denn auf einem Bauernhof wie dem unseren, wo es, abgesehen vom Haus und der Sauna einen Stall mit acht Kühen, einem Pferd und vielen anderen Tieren gab, hatten wir keine Zeit, uns zu langweilen, noch weniger der kleine Junge, der ich damals war.

Meine Kindheit war ähnlich wie die meiner Eltern und Großeltern – ich wuchs auf in einer bescheidenen Umgebung, in einer lutherischen Großfamilie – und mein Leben wäre wahrscheinlich genauso weiter verlaufen, hätte es da nicht zwei Personen gegeben: Herrn Vissariónovich und Frau Helmi.

Herr Vissariónovich organisierte am 26. November 1939 eine Art Theater in Mainila, einem Dorf im Tal von Karelien, wenige Kilometer im Norden von Petersburg, das man bis vor Kurzem noch Leningrad nannte. Der Auftritt bestand darin, dass er einige Bömbchen explodieren ließ, und behauptete, dass es sich um Angriffe der Finnen handle. Danach stellte er ein Ultimatum, indem er die Finnen aufforderte, sich fünfundzwanzig Kilometer weit hinter die Grenze zurückzuziehen, und seine Regierung solle sich für das Geschehene entschuldigen.

Da die finnische Regierung schlüssige Beweise dafür hatte, dass die Attacke eine organisierte Inszenierung einer Truppe der Artillerie war, weigerte sie sich, schlug aber als Geste des guten Willens und auch des Realismus vor, dass beide Seiten sich zwanzig Kilometer von der Grenze zurückziehen sollten, damit diese Gegend entmilitarisiert wäre.

Als Herr Vissariónovich das hörte, regte er sich sehr auf und sagte, dass durch eine Entmilitarisierung sein geliebtes Leningrad ungeschützt sei. Diese Farce ging so weit, dass er vier Tage später, am 30. November 1939, Finnland formell den Krieg erklärte.

Dank Herrn Vissariónovich, besser als Stalin bekannt, verließ meine Familie diesen versteckten Ort, der plötzlich im Mittelpunkt des internationalen Interesses stand. Wir verdanken es diesem Mann, dass Ilomantsi in die europäische Geschichte einging und dass die ganze Familie Rotinen den Bauernhof verlassen musste, bevor die Rote Armee anrückte. Wir versteckten uns in Siilinjärvi, im Zentrum von Finnland.

Es war ein Kampf zwischen David und Goliath. Die Finnen rechneten mit der Hilfe von Schweden, England und den USA, die aber nie kam. Und so mussten wir – ich sage das einfach mal so, denn ich war noch nicht geboren – allein die

Grenze von einer Länge von 1200 Kilometern gegen fünf sowjetische Truppen verteidigen, die uns mit 450 000 Soldaten angriffen.

Man nannte diesen Krieg Talvisota (Winterkrieg), denn er dauerte vom November 1939 bis zum März 1940. Diese Attacke des *Gürtels von Finnland* – so nannte es Churchill – war für die Angreifer katastrophal, denn die finnischen Soldaten waren mit Skiern und angemessener Kleidung ausgerüstet. Außerdem kämpften die Finnen mit allem Einsatz, waren gut durchtrainiert, und als die russischen Truppen fünfzig Kilometer ins Innere des Landes eindrangen, fielen sie über sie her und Ende Dezember war der russische Versuch, den *Gürtel* zu überschreiten, gescheitert.

Ein Jahr danach, im Juli 1941, ging der Konflikt weiter. Ilomantsi verwandelte sich in ein Schlachtfeld mit heftigen Kämpfen, die bis zum 13. August weitergingen. Es war die letzte große Attacke der feindlichen Truppen.

Der Krieg wurde am 19. September 1944 beendet und ich wurde wenige Monate später geboren, nachdem meine Familie wieder nach Ilomantsi zurückgekehrt war und das Leben auf dem Bauernhof wieder normal verlief, wie in jeder großen Familie mit dem Lachen und Streiten der Kinder. Aber der Schatten des Krieges war gegenwärtig. In meiner Kindheit, während der langen Wintermonate, hörte ich häufig von den Sisu, die wir in den Schlachten bewiesen hatten. Sisu ist ein Ausdruck, der mehr oder weniger besagt, dass man, wenn man etwas erreichen will, einen Stein wegschaffen muss. Es bedeutet Mut, Tapferkeit, Hartnäckigkeit, Beharrlichkeit, Fähigkeit, etwas auszuhalten, und Stärke.

Meine Geschwister lobten vor allem Sisu bei zwei Personen, einem Großen und einem Kleinen. Der Große, Riesige, war unser fast zwei Meter große Feldmarschall Gustav Mannerheim, der in Nepal zwei Tiger erlegt und uns zum Sieg geführt hatte. Und der Kleine – der darum nicht weniger bewundernswert war – war Sima Häyhä, ein junger Landwirt, wie wir aus Karelien, der sich einen Tag nach der Invasion beim Heer gemeldet hatte und sich zu einem außergewöhnlichen Scharfschützen entwickelte: In wenigen Tagen erschoss er 550 der feindlichen Soldaten.

Das, was man mir von Häyhä erzählte, regte meine kindliche Vorstellung an: Er handelte allein, tauchte auf und war dann wieder verschwunden, ein Einzelkämpfer. Man nannte ihn *Belaya Smert*, den weißen Tod. Er schoss bei 40 Grad unter null, den Mund voller Schnee und ohne auf das Fernrohr zu schauen, damit sein Atem und der Reflex der Sonne ihn nicht verriet. Am Ende des Krieges beförderte man ihn zum Leutnant, und als man ihn lobte, rief er aus: ,Ach, ihr hättet mal meinen Vater sehen müssen, wie der schießt!'

Ich wäre mein ganzes Leben lang auf unserem Bauernhof geblieben, wäre während des Sommers in den Seen tauchen gegangen und hätte im Winter versucht, den Mädchen mit meinem Skispringen zu imponieren, so wie es meine großen Brüder machten. Wäre da nicht Frau Helmi, meine Mutter, gewesen, die sich, genau wie Herr Rotinen, mein Vater, in den Kopf gesetzt hatte, dass diejenigen von uns, die die Fähigkeiten dazu hatten, trotz der bescheidenen finanziellen Situation zur Universität gehen sollten. Und da ich ein guter Schüler war, entschieden sie, mich zum Studium in die Hauptstadt von Nordkarelien, nach Joensum, zu schicken. Tatsächlich war ich der Einzige von meiner Schule, der dorthin ging.

Leider nützten meine Proteste nichts und in wenigen Tagen war ich für die Expedition vorbereitet. Eingehüllt wie eine Wurst in mehrere Hemden und Pullover, mit einem Mantel, der für den Nordpol geeignet war, die Ohren gut geschützt durch eine Wollmütze, die über die Ohren ging. Ich hatte eine Milchkanne dabei und einen Korb mit Schwarzbrot und hausgemachter Butter, um die Hungerattacken während des Unterrichts zu bekämpfen, denn die Verpflegung, die wir in der Nachkriegszeit in den Schulen bekamen, war nicht gerade reichhaltig.

In Joensum ging es mir gut, auch wenn ich das freie Leben vermisste. Glücklicherweise machte ich nach der Universität, die gratis war, denn sonst hätte ich sie nicht besuchen können, den Militärdienst an einer offiziellen Militärschule, die einige hundert Kilometer im Süden lag. Dort lebte ich ein Jahr in der Natur, geleitet von meinem Kompass. Wir Finnen sind jahrhundertelang zur Jagd über vereiste Seen und durch Wälder gestreift, in dem Wissen, dass wir stunden- oder auch tagelang niemanden auf dem Weg treffen würden. Wir wissen, dass der Kompass unser Rettungsseil ist, und wenn wir ihn verlieren, kann das manchmal bedeuten, dass wir unser Leben verlieren.

Mich steckte man in eine Armee, deren Namen man mit „die Krieger an der Front" bezeichnen könnte, wo ich sehr glücklich war. Eines Tages kam ein österreichischer General zu uns und der Kapitän sagte ihm, dass wir nur von unserem Kompass geführt und in der Lage seien, jeden Punkt damit zu erreichen.

‚Das kann ich nicht glauben', meinte der General und dachte, das sei Angeberei.

Wir Finnen sind ernsthafte Leute. Der Kapitän ließ sich nicht beirren. Er breitete eine Landkarte auf dem Tisch aus und schlug vor:

‚Mein General, bestimmen Sie bitte den Punkt, zu dem jeder Einzelne gehen soll.'

Der Österreicher wies auf verschiedene Punkte, die ziemlich weit voneinander entfernt waren. Stunden später fuhren sie im Auto zu den angezeigten Orten und fanden jeden Soldaten an seinem Platz.

Als ich den Militärdienst beendet hatte, gab es für mich ein Problem: Es gab nur drei medizinische Fakultäten, sie reichten nicht aus, um alle aufzunehmen, die den Wunsch hatten, Arzt zu werden. Die Regierung sah das nach finnischer Art pragmatisch. Sie entschied, dass es preiswerter war, den Studenten ein Stipendium im Ausland zu bewilligen, als eine neue Fakultät zu errichten. Es gab dafür einige Plätze, ich meldete mich und erhielt ein Stipendium zum Studium in Österreich.

Ich war zwanzig Jahre alt, und als ich in Wien ankam, erschien mir das wie ein Traum: die Ringstraße, die Oper, der Prater, der Stadtpark und die Statue von Johann Strauss ... Ich fühlte mich wie auf einem anderen Planeten. So fasste ich den Vorsatz, abgesehen von den guten Noten, die ich erreichen musste, mich mit der Wiener Kultur zu beschäftigen, vor allem mit der Musik. ‚Jetzt oder nie', dachte ich. (Die Möglichkeit, das Examen nicht zu bestehen, kalkulierte ich nicht ein, denn ich hatte weder das Geld, um Weihnachten nach Hause zu fahren, noch um die Immatrikulationsgebühren zu bezahlen, und wenn ich die Prüfung nicht bestand, bedeutete das das Ende meiner Karriere.)

Mich erstaunte das Tempo des Wiener Lebens, viel zu intensiv für einen Jungen wie mich, der so viel studieren musste. Das akademische Niveau war sehr hoch – nur die Hälfte der Studenten beendeten das Studium – und alle Prüfungen waren mündlich. Hinzu kam in meinem Fall das Sprachproblem ... Bis eines Tages mein Freund Timo mir vom Studentenheim Birkbrunn erzählte, wo er wohnte. ‚Warum kommst du nicht mal zu uns?‘, fragte er mich. ‚Da ist eine gute Arbeitsatmosphäre, die hilft zu lernen.‘

Er kommentierte, dass das Haus von Katholiken geleitet würde, was mir gar nichts sagte, außer, dass bei mir ein paar negative Schlagwörter aus meiner Schulzeit hängen geblieben waren.

Das Klima dort im Studentenheim gefiel mir, es herrschte dort eine Studienatmosphäre, bei der man auch Freude spürte. Kurze Zeit später zog ich dorthin um. Ich wohnte mit Studenten und Berufstätigen zusammen, die großes kulturelles Interesse hatten, wie Ernst Burkhart, ein junger Jurist, der mir von Josefmaria Escrivá, der damals in Rom wohnte, und seiner Botschaft der Heiligung der Arbeit erzählte.

Ich las den ‚Weg‘, der eine tiefe Spur in mir hinterließ, und ich entdeckte, dass die Religion nicht aus einer Anzahl von Riten besteht, sondern dem Leben einen Sinn verleiht, eine Begeisterung und eine Lebensart. Und ich hörte zum ersten Mal das Wort Opus Dei.

In Birkbrunn wohnte ein katalanischer Priester, Johannes Torelló, der vor seiner Priesterweihe in Spanien Medizin und Psychiatrie studiert hatte. Er hatte eine Reihe Bücher geschrieben, die mich interessierten, und ihm verdanke ich meinen Kontakt zu einem Freund von ihm, einem Juden, Viktor Frankl. Frankl hatte sehr viel Prestige, er ist der Gründer der dritten Wiener Psychiatrischen Schule für Psychotherapie, nach Freud und Adler.

Die menschliche und intellektuelle Persönlichkeit Frankls hat mich fasziniert. Er hatte verschiedene Konzentrationslager überlebt und war der Autor eines sehr bekannten Buches: ‚Der Mensch auf der Suche nach Sinn'. Dort beschreibt er sein Leben voller Tragödien[3] aus der Sicht des Psychiaters.

Obwohl ich viel studieren musste, nahm ich mir vor, möglichst alle Vorträge von Frankl zu besuchen. Er sprach mit großer Redegewandtheit über die Suche nach dem Sinn. ‚Wenn du eine schmerzliche Situation nicht ändern kannst, kannst du aber wohl deine eigene Haltung gegenüber dem Schmerz ändern.'

Er beeindruckte mich so sehr, dass ich mit anderen Medizinstudenten in Birkbrunn einen Klub aufbaute, um Logotherapie zu studieren. Ihre Lehre beruht darauf, dass die Suche nach einem Sinn die erste Motivation für den Menschen ist.

Diese beiden Persönlichkeiten, Escrivá und Frankl, haben mich in unterschiedlicher Hinsicht tief geprägt: Im Geistlichen und im Beruflichen. Ich lernte viel von der anthropologischen Sichtweise Frankls, die immer einen großen Respekt vor dem Christlichen hatte. Er sagte uns, dass es ihn immer wieder erstaune, dass eine Religion, die seit zweitau-

---

[3] Sein Vater war in Theresienstadt den Hungertod gestorben, seine Mutter in der Gaskammer in Auschwitz, sein Bruder verschwand in einem anderen Lager. Seine erste Braut, Tilly, starb während der Befreiung des KZs Bergen-Belsen, sie wurde von der Menge totgetrampelt.

send Jahren besteht und der die besten Köpfe des Westens angehörten, eine Sicht des Menschen habe, die in vieler Hinsicht unübertrefflich sei. Deshalb übernahm er große Teile der christlichen Anthropologie, auch wenn er kommentierte, dass er keinen Buchstaben von der christlichen Theologie übernehmen könne.

Ich verstand die Gedanken Frankls durch seine Worte, die mit ihm als dem Gründer der Logotherapie übereinstimmten. Dagegen verstand ich die Botschaft des heiligen Josefmaria, weil die Personen des Opus Dei sie mir durch ihr Leben zeigten. Sie hatten wie alle Menschen Tugenden und Fehler, bemühten sich aber um die Nachfolge Christi in der Welt, was ich aber anfangs nicht verstand.

Wie viele Christen meiner Zeit dachte ich, dass es ausreiche, wenn ich den Sonntagsgottesdienst besuchte, während mein *wirkliches* Leben – meine Familie, mein Beruf, meine sozialen Beziehungen – nichts damit zu tun hätten.

Ich verstand, dass Escrivá von einer Ganzhingabe inmitten der Welt sprach, so wie es die ersten Christen gelebt hatten, mit dem Eifer, Christus in alle menschlichen Tätigkeiten hineinzunehmen. Es ging nicht um die Erfüllung einer Reihe von Pflichten oder darum, Gott eine Stunde in der Woche zu widmen, sondern darum, das ganze menschliche Leben, die familiären und sozialen Beziehungen, die Arbeit, die Erholung mit Gott und mit Liebe zu Ihm zu erfüllen.

Er erinnerte daran, dass alles menschlich Ehrenhafte uns zu einem Umgang mit Jesus Christus führen kann. Die Weite des Horizonts und die Ideale machten mich schwindelig, denn das bedeutete für mich eine kopernikanische Wende nach alldem, was ich bisher gehört hatte.

Das menschliche Verhalten der Leute vom Opus Dei erschien mir aus der psychologischen Perspektive sehr interessant. Jeder von ihnen hatte seine Besonderheiten, seine Tugenden und Fehler, sie waren sehr unterschiedlich, aber sie waren wie durch eine *innere Symphonie* miteinander verbunden: durch das Leiden Christi. Eines Tages stellte sich mir die Frage, ob ich zum Opus Dei gehören wollte. Ich hatte ebenfalls den Wunsch, mich anzustrengen, in jedem Moment meinen Glauben, den ich in der Taufe erhalten hatte, konsequent zu leben, im Alltag, im Beruf, in der Familie, *auf der Straße* …

Ich entdeckte die Persönlichkeit Escrivás, eines Mannes der Kontraste, der Gegensätze, ohne widersprüchlich zu sein. Eine spanische Schriftstellerin definierte ihn einmal als einen Priester, der sich genauso bei der Wandlung von Brot und Wein verausgabte wie beim Hören der Nachricht, dass die Sowjets in der Tschechoslowakei eingerückt waren. Ein Mann, der seine Briefe mit ‚der Sünder Josemaría‘ unterschrieb und der beim Lesen der Zeitung über die Sünden der Menschen weinte. Das bedeutet, er war als Priester tief menschlich und zugleich tief geistlich.

Frankl und seine Frau Eleonore hatten die Gelegenheit, ihn während ihres Romaufenthaltes persönlich kennenzulernen. Was Frankl besonders auffiel, waren seine erfrischende Gelassenheit, der unglaubliche Ideenreichtum und seine erstaunliche Fähigkeit, mit anderen Menschen in Kontakt zu treten.

Mein Wunsch, dem Opus Dei anzugehören, stieß auf zwei Hindernisse, die, wenn man realistisch ist, jeden mutlos gemacht hätten. Erstens war ich nicht einmal katholisch und zweitens, so sehr mich auch das alles begeisterte, Mitte der 1960er-Jahre gab es niemanden vom Opus Dei in Finnland, wohin ich nach Beendigung meiner Studien zurückkehren wollte.

Mir erscheint es noch immer wie ein Wunder, dass mir der Herr in jenen Momenten Licht schenkte: Zuerst einmal, dass ich den Schritt tat, in die katholische Kirche einzutreten und wenige Monate später um die Aufnahme ins Opus Dei zu bitten. Ich war der erste Finne des Opus Dei. Ich war glücklich und gleichzeitig erschrocken, denn ich wusste, dass man in meinem Land alles erst aufbauen musste. Und damit ich die notwendige geistliche Bildung empfangen konnte, musste ich – oder ein anderer – Tausende Kilometer zurücklegen.

‚Mach dir keine Sorgen‘, sagte man mir, ‚wenn es notwendig ist, dreitausend Kilometer zu fahren, machen wir das.‘

Ich dachte, das sei nur eine Phrase, aber nein, kurze Zeit später wurde es wahr. Ich beendete mein Studium, heiratete Carmen und zog nach Finnland. Und wie man mir gesagt hatte, kam ein Priester des Opus Dei, Theo Irrgang, regelmäßig, um mich und einige andere zu betreuen, die man an einer Hand abzählen konnte. Und da waren sogar noch Finger übrig ... Er hielt den Einkehrtag, hörte Beichte, unterhielt sich mit katholischen und nicht katholischen Freunden von mir, die wir inzwischen kennengelernt hatten. Die meisten von uns waren jung, Berufstätige, die gerade frisch verheiratet waren.

Bei seiner ersten Reise legte er 3288 Kilometer zurück. Es waren die ersten Schritte des Opus Dei in Finnland, ein Akt des Glaubens. Ich sah nichts, so wie man in einem Schneesturm nichts sieht. Menschlich gesehen, erschien es verrückt, zu denken, dass die katholische Kirche aufhören würde, eine kleine, unbekannte Minderheit zu sein, und dass konkret das

Opus Dei in Finnland Fuß fassen würde. Vielleicht in einigen Jahrhunderten … Die Früchte werden in vielen Jahren kommen, so dachte ich. Und ich werde es nicht mehr erleben.

Vor einigen Tagen sah ich im Internet das Interview mit Oskari, worüber ich mich sehr freute. Vor einigen Jahren war das für mich noch undenkbar. Und jetzt, wo ich schon Großvater bin (noch dazu dreifach, denn meine Enkelkinder sind Drillinge) sehe ich, dass Gott alles gemacht hat, noch dazu dreimal mehr, als ich gedacht hatte."

11. EIN FERNSEHINTERVIEW
Oskari Juurikkala

Nach meiner Interhaltung mit Seppo suchte ich im Internet nach dem Interview mit Oskari Juurrikkala, das vom finnischen Fernsehen gesendet worden war. Oskari ist ein jugendlicher Typ, der sehr nordisch aussieht. Das Interview, das am 10. Januar 2007 gezeigt wurde, findet in einer entspannten Atmosphäre statt. Seine Mutter Kaija ist in Finnland bekannt: Sie ist Malerin, Regisseurin, Drehbuchautorin. Die Interviewerin fragt ihn, wann er sich innerlich verändert habe. Oskari antwortet, das sei am Ende seiner Kindheit gewesen.

OSKARI: „Damals habe ich angefangen, viel zu lesen, das Christentum interessierte mich. Es ist nicht leicht, das zu erklären. Die christliche Botschaft erschien mir viel tiefer und wahrer als andere gegenwärtige Denkrichtungen. Und so las ich weiter und vertiefte mich systematisch in den Glauben, stellte mir Fragen ... Ich wusste nichts vom Glauben. Absolut gar nichts!"

MODERATORIN *(belustigt)*: „Du warst also ein Heide?"

OSKARI: „Ja, ein Heide im wahrsten Sinne des Wortes. Ich hatte nicht einmal Unterricht im lutherischen Glauben bekommen."

KAIJA *(erklärend)*: „Du hast auch nie der lutherischen Kirche angehört."

OSKARI: „Religiös gesehen war ich Tabula rasa. Und nachdem ich einige Bücher über das Christentum gelesen hatte, zog ich den Schluss, dass die Wahrheit bei der katholischen Kirche zu finden ist."

MODERATORIN: „Was hat dich im Katholizismus so angezogen?"

OSKARI *(nach kurzem Überlegen):* „Vor allem die Wahrheiten und die Werte, die ihnen entsprechen, besonders in Bezug auf die Familie. Ich hatte immer davon geträumt, zu heiraten und Kinder zu haben, und im Katholizismus habe ich einige tiefe Wahrheiten entdeckt, die in unserer Gesellschaft verloren gegangen sind."

KAIJA: „Das, was dann geschah, ist schon irgendwie komisch und paradox. Oskari träumte von klein auf davon, zu heiraten und Kinder zu haben, viele Kinder. Und jetzt hat er sich dafür entschieden, zölibatär zu leben!"

OSKARI: „Anfangs wusste ich nicht, was ich machen sollte. Ich wollte katholisch werden, aber ich kannte keinen Katholiken. Ich wusste nicht, wo ich suchen sollte, und eines Tages fand ich im Internet einen Artikel über das Opus Dei, der mich interessierte. ‚Was ist das?', fragte ich mich. Ich suchte bei Google und fand die Website des Werkes. Ich schrieb eine Mail an das Zentrum in Helsinki. Und an einem Weihnachtstag vor fünf Jahren entschied ich mich, dorthin zu gehen. Wie wird es da wohl sein? Ich stellte es mir so vor wie den Sitz einer Parteizentrale, mit Büros und Versammlungsräumen …

Als ich dort ankam, fand ich ein ganz normales, durchschnittliches Wohnhaus mit mehreren Etagen vor. Ich ging die Treppe hoch, klingelte an der Tür, und als man mir öffnete, sah ich, dass es eine ganz normale Wohnung war, mit einem gemütlichen Wohnzimmer und einer sehr schönen Kapelle. Diejenigen, die dort wohnten, waren sympathisch und froh. Ich dachte: ‚Das ist der richtige Platz für mich.‘ Und ich war absolut sicher, dass ich dabei war, das große Abenteuer meines Lebens zu beginnen."

MODERATORIN: „Und du hast dich taufen lassen."

OSKARI: „Ja. Zuerst nahm ich an Unterrichten über den christlichen Glauben teil, die Katechese, die jeder erhalten muss, der den Wunsch hat, katholisch zu werden. Das war sehr interessant, dort wurden Themen angesprochen, die eine Antwort auf wesentliche Fragen des Menschen gaben: Welchen Sinn hat das Leben, der Tod … Es interessierte mich sehr. Und im Oktober 2002 wurde ich getauft."

MODERATORIN: „War das so, als würde man nach Hause kommen?"

OSKARI *(sichtlich bewegt)* „Ja, so war es, ich kam nach Hause."

MODERATORIN *(indem sie sich an Kaija wendet):* „Und wie war für dich die Entscheidung von Oskari?"

KAIJA *(nachdem sie einige Sekunden nachgedacht hat):* „Ich sah, wie er immer reifer wurde, sensibler … Oskari war schon von klein auf eine für sein Alter reife Persönlichkeit. Und man konnte ihn selten weinen sehen. Wenn er sich mit seinen Brüdern stritt, hat er immer gewonnen, er setzte sich immer durch. Aber später bemerkte ich, dass er diese brüske Haltung verlor, er wurde menschlicher, hatte mehr Herz. Er wurde liebevoller und zärtlicher. Das ging so weit, dass er manchmal bewegt war, wenn er von etwas sprach, so wie es jetzt eben passiert ist."

INTERVIEWERIN: „Hattest du keine Angst, dass er vielleicht etwas … durcheinander war?"

KAIJA: „Nein, nein, diese Angst hatte ich in keinem Moment. Warum sollte ich sie auch haben? Außerdem gehöre ich nicht zu denen, die versuchen, die Zukunft ihrer Kinder nach ihrem Geschmack zu programmieren. Ich selbst habe schon immer im Leben gemacht, was ich wollte. Ich sah, dass er glücklich und zufrieden war. Warum sollte ich denken, er sei verwirrt? Ich verstand seine Entscheidung viel besser als einige seiner Freunde und nahen Verwandten. Und ich bereue nicht, dass ich ihm völlige Entscheidungsfreiheit gelassen habe."

MODERATORIN: „Oskari, du wolltest eine Familie gründen. War es Gott, der dich anders entscheiden ließ?"

OSKARI: „Ja, so könnte man sagen. Gott hatte andere Pläne für mich. Ich wollte Kinder haben, denn ich habe Kinder sehr gern. Eine Zeit lang habe ich meinem Vater geholfen, der

Schulleiter ist, und habe als Lehrer ausgeholfen. Und an derselben Schule habe ich meinen Zivildienst geleistet, der mir lieber war als der Militärdienst. Es war ein tolles Jahr."

KAIJA: „Das schönste deines Lebens!"

OSKARI: „Ja, tatsächlich. Ich habe in der Zeit viel gelernt. *(Er macht eine kurze Pause.)* Ich habe ein Mädchen gesucht, das gut, intelligent und reif war, um eine Familie zu gründen, aber im Gebet, als ich mit Gott sprach, verstand ich, dass es nicht das war, um was mich der Herr bat. Es lässt sich nicht leicht erklären, wie so etwas vor sich geht und wie es zu so einer innigen Verbindung mit Gott kommen kann, aber glaub mir, das gibt es."

INTERVIEWERIN *(neugierig):* „Gott sagte dir: Oskari, du sollst zölibatär leben?"

OSKARI *(ganz ruhig):* „Nein. Gott kam nicht, um mir das zu sagen, aber er gab mir ein inneres Licht und die notwendige Kraft, um ohne den geringsten Zweifel zu verstehen, dass er mich zölibatär lebend im Opus Dei haben wollte."

INTERVIEWERIN: „Aber wie ist es möglich, dass ein junger, aktiver Mann, wie du es bist, eine solche Entscheidung fällt?"

OSKARI: „Nun, es ist nicht unvereinbar, jung zu sein und zölibatär zu leben. Als ich mich dafür entschied, dachte ich nicht, ich werde es mal versuchen, mal sehen, ob es klappt. Es war eine feste Entscheidung für mein ganzes Leben. Ich habe während eines halben Jahres darüber nachgedacht und danach habe ich mich entschieden."

Ich habe Oskari im September 2015 in Rom kennengelernt, mehr als zweitausend Kilometer von Helsinki entfernt. Seine Situation hatte sich verändert und ich schlug ihm vor, das Interview fortzusetzen, dieses Mal ohne Mikrofon und ohne Fernsehen.

INTERVIEWERIN: „Was ist in den letzten Jahren passiert, Oskari?"

OSKARI: „Während der letzten Jahre, als ich in der Universität arbeitete, studierte ich Philosophie und Theologie, um meine Kenntnisse über den Glauben zu vertiefen und um besser mit den Menschen sprechen zu können. Ob sie gläubig sind oder nicht – viele stellen sich Fragen in Bezug auf ihr Leben, die Moral, auf Gott und die Kirche … Danach kam ich vor drei Jahren nach Rom und studierte hier full time Theologie. Während der Zeit habe ich gesehen, dass Gott mich darum bittet, ihm als Priester im Opus Dei zu dienen. Ich empfing bald die Diakonatsweihe durch den Prälaten des Opus Dei, Javier Echevarria, und einige Monate später die Priesterweihe."

INTERVIEWERIN: „Wie hat deine Mutter reagiert, als du ihr sagtest, dass du Priester werden wolltest?"

OSKARI: „Wie jede katholische Mutter, mit großer Freude, auch wenn sie noch nicht katholisch ist. Ich schicke dir ein

Foto, das mein Bruder Ville, der Fotograf ist, von uns gemacht hat, als wir im Januar 2013 auf dem Petersplatz stehen. Er fotografierte uns in der Dämmerung und ich denke, es ist sehr gut geworden."

INTERVIEWERIN: „Und der Rest der Familie?"

OSKARI: „Sehr gut. Zur Priesterweihe kommen viele von der Familie, wofür ich sehr dankbar bin. Und etliche Menschen, die beten und die für mich gebetet haben, und Freunde wie Jyri, Phi, Santi, Stephan und noch viele andere."

12. RAP
Joonatan

Wir sind die Spur, die der Staub der Sterne hinterlässt
und der uns zum Superstar führt.
(Background, Lecrae)

Jyri, ein Freund von Oskari, erzählt mir von Joonatan, einem
Freund, der ein bekannten Rapper aus Helsinki ist. Ich verab-
rede mich mit Joonatan für Sonntagabend und ein anderer ge-
meinsamer Freund, Stefan Perthui, übersetzt seine Worte.
    Als er zu dem Treffen kommt, lächelt Joonatan: schwarze
Hose, schwarzes Hemd, Hippykette, Sportkappe falsch herum
aufgesetzt, „comme il faut". Im Laufe des Gespräches wechselt er
dauernd seine Haltung beim Sitzen, um es sich bequem zu ma-
chen, und bewegt sich mit Gewandtheit und Rhythmus, wie bei
seinen Konzerten.

„Meine Geschichte ist so wie die vieler anderer Rapper, wie
die von Lecrae, den ich mehr als alle anderen bewundere und
das nicht nur, weil er einen Grammy bekommen hat. Ich wurde in einem Armenviertel von Helsinki geboren und dort ist
es so wie in allen Armenvierteln auf der ganzen Welt. Es ist
eine Bombe, die jeden Moment explodieren kann: Rassen-
hass, Gewalt, Schlägereien, Prostitution, Betrunkene und Kil-
ler, die mit Drogen handeln.

111

In dieser Umgebung kannst du nur überleben, wenn du den an der Seite hast, der der Stärkste ist. Ich war niemals so ein gewalttätiger Typ und kein Verbrecher. Ich machte manchmal Dinge, auf die ich nicht stolz bin, um beschützt zu werden, zum Beispiel stahl ich ein Motorrad, wenn der Boss mir das befahl. Wenn du das nicht tust, verteidigt dich niemand, wenn dich die feindliche Bande angreift.

‚Warum sind wir kaputt? Sag mir, warum?‘, so frage ich mich in einem meiner Lieder. So war viele Jahre lang mein Leben: Ich war wie meine Freunde innerlich kaputt. Ich wusste nicht, was ich machen sollte. Kurzgefasst: Wir warteten sehnsüchtig auf das Wochenende: zwei oder drei Tage ungebremsten Sex, Drogen, Gewalt und Alkohol. Und danach kam die ständige Langeweile … bis zum nächsten Wochenende.

Als ich neunzehn war, hatte ich in jeder Hinsicht versagt: in der Schule, bei meinen Freunden und bei meiner Familie. Mein Vater war Pastor bei den Pfingstlern, aber ich wollte nichts von Gott wissen. Manchmal kam ich mit Drogen vollgedröhnt zu den Versammlungen. Ich konnte nicht verstehen, wieso die Christen froh sein konnten, ohne sich vorher zu betrinken.

Obwohl mein Vater es viele Jahre hindurch ohne Erfolg versucht hatte, erreichte er es schließlich, dass ich zu einem Skilager nach Vuokatti in der Nähe von Lappland fuhr und die Bibel studierte. Dort erbarmte sich Christus meiner und ich sagte Ihm: ‚Ich möchte nur für Dich leben.‘

All das erscheint, von außen gesehen, unverständlich. Es lag ein langer Weg vor mir: Ich schaffte es, mein Studium abzuschließen, ich nahm keine Drogen mehr – etwas, das man nicht von einem Tag auf den anderen erreicht –, ich erneuerte die Freundschaft mit einigen, die sich wegen meiner Lebensweise distanziert hatten, und widmete mich meiner großen Leidenschaft, dem Rap. Nur Rap.

Wenn man Lecrae fragt, ob er christlichen Rap macht, antwortet er normalerweise: ‚Meine Musik ist nicht christlich, ich schon.‘ Ich stimme mit ihm überein, wenn er sagt, dass Christliches gut ist, aber es wird schlimm, wenn man es falsch benutzt. ‚Gibt es *christliche* Schuhe oder *christliche* Rohre? Genauso wenig gibt es das beim Rap, ich mache Rap, nur Rap. Ich singe und drücke damit aus, was ich innerlich fühle. Ich benenne viel Widersprüchliches in unserer Gesellschaft, aber ich mag es nicht, wenn man mir das Etikett Protestmusiker umhängt. Ich mache einfach nur Rap: ‚Wie schade, dass die Alten / leben in einem Heim, / aber ohne Opas … / wird das Leben ruhiger sein.‘

Mir genügt es nicht, anzuklagen, denn wenn die Welt sich verändern soll, müssen wir uns zuerst ändern; ganz konkret, die Welt der jungen Finnen, das ist die, die ich kenne.

Zum Beispiel haben wir in meinem Viertel jetzt Probleme mit Immigranten und es kommt eine Welle der Ablehnung hoch, weil manche sagen, dass sie uns die Arbeitsplätze wegnehmen. Dabei übernehmen diejenigen, die von außerhalb kommen, Arbeiten, die keiner von uns machen will. Es fehlt eine echt christliche Haltung, sie aufzunehmen. Einige verbergen das hinter schönen Worten: Kulturschock. Ich sage das so in meinen Liedern:

‚Kulturschock, Kulturschock. Hab doch den Mut nachzudenken, wenn du die armen Immigranten beschuldigst.‘

Zurzeit bin ich Pastor der Pfingstgemeinde wie mein Vater und ich versuche, die finnische Jugend Jesus näher zu bringen. Ich habe gute christliche Freunde anderer Konfessionen und wir sprechen manchmal darüber: Wir jungen Christen, wie auch immer unser Glauben aussehen mag, haben die Verantwortung dafür, die anderen zu Christus zu führen, vor allem die Jugendlichen. Wir müssen die Stimme erheben und in dieser Wüste von Gott sprechen.

Drogen? Verrücktes Leben? Den Jugendlichen, die zu meinen Konzerten kommen, sage ich, dass ich genau wie sie war, bis ich nach Vuokatti fuhr. Christus hat dort auf mich gewartet, genauso wie er auf uns alle wartet. Und da ich ihn gefunden habe, kann ich nicht darüber schweigen. Deshalb singe ich Rap."

13. DREISSIG JAHRE
Phi

Phi, ein junger, schlanker, athletischer Typ, der Politische Wissenschaften studiert hat und in seiner Freizeit Fußballtrainer ist, gehört zu den Freunden von Jyri und Oskari. Er erinnert ein wenig an einen asiatischen Krieger mit seinem orientalischen Gesicht, seinem Pferdeschwanz und den genauen, energischen Bewegungen.

„Meine Eltern flohen aus Nordvietnam, als der Krieg zu Ende war. In chinesischer Kleidung schifften sie sich zusammen mit anderen Familien ein. Sie hatten etwas Kanton-Chinesisch gelernt, um ihre Identität zu verschleiern, denn viele Flüchtlinge waren auf dem Meer von Piraten umgebracht worden. Sie waren schon seit Tagen im Schiff, als der Kapitän sie bedrohte: ‚Wenn ihr mir nicht einen von euren Jungen gebt, verrate ich euch an die Autoritäten.‘ Er hatte nur Töchter, was in der chinesischen Kultur als Schande gilt. Die Frauen begannen zu weinen und zu beten, während die Männer nachdachten, welchen Jungen sie ihm geben könnten, um ihr Leben zu retten. Schließlich erwies es sich doch als nicht nötig, weil die Tränen der Frauen den Kapitän rührten und er sie gehen ließ.

Nach zwanzig Reisetagen kamen sie erschöpft in Hongkong an und wurden in einem Flüchtlingslager untergebracht, in dem sie drei Jahre lebten, die sowohl gut als auch schlecht waren. Gut, weil sie gleich nach ihrer Ankunft Arbeit fanden, und schlecht, weil das Lager sich nachts in einen Dschungel verwandelte, in dem die einen die anderen bestahlen. Meine Eltern schliefen abwechselnd, damit uns nicht das Wenige, das wir noch hatten, abhandenkam.

Sie beschlossen, nach Finnland zu fliehen – nach Ansicht meiner Mutter, weil es das Land war, von dem sie am wenigsten wussten, nach der meines Vaters, weil es das erste Land war, das ihnen dieses Angebot machte. Sie wollten ein neues Leben beginnen und das vergangene vergessen. Wir Vietnamesen sind Pragmatiker und mögen keine Nostalgie, darin ähneln wir den Finnen.

Im Februar 1983 kamen sie in Finnland an, mitten im Winter. Sie erlitten den üblichen Schock wegen der Dunkelheit und der völlig anderen Mentalität und der anderen Gewohnheiten. Die Regierung sorgte für Wohnung, Sprachkurse und Arbeit in einer Fabrik. Sie konnten sich schnell und gut integrieren.

1983 kam meine ältere Schwester zur Welt, ich zwei Jahre danach, später meine jüngere Schwester. Ich besuchte eine katholisch geprägte Schule, was meine Eltern nicht weiter störte, obwohl sie Buddhisten waren. Die Schule gefiel ihnen, weil sie einen guten Ruf hatte und für ihre Disziplin und das hohe englische Sprachniveau bekannt war. Du weißt sicher, dass der Buddhismus mehr ein Lebensstil als eine Religion ist.

In dieser Schule konnte man zwischen katholischem und evangelischem Religionsunterricht wählen. Meine Eltern entschieden sich für den evangelischen, weil die meisten Leute hier Lutheraner sind. In diesem Unterricht lernte ich einige elementare Dinge über das Christentum, nicht viele, denn Religion interessierte mich nicht.

1992 ließen sich meine Eltern scheiden. Ich war sieben Jahre alt. Meine Geschwister und ich bleiben bei meiner Mutter. Es war sehr hart. Ich verstand nicht, was passiert war. Als ich merkte, wie verlassen meine Mutter sich fühlte und wie sehr sie litt, wurde mir bewusst, dass ich als Sohn Pflichten hatte. Die menschlichen Werte und die buddhistischen Lehren, die sie mir vermittelte, halfen mir zu reifen.

Mit zwölf Jahren fing ich an, zu einem Klub zu gehen, in dem wir Lager organisierten, Ski liefen und viel Spaß hatten. Dort lernte ich Santi kennen.

Damals achtete ich nicht darauf, dass der Klub unter anderem von Katholiken des Opus Dei geleitet wurde. Mir gefiel es dort, weil es für Jungen meines Alters interessante Veranstaltungen gab und weil man uns einige Haltungen beibrachte wie Aufrichtigkeit und Freude. In gewissem Sinne wurde der Klub für mich so etwas wie ein älterer Bruder, der mir durch die Jugendjahre hindurch zur Seite stand. Die Verantwortlichen wussten, dass ich Buddhist war, und respektierten meine Denkweise.

Mit zwanzig Jahren führte ich ein normales Leben, hatte eine feste Freundin und viele Freunde, Finnen und andere. Ich war Fan von Real Madrid und von den Filmen von Denzel Washington. Mein Leben verlief ohne große Höhen und Tiefen wie das der meisten jungen Leute in diesem Land, da wir wissen, dass unsere Zukunft wirtschaftlich gesichert ist. Auch wenn dies uns ermöglicht, früh unabhängig zu werden, wurde ich es erst, nachdem ich den Militärdienst und die Flugausbildung von Jyväskylä beendet hatte.

Im Januar 2005 hatte diese Ausbildung mitten im Winter begonnen. Weißt du, was hier in Finnland mitten im Winter bedeutet? Ich hatte gerade die Beziehung zu einem Mädchen abgebrochen und fühlte mich sehr allein. Welchen Sinn hat mein Leben?, fragte ich mich. Was mache ich überhaupt an diesem verlorenen Ort am Ende der Welt? Ohne zu wissen, warum, dachte ich plötzlich an Jesus. Ich wusste fast nichts über ihn außer dem, was ich in der Schule gelernt hatte. Und im Frühjahr 2006 stellte ich Santi viele Fragen über Gott, die Religion, das Christentum …

In dieser Zeit machten wir lange, anstrengende Märsche durch den Schnee und verbrachten Nächte in Zelten bei mehreren Graden unter null. Während ich mit meinem schweren Rucksack durch den Wald lief, dachte ich einmal dabei an das Kreuz Christi.

Durch den Buddhismus war ich vertraut mit geistlichen Gedanken. Ich wusste, dass das Leben hier auf Erden nicht alles ist. Darin unterschied ich mich von den meisten meiner Freunde, die als Atheisten lebten oder sich als solche verstanden. So wie sie bin auch ich sehr unabhängig. Meine Probleme löse ich gerne allein, ohne jemanden um Rat zu fragen. Ich hörte nur auf Santi, weil er mir ein echter Freund war, der meine Freiheit achtete. ‚Denk mal darüber nach‘, sagte er zu mir. ‚Vielleicht kannst du doch …‘

Wahrscheinlich haben viele Menschen für mich gebetet; denn wenn ich bei einem dieser langen Gespräche gesagt hätte: ‚Santi, lassen wir das Thema!‘ – dann hätten wir nicht wieder über Gott und das Christentum gesprochen.

Als ich den Militärdienst beendet hatte, entschloss ich mich, an manchen Sonntagen zur Messe zu gehen. Anfangs aus Neugier. Und auch wenn ich nicht viel verstand, betete ich.

Ich begriff, dass Santi wollte, dass ich glücklich wurde, nicht, dass es einen Katholiken mehr gäbe in unserem Land, in dem es so wenige gibt. Ich interessierte mich mehr für den Katholizismus und konkret für das Opus Dei. Diese beiden Wörter – Opus Dei – klangen wie aus der Ferne, weil ich sie einmal gehört hatte oder sie in einem Heft gelesen hatte. Aber es hatte mich damals nicht interessiert, wie ich dir erzählt habe.

Eines Tages dachte ich an die Möglichkeit, mich taufen zu lassen. ‚Aber warum ich?‘, fragte ich Gott. Ich kannte so viele gute Menschen, die nicht katholisch waren. Der Buddhismus ist eine gute Vorbereitung auf den Glauben, weil er einige Tugenden vermittelt. Aber im Katholizismus muss man Schritte tun, Entscheidungen treffen, die eine innere Spannung erfordern sowie eine Übereinstimmung zwischen dem, was du glaubst, und dem, was du tust. Ich wusste nicht, ob ich dazu bereit war.

Im Jahr 2007 nahm ich an einem Studentenkongress in Rom teil und wurde zu einem Treffen mit dem Prälaten des Opus Dei eingeladen. Ich fragte ihn nach dem Gewicht, das Gott mir auf die Schultern legte. Er aber zeigte mir, dass der Glaube ein Geschenk ist, eine Gnade und keine Last. ‚Es geht nicht darum, immer härtere und schwierigere Dinge zu tun‘, sagte er, ‚sondern Gott zu lieben und dem zu folgen, was Er von dir möchte.‘

Von da an hörte ich auf, mich mit anderen zu vergleichen, und nahm mich selbst an mit meinen Stärken und Schwächen. Mir wurde bewusst, dass Gott uns liebt, so wie wir sind, nicht wegen irgendwelcher Taten … und entschied mich für die Taufe.

Das ist eins der Wunder des Christentums: Gott kennt dich und hilft dir, dich anzunehmen, wie du bist. Du musst kein anderer werden. Er möchte nur, dass du ihn liebst.

Ich stand nun vor einer Schwierigkeit, die man sich, soweit ich sehe, in den katholischen Ländern nur schwer vorstellen kann. Keiner meiner Freunde war Christ und ich kannte keinen einzigen finnischen Katholiken in meinem Alter. Ich fragte mich: Wie würden sich junge Katholiken in dieser oder jener Situation verhalten? Manchmal stellte ich sie mir wie seltsame Wesen vor, eine Art Monster wie das von Loch Ness ... und ich wollte nicht der komische Vogel in meiner Gruppe sein.

Ich befand mich in einem Dilemma: entweder Gott oder meine Familie und meine Freunde. Ich sprach mit einem meiner besten Freunde darüber, einem Bulgaren, den ich seit meinem siebten Lebensjahr kenne.

‚Ich bin orthodox, praktiziere aber nicht‘, sagte er mir. ‚Aber wenn du meinst, du wirst glücklich, wenn du dich taufen lässt, dann unterstütze ich dich.‘

‚Bleiben wir dann weiter Freunde?‘

‚Natürlich! Wieso nicht?‘

Das beruhigte mich; denn ich hatte gedacht, dass meine Freunde mir den Rücken kehren würden, wenn ich mich taufen ließ. Meine Mutter allerdings war gar nicht glücklich darüber. Sie fürchtete, die Taufe könnte mich meiner vietnamesischen Wurzeln entfremden. Für sie ist es ganz wichtig, dass wir nicht vergessen, wer wir sind und woher wir kommen.

All dies löste sich auf, als ich fünf Wochen in Mexiko verbrachte, wo ich junge Katholiken kennenlernte, die mit ihren Freundinnen ausgingen und sich köstlich amüsierten. Sie waren so normal wie ich! Und am 25. Mai 2008, drei Tage nach meinem Geburtstag, empfing ich in der Kathedrale von Helsinki die Taufe.

Meine Mutter war bei der Feier anwesend. Ihre Haltung half mir sehr zu verstehen, was Liebe bedeutet. Sie hatte sich anderes für mich vorgestellt, aber sie akzeptierte meine Entscheidung. Sie erinnerte mich an die Muttergottes unter dem

Kreuz. Sie hat später festgestellt, dass uns der katholische Glaube keine Kultur aufzwingt, die unseren Wurzeln fremd ist, wie sie gedacht hatte.

Vor meiner Taufe hatte ich mehrere Texte gelesen, die davon handelten, dass wir mit Gott als mit unserem Vater umgehen sollen. Das ist sicher gut, aber in einem Fall wie dem meinen ist es nicht das Beste, weil mir seit meinem siebten Lebensjahr der Bezugspunkt dazu fehlt.

Mein Weg zum Glauben war die Muttergottes. Dank ihr bin ich Christ geworden. Vom ersten Augenblick an verstand ich, dass die Taufe mich dahin führen musste, Gott mit meiner ganzen Seele zu lieben und die anderen glücklich zu machen, zuallererst meine Familie.

Wie die meisten meiner Freunde und wie viele andere Finnen habe ich nicht das Glück gehabt, meine Mutter und meinen Vater zusammen zu Hause zu erleben. Ich habe unter der Trennung gelitten und möchte sie mit meinem Leben irgendwie wiedergutmachen. In diesem Sinne war meine Taufe der erste Schritt hin zu der christlichen Familie, die ich gerne gründen möchte.

Als ich das Studium der Politischen Wissenschaften beendet hatte, suchte ich eine Arbeit und ein Mädchen, das ich heiraten könnte. Ersteres war einfach, das Zweite nicht so sehr. Ich war immer sehr zugänglich und kannte viele Mädchen, aber keine von ihnen war Christin. Manchmal, wenn wir über bestimmte Themen sprachen, hatte ich das Gefühl, dass wir auf verschiedenen Planeten lebten.

Was hat Gott mit mir vor?, fragte ich mich. Ich suchte ein Mädchen, mit dem ich glücklich werden könnte und das die nötigen Eigenschaften hätte, die christliche Mutter unserer

Kinder zu sein. Aber ich fand keins. Musste ich meine Erwartungen ändern? Zwar habe ich vietnamesische Wurzeln, aber ich fühle mich als Finne. Musste ich mein Land verlassen?

Je mehr Jahre vergingen, desto drängender wurden diese Fragen. Wenn mir ein Mädchen gefiel und ich ihr verdeutlichte, dass ich bis zur Ehe warten wollte, um eine intimere Beziehung einzugehen, lachte sie mich aus. Gott sei Dank gab Er mir genug Licht, um entscheiden zu können: ‚Lass es, Phi, es hat keinen Zweck' – auch wenn sie mir gefiel.

Es waren keine üblen Mädchen. Sie hatten nur nie zuvor einen Mann getroffen, der weniger ihren Körper kennenlernen wollte als sie selbst und der an ein gemeinsames Leben dachte und nicht nur an die nächsten drei Monate.

So vergingen meine Jahre: 25, 26, 27 … Bei jedem Mädchen war es immer wieder dasselbe. ‚Mein Gott, was verlangst du von mir? Ich bin mir sicher, dass du mich glücklich machen willst, aber werde ich die Frau meines Lebens nicht finden? Ich bitte dich nicht um Wunder, ich selbst muss mich auch einsetzen. Ich weiß aber nicht mehr, was ich tun soll. Soll ich in ein katholisches Land ziehen?'

Ich habe einen Freund in Madrid, der David heißt. Als ich mit ihm über diese Frage sprach, überraschte mich seine Antwort, die ich zuerst gar nicht verstand. ‚Die allgemeine Atmosphäre ist schlecht. Auch in Spanien findet man als Katholik nicht gleich das Mädchen, das man sucht. Es ist nicht leicht …'

Wenn in Spanien, wo es so viele Katholiken gibt, das Ambiente schlecht ist, was soll ich dann in Finnland machen, wo wir eine Minderheit darstellen? Und ich fragte Gott: ‚Was möchtest du? Soll ich unverheiratet bleiben?'

Ich war entschlossen, Ihm treu zu sein, was immer auch geschehen würde.

Eines Tages wurde ich gefragt, ob ich zum Opus Dei gehören wollte. Dies bedeutete zu kämpfen, um mich zu heiligen in meiner Arbeit, meinem täglichen Leben und in der Ehe (in meiner zukünftigen Ehe, die ich immer schwieriger möglich sah).

‚Ich möchte nicht', antwortete ich.

Dann wurde nicht mehr darüber gesprochen.

Immer, wenn ich betete, erinnerte mich Jesus wieder daran. ‚Gut, dann überlege ich es mir – sagte ich ihm – wenn Du darauf bestehst.'

Aber ich verschob die Entscheidung auf später. Ich fand gut, dass andere sich hingaben; aber ich selbst nicht. Und immer wieder, wenn ich betete, stand die Frage im Raum. Wenn Gott es mir eindringlicher zu verstehen gegeben hätte, wäre es einfacher für mich gewesen, weil mir dann nichts anderes übrig geblieben wäre. Aber Er schlug es mir nur *vor*, er zwang mich nicht.

Und ich sagte Ja.

Inzwischen näherte sich fatal und gefährlich das Datum meines 30. Geburtstags, und ich hatte noch immer nicht das Mädchen gefunden, das ich suchte. Gab es ein solches Mädchen überhaupt in Finnland? Meine katholischen Freunde gaben mir Ratschläge, als sie meine Unruhe bemerkten. Ich dankte ihnen, hatte aber den Eindruck, sie meinten, eine Frau zu finden, sei so ähnlich wie zu Ikea zu gehen, um ein Regal zu kaufen. Und da es so nicht funktioniert, machte ich mir nichts daraus.

‚Warum suchst du nicht unter den Mädchen der Pfarrei?‘, fragte einer.

In der Pfarrei! Ich wollte beim Skilaufen ein Mädchen kennenlernen oder beim Salsatanzen, beim Hip-Hop, den ich liebe, bei einem Fest mit Freunden oder beim Kochen; denn ich experimentiere gerne und mache Gerichte mit den überraschendsten Zutaten … Oder beim Fallschirmspringen. Als ich in Jyväskylä beim Militär war, habe ich Spaß daran gefunden. Aber … in der Pfarrei! Man geht doch zur Pfarrei, um zu beten und an der Messe teilzunehmen, und nicht, um Mädchen kennenzulernen!

Eines Tages machte ich beim Fußballspielen eine falsche Bewegung und musste an einem Kreuzbandriss operiert werden. Dies ist bei Fußballspielern eine häufig auftretende Verletzung. Eine Zeit lang musste ich mit Krücken gehen. Schon morgens zur Messe, zur Arbeit und überallhin bewegte ich mich mit ihrer Hilfe. Sobald es mir besser ging, verzichtete ich auf sie. Aber in der Rehabilitation bestand der Arzt darauf, dass ich sie wieder benutzen sollte. Eine junge Philippinin meines Alters, die mich schon vorher mit den Krücken in der Kirche gesehen hatte, fragte mich am Ausgang ganz besorgt: ‚Was ist passiert? Hast du dich nochmal verletzt?‘

Am kommenden 27. Juni werden wir heiraten, wenige Wochen nach meinem 30. Geburtstag. Sie ist ein gutes, hübsches, sympathisches, intelligentes und frommes Mädchen. Sie heißt Jaquilin.“

14. DEINE KINDER UND MEINE KINDER

Familie Pérez

Ich fahre mit Santi, dem Freund von Phi, nach Tornio in Lappland, wo sein Freund Juhani Holma uns erwartet. Nach vielen Stunden Fahrt übernachten wir in Oulu, im Haus anderer Freunde von ihm, den Pérez.

„31. Juli, acht Uhr abends: Als wir in der Märssystraße in Oulu eintreffen, sind wir sicher, dass wir bei den Pérez angekommen sind, denn wir hören das Geschrei von Kindern und gehen an einer langen Reihe Fahrräder vorbei, roten, blauen und gelben. Der Vater empfängt uns. Alberto ist ein kräftiger, freundlicher Mann, der mir seine Frau Maria vorstellt, eine Baskin, die in Barcelona aufgewachsen ist. Sie hat den kleinen José auf dem Arm.

Alle werden zusammengerufen: ‚Schnell, wir haben Besuch. Ab ins Wohnzimmer!'

Auf der Holztreppe kommt es zu einem Tumult und nach wenigen Sekunden schaffen es alle Kinder, sich auf das Sofa zu quetschen, noch dazu ganz geordnet vom ältesten zum jüngsten. ‚Wir haben schon Übung', sagt uns einer der Kleinen. Er trägt eine Brille mit blauen Bügeln. Dann beginnen sie sich vorzustellen.

‚Die zwei Ältesten sind nicht da', erklärt mir Alberto. ‚Der Älteste ist Pedro, er studiert in Helsinki. Danach kommt Anna, die vor einem Jahr geheiratet und gerade einen Sohn bekommen hat. Sie wird nachher beim Abendessen dabei sein. Der nächste ist Pablo, achtzehn Jahre alt, dann Isabel mit sechzehn …'

‚Siebzehn …'

‚Das ist wahr, entschuldige Isabel, siebzehn. Ignacio fünfzehn, Cristina vierzehn … und das ist Clara, sie ist die Sportlichste der Familie und Teresa malt sehr gut. Nachher zeige ich dir ihre Zeichnungen. Sie sind alle Katalanen, aus Barcelona. Der Erste, der hier geboren wurde, ist Javi, danach kamen Elena, Juan, ein toller Fußballspieler, und Maria, die Ballett-Tänzerin werden will. Und dieser Kleine da ist Santiago, er ist noch nicht einmal zwei Jahre alt … Und José. Wo ist José?'

‚Er ist bei mir', ruft Maria aus der Küche, bevor es heißt: ‚Abendessen.' Es klingt wie ein Befehl zum Angriff.

Während einige die Bücher vom Tisch räumen, bringen andere die Tischdecke, holen die Bestecke, das Geschirr und die Wasserkannen. Alberto zeigt uns die Terrasse, wo viele Skier aufgestellt sind, die unbedingt notwendig sind für den Weg zur Schule, da es in dieser Stadt von Herbstbeginn an bis in den Frühling hinein schneit.

‚Es ist merkwürdig', sagt Maria, während sie mit Hilfe der Kinder die Teller hinstellt, ‚aber ich habe mit acht Jahren angefangen, für die Lutheraner zu beten. Die Theresianer vom heiligen Enrique de Ossó haben mich in der Schule dazu angeleitet. Und ich habe das Jahr für Jahr gemacht, obwohl ich keinen einzigen Lutheraner kannte. Natürlich habe ich mir niemals vorgestellt, dass ich einmal mit meinem Mann und meinen vierzehn Kindern hier sein würde, als Missionare im Norden von Finnland, nahe bei Lappland.'

‚Und wie kommt es, dass es euch hierher verschlagen hat?'

‚Wie ist das gekommen, Alberto?‘, fragt Maria und die Älteren fangen an zu lachen. ‚Nun, es war mein Wunsch von klein auf. Alberto und ich haben uns in Barcelona kennengelernt, als ich dort Chemie studierte. Wir gehören beide Camino an. Wir heirateten im April 1990 und im Jahr neunzehnhundert ... Welches Jahr war es?‘

‚1987‘, sagt Alberto, während er dem kleinen Santiago hilft, sich auf den Stuhl zu setzen, der stolz ist, dass er mit den Großen essen darf.

‚... und 1987‘, fährt Maria fort, ‚begann man bei den Neokatechumenalen von Familien in der Mission zu sprechen. Man erzählte uns von einer italienischen Familie, die nach Oulu, im Norden von Finnland, gezogen war, und ich weiß nicht warum, aber von dem Moment an hatten wir den Wunsch, hierher zu kommen.‘

‚Das Ganze war ein Prozess‘, erklärt Alberto, ‚denn ich habe das am Anfang nicht klargesehen. Aber im Advent 1997 hat Gott an mein Herz geklopft und ich habe den Ruf angenommen. In den folgenden Jahren sagten wir viele Male unseren Katecheten, dass wir bereit seien für die Mission. Sie luden uns zu einer Familienzusammenkunft in Porto San Giorgio in Italien ein, wo wir alles in die Hände Gottes legten. Und am Ende wurden wir vom Heiligen Vater im Oktober 2000, während des Jubiläums der Familien in Rom, ausgesandt.‘

‚Menschlich gesehen war es verrückt, denn wir hatten viele Kinder‘, fährt Maria fort, ‚aber wie ich schon sagte, Alberto und ich haben schon immer davon geträumt, in die Mission zu gehen. Seine Eltern, meine Schwiegereltern, gehören ebenfalls Camino an und haben schon viele Jahre in Japan gelebt. Und ich habe von klein auf immer diese tiefe Begeisterung für die Mission gehabt (und sie zeigt auf ihr Herz) … Meine Kinder lachen immer, wenn ich sage, dass ich, wenn es nur von mir abhinge, sofort meinen Koffer packen würde und nach Indien, an den Südpol oder wo auch immer es notwendig ist, ginge, um dort den Herrn bekannt zu machen.'

‚Und am 4. Juli 2001‘, fährt Alberto fort, ‚kamen wir mit acht kleinen Kindern im Flugzeug hier an. Jetzt erwartet Maria noch ein Kind, und wenn Gott will, wird es …'

Alle zusammen rufen: ‚Bernardo heißen.'

‚Zum Glück hat mir eine Venezuelanerin, die schon lange in Finnland wohnt, beigebracht, wie ich die Kinder anziehen muss‘, erklärt Maria. ‚Denn in Barcelona habe ich ihnen eine Jacke und einen Mantel angezogen und sie so auf die Straße geschickt, aber bei Temperaturen mit vielen Graden unter null muss man ihnen Unterhemd, mehrere Paar Strümpfe, eine dicke Mütze, um die Ohren zu schützen … anziehen. Ich erinnere mich daran, dass ich sie wegen des starken Nebels vom Küchenfenster aus nicht sehen konnte. Und dann kamen noch die Tage ohne Licht … Für die Großen war es eine sehr harte Umstellung, denn …'

‚Für mich auch‘, greift Ignacio in die Unterhaltung ein.

‚Du hast gar nichts gemerkt. Du warst ja erst fünf Jahre alt‘, nimmt seine Schwester Cristina ihn auf den Arm.

‚Ich habe es wohl gemerkt‘, insistiert Ignacio. ‚Am Anfang dachte ich aber, wir wären hier in Ferien, bis ich dann in die Schule gehen musste. Das war schon hart. Alle Kinder in der Klasse waren blond und ganz blass und hatten rote Wangen. Und ich konnte mich nur durch Zeichen mit ihnen verständigen. Und dann habe ich Mama gefragt, warum wir denn hierbleiben, und sie erklärte mir, dass wir zum Missionieren hier sind und den Menschen in diesem Land Christus bringen müssten, weil sie noch nicht an ihn glauben. Und das habe ich ernst genommen. Allerdings dachte ich, dass nach einem Jahr schon alle Christen wären und wir dann nach Barcelona zurückkehren würden.‘

Alle lachen.

‚Und dann merkte ich, dass es nicht so schnell ging, vor allem, weil einige Finnen Vorurteile gegen die katholische Kirche haben. Ich erinnere mich daran, als ich dreizehn war …‘

‚Und wie alt bist du jetzt?‘, frage ich ihn.

‚Viel älter, ich bin schon fünfzehn.‘ *Alle lachen.* ‚Also, als ich dreizehn war, habe ich meinen Freunden erzählt, dass ich katholisch bin, und dann fingen einige an, den Papst und die Kirche zu kritisieren, und haben alles Schlechte hervorgeholt, was sie zu Hause gehört oder im Internet gelesen hatten.‘

Es wird einen Moment still, bis der Vater in die Unterhaltung eingreift.

‚Als wir hierherkamen, machten wir einen Glaubensakt an den Herrn, denn alles Unbekannte macht Angst. Wir hatten keine Arbeit, kein Haus und für die Banken sind wir eine Familie mit hohen Risiken. Mit sehr hohen Risiken. Und bis jetzt ist es für mich wie ein Wunder, dass wir in diesem Haus wohnen. Wir erreichten, dass die Bank uns eine Hypothek bewilligte, zu einer Zeit, in der ich bei einer Firma für Hochspannungsleitungen nur einen Ausbildungsvertrag hatte. Maria arbeitete einige Stunden als Lehrerin und so konnten wir uns hier einrichten, wo … Teresa, der Junge versucht, auf die Terrasse zu kommen. Schau bitte nach ihm …‘

Teresa läuft los und kann den Kleinen einfangen, der, ohne dass wir es merkten, unter den Stühlen hindurchgekrabbelt war und die Terrassentür erreicht hatte. Sie setzt ihn wieder in seinen Stuhl.

‚Komm hierher‘, sagt Alberto. ‚Sehr gut. Gib ihm den Schnuller. Sieh mal, Santiago, du darfst nicht auf die Terrasse. Siehst du nicht, dass du da runterfallen kannst?‘ *(Santiago, nicht einmal zwei Jahre alt, macht eine bestätigende Geste, die alle zum Lachen bringt.)* ‚Heute hast du alle ruhig angetroffen, aber wenn sie aufgeregt sind und anfangen, sich zu streiten, dann ist das wie eine Kette, da vergeht dir das Lachen. Dann habe ich keine andere Wahl, als streng zu werden und zu sagen: Es darf nur derjenige sprechen, der etwas Positives beitragen kann. Und das, obwohl einige keine Kinder mehr sind …‘

‚Wir sind Jugendliche‘, sagt Clara, mit einem Augenaufschlag und einem verschmitzten Lächeln, das zeigt, dass sie Spaß macht. ‚Ja‘, fährt Maria ernst fort, als sie mit einer Suppenterrine aus der Küche kommt, ‚ich muss zugeben, dass mich die Jugendlichen etwas verwirren. Alberto kann besser mit ihnen umgehen. Ich bin manchmal wie blockiert von diesem ständigen Hin und Her: Mal verhalten sie sich wie Kinder und dann wieder wie Erwachsene. Und natürlich nehmen sie mich auf den Arm: Aber Mama, das habe ich doch nur im Spaß gesagt. Ich weiß aber oft nicht, wann sie Spaß machen oder wann es Ernst wird.‘

Maria fährt fort: ‚Wenn ein Problem auftaucht, frage ich mich immer: Wäre das auch in Barcelona passiert? Und wenn die Antwort Ja ist, dann ist es in Ordnung, aber wenn sie Nein ist, dann werde ich nervös, denn das Wichtigste für mich und auch für Alberto sind unsere Kinder. Ich habe Angst, dass sie in einer Gesellschaft, wie wir sie hier vorfinden, in der das

Sündenbewusstsein fast ganz abhandengekommen ist, den Glauben verlieren. Gott ist für viele in einem Nebel verborgen und nur wenige nehmen Ihn wahr, so wie zum Beispiel, als ich versuchte, die Kinder vom Küchenfenster aus zu sehen.

Es gibt ein Heidentum, das an dir nagt, das dich wie ein feiner Regen durchtränkt, ohne dass du es bemerkst und das dich geistlich erfrieren lässt und zum Tod führt, zu einem weißen Tod, süß, wie bei denjenigen, die sich am Nordpol verirrt haben … Du wirst lethargisch und dein Gewissen gerät immer mehr durcheinander, bis du nicht mehr weißt, was richtig und was falsch ist. Auch wenn das nicht nur Finnland betrifft. (Sie hält einen Moment inne.) Meine Eltern waren tief christlich. Mein Vater ist schon verstorben, aber meine Mutter lebt noch, allerdings hat sie schon seit Jahren Alzheimer. Und meine Geschwister haben sich von der Kirche entfernt. Manchmal werde ich vom Teufel versucht: Was wird in der Zukunft aus deinen Kindern werden? Vielleicht werden sie den Glauben verlieren, weil du hierhergekommen bist, um zu missionieren.

Vor Kurzem passierte mir etwas Lustiges. Eine Frau kam mit fünf Hunden an unserem Haus vorbei ...' ‚Ach ja, die mit den Hunden!' Clara lacht.

‚Lass Mama mal erzählen', sagt Alberto. ‚Sie muss etwas krank sein, denn jedes Mal, wenn sie mich sieht, fängt sie an, mich zu beschimpfen: ‚Sie sind verrückt! Was wollen sie mit so vielen Kindern? Vierzehn! Wie viele Schuhe die brauchen!' Es ist komisch, aber sie ist auf die Schuhe fixiert. Und das passierte Tag für Tag. Ich lächelte und sagte nichts, bis ich einmal explodiert bin und sagte: ‚Meine Kinder kommen in den Himmel, aber ihre Hunde nicht!'

Die Arme war erschrocken. Ich habe nichts gegen Hunde! Aber meine Aufgabe ist es, dabei zu helfen, dass meine Kinder in den Himmel kommen. Wenn mir dann der Gedanke kommt, dass sie sich durch diese Atmosphäre, in der wir leben, von Gott trennen könnten, richte ich mich an die Muttergottes. Sie wird uns die Gnade erbitten, die wir in schwierigen Momenten brauchen, denn … *(Es klingelt)* Das ist Ana, sie kommt mit meinem Enkelkind.'

Das Kommen von Ana mit ihrem Sohn führt zu einer kleinen Revolution. Die sich am meisten freuen, sind die beiden kleinen Onkel, Santiago und José, die nur wenige Monate älter sind als ihr Neffe. Der Rest des Abends verläuft mit Rennen auf der Treppe, Witzen, Zärtlichkeiten für den kleinen Enkel – bis es Zeit zum Schlafen ist.

August, acht Uhr morgens.

‚Als ich aufwache, erleuchtet ein schwaches Licht mein Zimmer. Ich höre, wie sich ganz vorsichtig die Tür öffnet, und nach einigen Sekunden schiebt sich der kleine Kopf von Santiago durch den Spalt, mit seinem Schnuller, eingehüllt in einen roten Schlafanzug. Er sieht aus wie ein Bärenjunge, der aus dem Wald, der die Stadt umgibt, ausgebüchst ist. Er läuft schnell zu meinem Nachttisch, wo meine Brille und mein Fotoapparat liegen, und bevor ich auch nur reagieren kann, nimmt er die Kamera in seine kleinen Hände und drückt wie ein geübter Fotograf auf den Auslöser. Verblüfft sehe ich das Resultat: ein Portrait von meinem erstaunten Gesicht, gar nicht mal schlecht. Ich entscheide mich dafür, es aufzubewahren, denn ich habe kein Foto von einem Fotografen, der nicht einmal zwei Jahre alt ist. Santiago lächelt nach seinem Überfall, und als er die Stimme seiner Mutter hört, die die Kleinen zum Frühstück zusammenruft, läuft er schnell weg.'

,Santiago, Santiago, wo bist du? Wo hast du dich wieder versteckt?'

Zwanzig Minuten später, als ich aus meinem Zimmer komme, treffe ich meinen kleinen Fotografen in der Küche, wo er ganz artig zusammen mit den anderen frühstückt, mit Juan, Maria und José, dem Benjamin, der nicht bereit ist, sein Spielzeugauto loszulassen, um seine Milch zu trinken, und das, obwohl seine Mutter auf ihn einredet. Als Santiago mich sieht, macht er eine Geste, die zeigt, dass wir Komplizen sind.

Maria lädt mich ein, mich zu ihnen zu setzen. Sie erklärt mir, dass die Kleinen zuerst frühstücken, bevor alle anderen aufstehen. Es ist noch sehr still im Haus.

,Vor einigen Tagen habe ich mit einer meiner Töchter hier in der Küche gesprochen. Sie war sehr besorgt. ,Was ist mit dir los?', fragte ich sie. ,Ich bin zu faul zum Beten und außerdem fällt es mir schwer, in die Messe zu gehen ... Mir kommt es vor, als hätte ich keinen Glauben.' ,Mach dir keine Sorgen', sagte ich zu ihr, ,ganz im Gegenteil: Heute ist ein wichtiger Tag. Als Gott mit Abraham sprach, glaubte der auch nicht, aber er vertraute Gott, denn Er ist es, der den Glauben schenkt. Und weil du heute gemerkt hast, dass es wichtig ist, aus dem Glauben zu leben, kannst du sehr froh sein. Du bist erst dreizehn Jahre alt und das heißt, dass Gott damit beginnt, dein Leben aufzubauen. Es ist ein Geschenk Gottes zu bemerken, dass der Glaube fehlt, denn der Glaube ist eine Gnade, genauso wie die Berufung.'

,Die Berufung ist eine Gnade. Es wäre für Alberto und mich eine Freude, wenn sich unsere Kinder Gott hingeben würden, aber das ist ihre eigene Entscheidung. Wir Eltern können beten und ihnen gutes Beispiel geben, mehr nicht, wenn Gott anklopft und sie Ja oder Nein sagen. Unsere Aufgabe ist es, sie gut zu beraten und ihre Freiheit zu respektieren. Ich erinnere mich daran, als Ana, die Älteste, heiratete. Wir sind viele und unsere wirtschaftliche Situation ist nicht gerade so, dass wir im Geld schwimmen. Und weil wir uns die Feier in einem Restaurant nicht leisten konnten, haben wir uns entschieden, zu Hause zu feiern. Es kamen einige Leute aus Spanien zu Besuch und wir hatten nicht genügend Betten, sodass die arme Ana auf dem Sofa im Wohnzimmer schlafen musste. Ich bin früh aufgestanden, um zu sehen, wie sie geschlafen hatte, und fand sie weinend vor. Ich war nicht besorgt, denn das passiert vielen Bräuten vor der Hochzeit. Sie war sehr nervös: ‚Mama, es wird alles schiefgehen‘, sagte sie mir unter Schluchzen.

‚Aber Kind‘, sagte ich ihr, ‚es wird ein wunderschöner Tag werden! Das Wichtigste ist, dass du Christus Ja sagst auf dem Weg der Ehe, wohin Gott dich berufen hat, mit diesem Jungen, der gut ist und dich sehr liebt. Du sagst Ja zu allem, was Gott für euch will: dazu, eine christliche Familie zu gründen. Und es wird ein großes Fest werden, wenn du dieses Ja im Glauben sagst. Alles andere wird mehr oder weniger schön sein, aber es ist nicht das Wichtigste.‘

‚Und danach war alles sehr schön. Ich sehe Tag für Tag, wie Gott in jedem von ihnen wirkt, und das gibt mir einen tiefen Frieden, denn in dieser Atmosphäre den Glauben zu bewahren, ist nicht einfach. Vor Kurzem habe ich eine meiner kleinen Töchter zu einer Geburtstagsfeier von einer ihrer Freundinnen gebracht und ich sah durch das Fenster –

in diesem Land gibt es keine Gardinen –, dass dort im Bett, im Raum neben dem Wohnzimmer, der Freund der Mutter lag, während der Vater und die Mutter des Mädchens in der Küche das Fest vorbereiteten. Solche und ähnliche unmoralischen Vorfälle führen dazu, dass ich Entschuldigungen dafür suche, dass meine Kinder nicht zu solchen Festen gehen. Ich habe nachher mit der Mutter des Mädchens so feinfühlig, wie nur irgend möglich, gesprochen, denn es sind Menschen, die keine christliche Bildung und nicht das Geschenk des Glaubens haben. So etwas beeinflusst ein Mädchen von sechs Jahren sehr, erklärte ich ihr.

Sie hat mich nicht verstanden, vielleicht auch, weil ich es nicht gut erklärt habe, und wir haben uns verabredet, um weiter darüber zu sprechen. Ich bin ziemlich flexibel, aber bei bestimmten Gelegenheiten kann ich einfach nicht nachgeben, denn der Glaube meiner Kinder steht auf dem Spiel. Als wir hierherkamen und ich die verkorkste Situation sah, in der viele Familien leben, war ich sehr besorgt, bis zu dem Moment, als mir bewusst wurde, dass das Leben einer christlichen Familie so schön und attraktiv ist, dass meine Kinder spontan genau das suchen. Schau, da kommt Pablo. Hallo, mein Junge.'

‚Guten Tag‘, sagt er, frisch frisiert und noch halb schläfrig, und gibt seiner Mutter einen Kuss.

‚Und man muss die Situation ausnutzen, in die der Herr uns stellt‘, fährt sie fort, ‚um das zu sagen, was sie Christus näherbringt. Darum sind wir schließlich hier und Gott sei Dank sind wir schon mit vielen Menschen in Kontakt. Aber manchmal habe ich nichts gesagt und danach tat es mir leid, denn dieser Moment und diese Situation kommen normalerweise nicht noch einmal. Normalerweise darf man nicht darauf warten, dass man dich ruft, um jemanden zu trösten oder einen Rat zu geben, der dazu bewegt, sich im Inneren zu ändern. Neulich habe ich durch die Schule erfahren, dass es eine Mutter gibt, die ein großes Problem hat, von dem sie ganz besessen ist. Das ging so weit, dass das Jugendamt überlegte, ob man ihr die Erziehungsgewalt über ihr Kind entziehen sollte. Alberto und ich gingen hin, um mit dem Ehepaar zu sprechen, denn wir alle brauchen jemanden, mit dem wir reden können und dem wir erzählen, wie es uns geht. Der Mann verstand nicht, dass es sich bei seiner Frau um eine Krankheit handelte. Er dachte, es sei eine Manie von ihr … Am Ende haben wir getan, was wir konnten, um ihnen zu helfen, damit sie sich verstehen und einander verzeihen, denn das Wichtige besteht darin, die Wunden des Herzens zu heilen. Und die Antwort war sehr positiv, wie eigentlich immer. Sie merken, dass wir sie gern haben, und sie antworten, indem sie uns ihr Vertrauen und ihre Liebe schenken. Und das bringt sie Jesus Christus näher, denn irgendwie spüren sie, dass es Liebe ist – und nicht nur einfach Menschenfreundlichkeit –, was uns bewegt und uns dazu bringt, uns um sie zu bemühen. Deswegen sage ich meinen Kindern, dass sie die Worte finden müssen, durch die die Menschen Gott näherkommen, auch wenn es so scheint, als gingen sie ins Leere. Gott sei Dank sind wir nicht allein, und nicht, weil wir viele sind, sondern weil wir die Eucharistie haben. Ich danke Gott dafür, dass er mir von klein auf eine große Liebe zur Eucharistie geschenkt hat. Das ist nicht mein Verdienst, es ist ein Geschenk. Aber ich sehe sehr klar, dass ich ohne die Eucharistie nicht leben könnte, weder hier noch irgendwo anders. Wenn es ein dickes Problem gibt, gehe ich zum Tabernakel und dort … nein, er ist nicht nur Zufluchtsort, er ist die Quelle des Lebens. Wenn ich dort sitze, weiß ich, dass ich nicht allein bin. Seit Er im Tabernakel geblieben ist, sind wir niemals allein. Es ist wie eine angezündete Flamme inmitten einer immensen, vereisten Fläche, auf der wir leben, ein Feuer, das Wärme gibt, Energie und Kraft, um weiterzumachen ... und immer, wenn eine Schwierigkeit oder ein Problem auftaucht, erfahre ich dahinter die Hand der Muttergottes. Das, was ich dir jetzt erzähle, klingt wie eine Dummheit, aber während meiner Kindheit gab es etwas sehr Wichtiges für mich. Schon von klein auf wollte ich ganz der Muttergottes gehören, aber ich wusste nicht, wie ich das machen konnte. Ich sah, dass die Erwachsenen einen Personalausweis oder einen Pass hatten, und so entschloss ich mich, mir einen Pass als Dienerin von Maria auszustellen, um so meiner Hingabe an sie einen offiziellen Charakter zu verleihen. Und das machte ich mit der ganzen Ernsthaftigkeit meiner sieben Jahre. Ich besorgte mir ein kleines Foto und klebte es vorsichtig in meinen Ausweis, den ich selbst hergestellt hatte und den ich immer bei mir trug ... Und so kam es, dass sie sich nie von mir getrennt hat. Die Zeit geht vorüber und man kann zwar nicht sagen, dass Alberto und ich alt sind, aber wir sind auch keine Kinder mehr ... Wir erwarten noch ein Kind, aber unsere Älteste hat dafür gesorgt, dass wir Großeltern sind. Was wird aus der Zukunft meiner Kinder in einer solchen Umgebung? Wenn mich diese Unruhe überfällt, merke ich, dass die Muttergottes mir in der Tiefe meiner Seele sagt: Mach dir keine Sorgen, Maria, es sind deine Kinder, aber auch meine. Ich kümmere mich um sie. Und das gibt mir einen tiefen Frieden.'"

15. ICH, GENERAL MANNERHEIM
Juhani Holma

Juhani Holma erzählt mir seine Geschichte, die mir sein Freund Santi übersetzt. Wir sind auf dem Weg von Tornio, einem kleinen finnischen Ort in Lappland, direkt an der schwedischen Grenze, zu seinem neuen Wohnort im Süden von Finnland. In dem Moment, als wir nach Kärsämäki kommen, auf der Straße, die vom Norden nach Süden durch Finnland führt, fängt er an, mir seine Kindheitsgeschichte zu erzählen.

„Wenn man rechts von der Straße abbiegt, kommt man nach Toholampi, einem kleinen Ort, wo sich ereignet hat, was ich dir jetzt erzähle. Es war der Moment, in dem ich mich wie General Mannerheim fühlte, denn ich war in einer kritischen Situation. Unsere Feinde hatten einen Überraschungsangriff auf uns gestartet und attackierten uns von allen Seiten. Zum Glück waren meine Soldaten schneller und schafften es, sie zu fangen. Danach gab ich den Befehl, sie in den Keller des Hauses des lutherischen Pastors einzusperren, von dem ich den Schlüssel hatte. Ich sagte meinen Soldaten, dass sie den Gefangenen ein Taschentuch in den Mund stopfen sollten, und wir sperrten sie ein.

Aber o je, die Mütter der Gefangenen merkten das sofort. Es waren viele Jungen, die zur feindlichen Bande gehörten, alle zwischen fünf und neun Jahre alt. Die Mütter sprachen miteinander über das Verschwinden ihrer Kinder und wenige Minuten später versammelten sie sich wütend vor der Tür unseres Hauses. Beim Verhör meiner Mutter beichtete ich, was ich getan hatte, und die Gefangenen wurden befreit.

Bis heute leben in Toholampi noch viele Mütter, die sich an den ‚Krieg im Haus des Pastors' erinnern. So wurde das Ereignis später genannt. Damit begann meine Karriere beim Militär, die ich aber nicht weiter verfolgt habe. Die Mütter können also beruhigt sein, ich beendete sie 1966 als achtjähriger General.

Ich war das älteste von sechs Geschwistern. Mein Vater, der Pastor, war ein aufrechter, guter Mann, meine Mutter eine Frau mit großem Herzen, still, bescheiden, diskret. 1968, als ich zehn Jahre alt wurde, schenkte mir mein Pate eine Bibel, die ich immer mitnahm, wenn ich jemanden besuchte. Für mich bedeutete, jemanden besuchen, zu meiner Oma zu gehen, die mich meist etwas erstaunt fragte: ‚Aber Juhani, warum kommst du immer mit der Bibel unter dem Arm, wenn du sie nie liest?'

Das stimmte, aber auch, wenn ich sie nicht las, hatte ich das Wort Gottes bei mir … Wie du siehst, war meine Kindheit so wie die vieler anderer Jungen, die in einer christlichen Familie aufwuchsen. Es ereignete sich nichts Außergewöhnliches, außer einem Erlebnis, an das ich mich sehr gut erinnere. Für mich ist es sehr einfach zu erzählen, denn es ist, als wäre es eben erst gewesen.

Es war dunkel geworden. Ich war vier Jahre alt und mein Vater saß an meinem Bett. Wir hatten gerade das Abendgebet gesprochen und er las mir eine Geschichte von Topelius vor, einem sehr bekannten Kinderbuchautor. Eine seiner Erzählungen gefiel mir besonders gut und ich ließ sie mir immer wieder vorlesen. Sie handelte von Geschwistern, einem

Jungen und einem Mädchen, die von Soldaten gefangen und in ein entferntes Land verschleppt wurden. ‚Als sie dort waren‘, mir kommt es vor, als hörte ich die Stimme meines Vaters, ‚hatten sie große Sehnsucht nach ihren Eltern und ihrem Zuhause. Sie konnten sich noch an die große Birke mitten im Garten erinnern. So machten sie sich auf den Weg und baten Gott um Hilfe, dass er sie lenken möge. Und da Gott besonders das Gebet der Kinder erhört, befahl er den Vögeln auf dem Feld, dass sie sie durch die Wälder führen sollten. Nachdem sie viele Tage gegangen waren, kamen sie zu Hause an, wo ihre Eltern, die um sie geweint hatten, sehr glücklich waren, als sie sie wiedersahen.‘

In jener Nacht, von der ich dir erzähle, war ich hellwach. Ich hatte weder Fieber noch etwas Ähnliches. Es hatte mich an dem Tag auch nichts besonders aufgeregt. Es war ein ganz normaler Tag in meiner Kindheit und abgesehen von dem, was ich jetzt erzähle, erinnere ich mich an kaum etwas.

Plötzlich sah ich durch die Tür, die zum Flur führte, einen strahlenden jungen Mann mit einer weißen Tunika hereinkommen.

‚Wer ist das, Papa?‘

‚Wen meinst du?‘

‚Der da steht.‘

‚Ich sehe keinen.‘

Meine Fantasie war wie die aller Kinder. Ich träumte davon, General Mannerheim zu sein, aber nie habe ich daran gedacht, dass das jemals Wirklichkeit werden könnte. Mir gefielen die Geschichten, aber ich wusste ganz klar, dass es Geschichten waren. Nie bat ich die Vögel um Rat, wenn ich mich verlaufen hatte und nicht nach Hause fand. Nie zuvor und niemals nachher ist mir Ähnliches passiert. Tatsache ist, dass dieser junge, strahlende Mann dort stand und ich nicht erschrocken darüber war.

Mein Vater erinnert sich noch genau an dieses Ereignis. Ich zeigte mit dem Finger auf den Ort, wo jene Person stand, und er sah sie nicht.

‚Papa, schau doch, da, da ist er‘, beschwor ich ihn.

Kurz danach, als dieser Mann verschwunden war, war ich völlig verwirrt. Mein Vater beruhigte mich. ‚Mach dir keine Sorgen, Juhani, das wird dein Engel gewesen sein!‘

Ich habe dir das mit allen Einzelheiten geschildert, weil dieses Erlebnis meine ganze Existenz geprägt hat. Ich bin sicher, dass es eine Gnade des Herrn war. Dieses Bild begleitet mich seitdem und hat mich in schwierigen Momenten meines Lebens gestärkt.

1974 kehrten wir nach Haukipudas zurück, dem Dorf, in dem ich sechzehn Jahre zuvor geboren worden war. Wir sind vorhin in der Nähe vorbeigekommen. In Haukipudas machte ich das Abitur und mein Glaube erkaltete. Obwohl ich der Leiter des Jugendchores der Gemeinde war, praktizierte ich nicht und Gott nahm in meinem Leben immer weniger Raum ein. Ich dachte nur daran, zum Militär zu gehen, und war entschlossen, diesen Traum Wirklichkeit werden zu lassen. Trotz meiner religiösen Kälte fühlte ich, dass Gott an meine Tür klopfte. Aber ich war nicht bereit, sie zu öffnen, ich war zu nichts bereit, was meine Pläne durchkreuzen konnte.

Nach Beendigung des letzten Schuljahres wurde ich 1978 in die Militärakademie von Sodankylä, im Norden von Lappland, aufgenommen. Schon nach sechs Tagen wusste ich, dass das nicht der richtige Platz für mich war. Nicht, weil mir das militärische Leben nicht gefiel – ganz im Gegenteil, ich war davon begeistert –, sondern weil es nicht der Ort war, an dem der Herr mich haben wollte.

Das heißt nicht, dass ich Gott meine Tür geöffnet hätte. Nur einige Augenblicke öffnete ich sie einen Spalt, um einen Kompromiss zu finden. Ich sagte ihm: ‚Sieh mal, wir können zu einem Vergleich kommen. Ich werde Militärpfarrer.‘

Und ich fing an, das militärische Leben zu genießen. Es war wie im Paradies: Wir befanden uns inmitten einer unberührten Natur, umgeben von Bäumen, Flüssen und kleinen Hügeln. Wir waren sehr jung, achtzehn Jahre alt. Das ganze Bataillon lebte in der Kaserne. Wir machten Sport und Übungen, prüften unsere Treffsicherheit und trainierten für den Kriegsfall. Ich weiß, wovon ich spreche. Ich wurde zum Chef der Schießeinheit ernannt und erlebte eine Woche in einem Manöver, die ich nie vergessen werde.

Während der ersten vier Tage regnete es sintflutartig und wir konnten nur wenige Meter weit sehen. Ich habe nie mehr in meinem Leben so viel geschossen. Wir hatten den Befehl erhalten, wegen eines möglichen Angriffs des Feindes in Wachposition zu bleiben. Was uns aber angriff, und zwar mit ungebremster Wucht, das waren Regen und Schnee. Wir befanden uns mitten in einem starken Schneesturm, halb erfroren, und wussten nicht, was wir machen sollten. Wir fanden ein Loch von zwei mal zwei Metern, in das wir zu siebt hineinkrochen, und lagen da wie Sardinen in der Dose. Wir blieben mehrere Stunden bei Graden weit unter null, fast wie begraben unter dreißig Zentimetern Schnee. Aber dank der Wärme unserer Körper sind wir nicht erfroren.

Als der Schneesturm vorüber war, gab man uns die An-weisung, mit dem Fahrrad die vierzig Kilometer zurück zur Kaserne zu fahren. Während dieser sieben Tage hatten wir nur drei oder vier Stunden geschlafen. Einige von uns schlie-fen während des Fahrens ein, andere hatten Halluzinationen, sie sahen Weihnachtsbäume, Wolkenkratzer und Ähnliches mehr. Ich habe bis zum Schluss durchgehalten und dabei ent-deckt, dass der Mensch fähig ist, viel mehr auszuhalten, als er sich jemals vorgestellt hat.

Aber ich war nicht zufrieden. Ich hatte den Eindruck, dass ich den Herrn nicht überzeugt hatte mit meinem Kompro-miss. Ich fing an, ein Doppelleben zu führen: Während des Tages freute ich mich an den militärischen Übungen, die sehr hart waren, und wenn meine Kameraden in ihren Etagenbet-ten total erschöpft schliefen, machte ich meine Taschenlam-pe an und las unter der Bettdecke die Bibel und betete mit der ganzen Leidenschaft meines jungen Herzens.

Bis ich eines Tages nicht mehr konnte. Ich hörte auf, gegen den Herrn zu kämpfen, und sagte ihm Ja in der Annahme, dass nun für mich ein Kreuzweg beginnen würde. Später erst verstand ich mit großer Tiefe die Worte Christi: ‚Mein Kreuz ist sanft und meine Bürde leicht.'

Ich verließ die Militärakademie und bewarb mich um ei-nen Platz an der Theologischen Fakultät. Aber man nahm mich nicht an, weil mir ein Punkt fehlte!

Ich war erschüttert. ‚Aber ich habe doch dafür alles auf-gegeben.' Und dann schloss ich einen neuen Kompromiss. ‚Wenn man mich nicht angenommen hat, wird es einen Grund haben. So wird es also für mich besser sein, dass ich mich der Musik widme, denn die liebe ich auch leidenschaftlich.' Etwas später verstand ich, dass die Absage der Fakultät eine kleine Prüfung war, die der Herr zuließ, um meine Absicht zu läutern.

Ich beschloss, mich auf liturgische Musik zu spezialisieren. So sind beide Seiten zufrieden, Gott mit seiner Liturgie und ich mit meiner Musik. Und so immatrikulierte ich mich 1980 an einer der besten Schulen Finnlands, der Sibelius.

Ich studierte Gesang, Orgel, Cello und Chorleitung und hatte während der ersten Monate sehr viel Freude daran. Aber als der Frühling kam, wurde mir klar, dass ich mich schon wieder selbst betrog. Ich sah in meinem Gebet, dass der Herr mich als Pastor wollte und nicht als Musiker. Es ging nicht darum, ihm einige Stunden meines Lebens zu geben, um beide Seiten zu befriedigen, sondern mich ihm ganz zu schenken, ohne Einschränkung. So begann ich während des Sommers mit aller Kraft zu studieren, um das Examen zur Aufnahme in die Theologische Fakultät zu bestehen. Und ich habe es geschafft.

Obwohl es in meiner Familie eine lange Reihe von Pastoren gibt, war jener Ruf an mich persönlich gerichtet. Mein Großvater mütterlicherseits war Pastor, mein Vater ebenfalls, ein Onkel und einer meiner Brüder. Und Anfang dieses Jahres wird es auch mein ältester Sohn sein.

Abgesehen davon ist mein Leben sehr normal verlaufen. Ich studierte Theologie und heiratete 1982 Riitta, die damals junge Lehrerin war. Mein erster Sohn wurde 1985 geboren, als wir in Helsinki wohnten. Danach kamen zwei Töchter, eine 1987, die andere 1993. Du wirst sie nachher kennenlernen, wenn wir die Möbel ausladen und ins Haus tragen. Als die zweite geboren wurde, arbeitete ich zwei Jahre als Pastor in Tornio, wo wir bis heute wohnten und wo ich mich vorhin von den Leuten der Gemeinde verabschiedet habe. Du warst ja dabei.

2001 ist mein kleiner Sohn geboren, der mich jung hält. Ich schrieb gerade meine Doktorarbeit über Mikael Agricola, den Autor des ersten Buches in finnischer Sprache und einer der wichtigsten Förderer der Reformation. Ich habe viel über Luther und seine Lehre nachgedacht. Deshalb freut es mich, dass man mich im Jahr 2009 zum internationalen Ehrenbürger der Stadt Wittenberg ernannt hat. Dadurch konnte ich dank der Großzügigkeit der deutschen evangelischen Kirche ein Jahr in der Geburtsstadt Luthers arbeiten und forschen.

Endlich erreichten wir Jyväskylä, nachdem wir durch endlose Wälder und an Seen vorbeigefahren sind. Wir sprachen über die Situation des Protestantismus in Finnland und ich bat um ein Selbstportrait oder eine Selbstdarstellung. Er zögerte kurz.

Wie soll ich mich definieren? Ich denke, ich bin ein Lutheraner mit einer tiefen ökumenischen Richtung. Mir ist klar, dass ich viele Schwestern und Brüder im Glauben habe, die anderen Kirchen angehören und mit denen mich eine gute Beziehung und eine tiefe Freundschaft verbindet, besonders mit den orthodoxen Christen und den Katholiken. Als Lutheraner betone ich immer die Bedeutung der Bibel, denn das Wort Gottes ist für uns alle gleich und lässt uns, trotz unserer verschiedenen Tradition, in vielen wesentlichen Fragen auf derselben Linie sein. Und zusammen mit der Liebe zum Wort Gottes finde ich Kraft im Mahl des Herrn, das mir hilft, mich den täglichen Herausforderungen des Lebens zu stellen.

Mein neues Haus ist viel kleiner, und als Santi mir berichtete, dass sie für ein Studentenheim des Opus Dei in Helsinki Möbel brauchen, habe ich gesagt, dass sie den Esszimmertisch, die Stühle und noch einige andere Sachen haben können. Ich dachte, sie würden nicht in diesen Minibus passen, aber am Ende hat es doch geklappt, wenn es auch etwas eng war. Diese Möbel sind für mich mit lieben Erinnerungen verbunden und ich möchte, dass sie von guten Menschen benutzt werden.

Es hat mich glücklich gemacht, dass mich die Leute in Tornio heute Morgen so liebevoll verabschiedet haben, obwohl ich jedes Mal bei solchen Gelegenheiten denselben Gedanken habe: Ich denke, dass Gott den Abfalleimer benutzt hat, der bin ich, und der bin ich weiterhin.

Denk nicht, dass mich meine Leidenschaft für das militärische Leben verlassen hätte: Ich bin Kapitän der Reserveoffiziere und ab und zu ziehe ich voller Freude meinen alten Tarnanzug an, um die jungen Soldaten bei ihren Manövern zu begleiten. Das ermöglicht mir, bei den langen Märschen mit ihnen über Jesus Christus und das Evangelium zu sprechen, und wenn ich kann, organisiere ich einen Gottesdienst in der Kaserne.

Wir sprechen über alles, nicht nur über geistliche Themen, denn Freundschaft bedeutet, Hobbies, Geschmack und Neigungen zu teilen. Das hat mir geholfen, mich von musikalischen Vorurteilen zu lösen – für mich gab es früher nur Bach –, und ich fange an, Gospels und andere Stilrichtungen zu mögen. Wir sprechen über Filme, Literatur und Sport, über Skilaufen und Radfahren, einfach über alles. Und da ich in letzter Zeit häufig in ein anderes Haus gezogen bin, habe ich mich auf einen neuen Sport spezialisiert: aufs Umziehen."

II.

SKANDINAVIEN

SCHWEDEN

Sie kamen von weither geflogen, jetzt bin ich in ihrem Bann.
Ich liebe es, die Geschichten zu hören, die sie erzählen.
Sie haben Orte jenseits meines Landes gesehen und
sie entdeckten neue Horizonte. Sie sprechen merkwürdig,
aber ich verstehe sie und ich träume, ich bin ein Adler,
und ich träume, ich kann meine Flügel ausbreiten,
hoch fliegen, hoch, ich bin ein Vogel im Himmel,
ich bin ein Adler, der in den Lüften reitet.

ABBA, Eagle

16. DIE LANGERSEHNTE SONNE
Anders Arborelius

„Meine Eltern waren nicht glücklich in ihrer kurzen Ehe. Sie ließen sich scheiden, noch bevor ich, ihr einziges Kind, geboren war. Mein Vater hatte später noch mehrere Kinder aus anderen Ehen. Meine Mutter, eine junge Bibliothekarin, befand sich damals in einer schrecklichen Situation, denn ihre Eltern waren bereits gestorben, und sie fühlte sich völlig allein. Es war ihre zweite Scheidung und sie sah darin das totale Scheitern ihres Lebens.

Ich war noch nicht geboren, als sie beschloss, Schweden zu verlassen und nach Lugano zu ziehen, einem Kanton der Schweiz, wo italienisch gesprochen wird. Dort wohnte eine ihrer Kusinen, die mit einem Schweizer verheiratet war. Und dort kam ich am 24. September 1949 zur Welt, in der Klinik der heiligen Anna von Sorengo. Kurz zuvor war meine Mutter in ein Heim gezogen, das von den Birgittinnen in Lugano geleitet wurde. Sie befreundete sich mit den Schwestern, besonders mit der Priorin, Mutter Lucía, die Schwedin war und eine enge Freundin einer Verwandten meiner Mutter. Mit Schwester Hilaria besprach sie auch persönliche Fragen und ab 1951 freundete sie sich mit einer Novizin aus Neapel an. Sie hieß Tekla Famiglietti und war damals 16 oder 17 Jahre alt.

In meiner Kindheit haben sich die Schwestern um mich gekümmert und mich verwöhnt, besonders Schwester Tekla, die sehr lebhaft und lustig war. Ich wuchs also in einem katholischen Milieu auf, wenn meine Mutter mich auch in ihrer lutherischen Kirche hatte taufen lassen. Sie war tief gläubig und brachte mir von klein auf den Glauben an die göttliche Vorsehung und die Barmherzigkeit des guten Gottes nahe, ‚den gode Guden‘, wie wir auf Schwedisch sagen. Sie hat nicht mehr geheiratet. Die schlechten Lebenserfahrungen, die hinter ihr lagen, ließen sie, die von Natur aus eher fröhlich war, Zeiten tiefer Traurigkeit und Depressivität durchmachen.

Ich hatte eine glückliche Kindheit. Dank meiner Mutter, meiner Familie und den Schwestern wuchs ich in einer Atmosphäre auf, die von Liebe geprägt war. Die Tatsache, dass ich nie mit meinem Vater zusammengelebt habe, ersparte mir die Leiden, die Ehekrisen im Herzen eines Kindes bewirken können. Von jung an war ich an seine Abwesenheit gewöhnt. Später allerdings hatte ich ein wenig Kontakt mit ihm und meinen jüngeren Halbgeschwistern.

Einige Jahre später zog ich mit meiner Mutter zurück nach Lund, einer kleinen Stadt im Süden Schwedens. Dort fand sie in einem Krankenhaus eine Stelle als Bibliothekarin. Wir lebten in einer kleinen Zwei-Zimmer-Wohnung.

Meine Mutter tat alles, um mir die bestmögliche Erziehung zukommen zu lassen. Sie meldete mich an einer Privatschule an. Meine Erinnerungen an diese Zeit sind nicht die besten, denn damals war man als Kind geschiedener Eltern gewissermaßen stigmatisiert. Ich musste viel Spott vonseiten meiner Mitschüler ertragen. Es waren harte Jahre. Der Übergang von dieser Schule zum Gymnasium Spyken bedeutete eine Befreiung für mich.

Ich wurde in der lutherischen Kirche konfirmiert, zu der ich im Grunde keinerlei Beziehung hatte, abgesehen von den Gebeten, die wir zu Hause verrichteten. Ich war mit keiner Kirche verbunden, weder mit der protestantischen noch der katholischen noch der einer anderen Konfession. Ich betete und glaubte an Jesus Christus. Das war alles. Noch nie hatte ich mit einem Priester oder einem Pfarrer gesprochen, und die Erinnerungen an die katholischen Priester, die ich in Lugano gesehen hatte, verschwammen mit den diffusen Bildern meiner Kindheit.

Nach der Konfirmation nahm ich an einigen Gottesdiensten teil, aber schon wenig später unterließ ich es, denn niemand ermunterte mich dazu. Das bedeutete nicht, dass mir Gott gleichgültig geworden wäre – im Gegenteil. In meinem Inneren war, mir unbemerkt, ein Traum gewachsen, eine Sehnsucht, der Wunsch, Priester zu werden, genauer gesagt: katholischer Priester. Ich weiß, dafür gibt es keine Erklärung. Tatsache ist aber, dass ich mich Gott ganz hingeben wollte.

Die Berufung ist ein Geheimnis. Wie schon gesagt, wusste ich damals praktisch nichts über den katholischen Glauben und mein Kontakt zum Protestantismus war herzlich, aber kurz gewesen. Nicht ich war es, der diesen geheimen Wunsch in meiner Seele geweckt hatte. Mehr noch: Ich wusste nicht einmal, worin er genau bestand. Gott war es, der ihn mir eingegeben hatte wie ein winziges Samenkorn, das langsam aufzukeimen begann. Und verschlossen, wie ich war, sprach ich mit niemandem darüber.

Manch einen mag diese innere Entwicklung überraschen. Ich erkläre sie mir mit dem Bild einer Skulptur von Carl Milles namens ‚Die Hand Gottes‘. Eine riesige Hand hält einen kleinen Menschen, der verwundert den Himmel betrachtet. So fühlte ich mich. Ich war beschenkt mit etwas Unverdientem, Überraschendem. Gott hielt mich, zog mich an sich und umsorgte mich inmitten einer turbulenten Welt.

Im Sommer 1968 nahm ich – wie viele Jugendliche meiner Generation – den Rucksack und unternahm eine lange Reise nach Europa. Ich fuhr nach Spanien, die Küste entlang bis Altea, wo Verwandte ein Haus hatten. In Madrid war ich beeindruckt von den Menschenmengen, die bei dem Christus von Medinaceli beteten, und ich stand verzückt vor den Gemälden El Grecos, meines Lieblingsmalers. Ich reiste weiter nach Toledo, Valladolid und San Sebastian. Ich besichtigte Kirchen, Kathedralen, Klöster und meine Liebe zum katholischen Glauben wuchs.

‚Und warum willst du katholisch werden?‘, fragte mich einer der wenigen Freunde, denen ich mein Geheimnis anvertraut hatte. ‚Wegen der Liturgie, wegen der Katholiken, die du kennengelernt hast …?‘

Was sollte ich ihm antworten? Natürlich zog mich die katholische Liturgie an, aber ich wollte nicht nur deswegen katholisch werden. Mich bewegten keine gefühlsmäßigen Gründe wie die Erinnerung an die Birgitten-Schwestern. Es war der Glaube als solcher, der Sinn des Lebens, der Lebensstil, den ich bei den wenigen Katholiken, die ich kannte, erlebt hatte, der mich Gott näherbrachte.

Obwohl ich in der lutherischen Kirche getauft und konfirmiert worden war, hatte ich mich ihr geistig nie zugehörig gefühlt. Das ist in Schweden ein gängiges Phänomen. Es gibt viele Menschen, die sich als ‚allgemein christlich‘ empfinden, ohne die Lehre einer bestimmten Kirche anzunehmen.

Mein Freund bohrte weiter: ‚Was zieht dich denn am meisten an im katholischen Glauben?‘ Ich überlegte ziemlich lange, bevor ich antwortete: ‚Alles.‘

Von Zeit zu Zeit besuchte ich meinen Vater, der zum dritten Mal verheiratet war. Wir hatten eine liebevolle Beziehung zueinander und ich pflegte gelegentlich den Kontakt mit seiner neuen Familie. Aber ich sagte ihm nichts von meinem Wunsch, katholisch zu werden. Er war damals ein Architekt auf dem Höhepunkt seiner Karriere, ein großer, stattlicher Mann, der das Meer über alles liebte. Er lebte weit entfernt von jeder Religion, widersetzte sich ihr nicht einmal, obwohl es unter seinen Vorfahren – ebenso wie bei denen meiner Mutter – eine Reihe von lutheranischen Pastoren gegeben hatte.

Einer jener Verwandten, Erik Arborelius, war als Pastor der Kirche Hedwig Eleonora – in die die ‚gute Gesellschaft‘ Stockholms ging – mit dem Pastor Erik Bergman zusammengetroffen, der weltweit bekannt ist wegen seines Sohnes Ingmar. Ich habe nie verstanden, warum diese beiden Eriks, die doch ernste, verantwortungsbewusste lutheranische Pastoren waren, sich so schlecht verstanden, wie traditionell in der Familie erzählt wurde.

Mit achtzehn Jahren zog ich, wie in Schweden üblich, zu Hause aus und nahm ein Studentenzimmer. Im Oktober 1968 entschied ich mich, zur katholischen Pfarrei Var Frälsare de Malmö (Pfarrei unseres Erlösers) zu gehen. Ich sprach mit dem Pfarrer, Bernhard Koch, und meldete mich zu einem Kurs für Leute an, die katholisch werden wollten.

Ich war der Jüngste und der Schüchternste in diesem Kurs. Ich wagte nicht, zur Messe zu gehen, weil ich dachte, das könnte ich erst, wenn ich katholisch wäre. Mit der Vertiefung meiner Kenntnisse des Glaubens entdeckte ich mir unbekannte Aspekte des Dogmas und der Moral.

Als der Termin meines Eintritts in die katholische Kirche näherrückte, erzählte ich meiner Mutter davon. Sie wunderte sich nicht im mindesten darüber. Ich hingegen war verblüfft, als sie zu mir sagte: ‚Und sicher möchtest du Priester werden ...‘ Woher wusste sie das? Für mich war das Priestertum etwas Unerreichbares, etwas, das mich völlig überstieg. Aber ihr Mutterherz hatte meine tiefsten Wünsche erraten. Ich sagte nichts, sondern setzte ein Pokerface auf.

Der gesamte Prozess verlief langsam und ruhig wie die Wellen der Ostsee. Ich hatte weder große Schwierigkeiten noch überwältigende Gefühle. Gott führte mich mit sanfter Hand und großem Respekt vor meiner persönlichen Freiheit. Am 17. November 1969 nahm mich Pfarrer Bernhard Koch in der Kapelle der Schwestern der heiligen Elisabeth von Malmö in die katholische Kirche auf. Ein Jahr später fuhr ich nach Stockholm, um mit dem Bischof John Taylor zu sprechen. Es war in demselben Raum, in dem wir jetzt sitzen. Taylor war Ordenspriester, Oblate der Unbefleckten Empfängnis aus San Luis (in den Vereinigten Staaten). Er war 55 Jahre alt, bescheiden, zurückhaltend. Er war Konzilsvater gewesen, sprach schwedisch mit stark amerikanischem Akzent. Ich fragte ihn, was ich tun müsse, um Priester zu werden. Er riet mir zu warten, da ich erst vor kurzer Zeit katholisch geworden war.

‚Vielleicht‘, meinte er, ‚kannst du stärker in der Pfarrei mitwirken.‘ Das tat ich. Ich bat den Herrn, dass Er mir meinen Weg zeigen möge, und überließ mich seinen Händen. Ich zog in eine Studentenwohnung unter der Leitung von Dominikanern und lernte in der Universität mehrere Katholiken kennen. Im Lauf dieser Jahre – Ende der 50iger, Anfang der

60iger – hatte sich eine Reihe von schwedischen Intellektuellen der katholischen Kirche zugewandt.

Das Haus der Dominikaner verfügte über eine reichhaltige Bibliothek. Ich begann, geistliche Bücher zu lesen, und fragte mich, was Gott von mir wollte. Sollte ich Dominikaner werden? Ich hatte das Gefühl, dass die Ordensleute dachten, ihr Weg sei auch der meine. Aber auch wenn ich sie bewunderte, fühlte ich mich von ihrer Berufung nicht angezogen.

Ich betete weiter. 1970 dachte ich, dass es für mich gut wäre, eine Zeit lang in einer katholischen Atmosphäre zu leben. Ich sprach mit dem Pfarrer, der mir empfahl, die Sommermonate in der Benediktinerabtei der heiligen Maurice und Maurus in Luxemburg zu verbringen und mich dort um Bibliothek und Garten zu kümmern. In dieser Gemeinschaft gab es eine Gruppe, die besonders für die Bekehrung Skandinaviens betete.

So machte ich mich auf nach Luxemburg, wo es mir sehr gefiel. Es waren für mich unvergessliche Monate, geprägt von Ruhe, Gebet und Lektüre. Die Mönche sangen sehr gut. Ich bin kein Experte im Thema Musik. Außerhalb von Gregorianik, den Beatles und ABBA kenne ich mich nicht aus.

Während dieser Zeit las ich die *Geschichte einer Seele* von Thérèse de Lisieux. Dieses Buch beeindruckte mich so stark, dass es mein Leben veränderte. Niemals werde ich diese Passage vergessen:

Ich verstand, dass die Kirche ein Herz hat und dass dieses Herz vor Liebe brennt. Ich verstand, dass es die Liebe ist, die die Glieder der Kirche handeln lässt. Wenn diese Liebe fehlte, würden die Apostel das Evangelium nicht verkünden und die Märtyrer ihr Blut nicht vergießen. Ich begriff ganz deutlich, dass die

Liebe alle Berufungen in sich enthält, dass die Liebe alles ist,
dass sie alle Zeiten und Orte umfasst, in einem Wort, dass die
Liebe ewig ist.

Da rief ich voll überströmender Freude aus: Oh Jesus, meine
Liebe, endlich habe ich meine Berufung gefunden. Ja, ich habe
meinen Platz in der Kirche gefunden. Es ist der Platz, den du
mir gewiesen hast, mein Gott. Im Herzen der Kirche, die meine
Mutter ist, werde ich die Liebe sein. So werde ich alles sein, und
meine Wünsche werden erfüllt.

Ja, das war mein Weg, meine Berufung! Ein kontemplatives, verborgenes, apostolisches Leben. Als ich das gelesen hatte, verstand ich, dass Gott mich in den Karmel rief, Ihm zu dienen, indem ich auf den Spuren von Teresa, Johannes vom Kreuz und vieler anderer ging in dem Bemühen, *die Liebe* zu sein im Herzen der Kirche.

Es gab ein kleines Hindernis: Ich hatte nie einen Karmeliten gesehen und war auch noch nie in einem Karmel gewesen. Aber ich hatte die tiefe Gewissheit, dass Gott mich dort erwartete.

Meiner Gewohnheit entsprechend, sprach ich mit niemandem darüber. Das hängt eher mit meinem schwedischen Temperament zusammen als mit dem ‚Secretum meum mihi‘ (mein Geheimnis gehört mir) der Edith Stein, einer anderen großen Persönlichkeit des Karmels. Wir Schweden sind sehr reserviert, wenn es darum geht, über persönliche Dinge zu sprechen.

Ich kehrte zurück nach Schweden und einige Monate später, am Fest Christi Himmelfahrt, reiste ich gemeinsam mit einem katholischen Freund zum Kloster von Norraby, im Süden unseres Landes, um drei Tage mit den Karmeliten dort zu verbringen. Wir wohnten im angrenzenden Gästehaus. Am Ende unseres Aufenthalts war ich mir sicher: Das hier ist mein Platz, das ist mein Zuhause. Hier möchte ich leben und sterben.

Wieder zu Hause, schrieb ich ihnen, dass ich beim ruhigen Beten in der Gegenwart Gottes meine Berufung mit Klarheit gesehen hatte. Würden sie mich als Postulant aufnehmen? Später haben sie mir berichtet, dass mein Brief sie sehr überrascht hatte. Sie dachten, dass mein Freund eintreten wollte und dass sie mich nie mehr wiedersehen würden. Verständlich, denn ich hatte ihnen nicht das geringste Anzeichen gegeben. *Secretum meum mihi!*

‚Sehr gut‘, antworteten sie mir, ‚komm im Sommer einige Wochen zu uns, um unseren Lebensstil noch besser kennenzulernen. Dann sehen wir weiter.‘

Es war in der nachkonziliaren Zeit, während der der Ordensmann, bei dem ich beichtete, sein Kloster verließ. Diese Prüfung, die der Herr zuließ, half mir, meinen Wunsch nach Hingabe zu läutern. Ich verbrachte jenen Sommer im Karmel und trat im Herbst als Postulant ein. Diese Aufeinanderfolge von Ereignissen schien mir normal. Inzwischen begreife ich, dass sie Früchte der Gnade waren; denn diese Gemeinschaft war erst seit vier Jahren in Schweden. Es war eine Gründung der flämischen Provinz der Karmeliten. Sie hatten gedacht, dass es sehr lange dauern würde, bis es Berufungen aus dem Land gäbe.

Zu meiner Gemeinschaft gehörten vier Belgier, drei Priester und ein Laienbruder, die mit dem Wunsch gekommen waren, eine halb eremitische Gemeinschaft mit kontemplativem Leben zu gründen. Als ich ankam, befanden sie sich noch voll im Prozess der Anpassung an das Klima und die schwedischen Sitten und Gebräuche. Und während ich mich an mein neues Leben des Gebetes, der Einsamkeit und des Schweigens gewöhnte, half ich ihnen, unsere Sprache zu erlernen. Sie ist die große Barriere, die jeder Ausländer übersteigen muss, der zu uns kommt, um das Evangelium zu verkünden.

Eine weitere Schwierigkeit stellt die Mentalität dar. Im Unterschied zu anderen Nationen Europas entstand Schweden als moderner Staat in Opposition zur katholischen Kirche. Das war Gift für die schwedische Seele. Immer noch gibt es Leute, die meinen, um echte Schweden zu sein, müssten sie der lutherischen Kirche angehören.

Außerdem ist es nicht leicht zu wissen, was wir denken, denn wir sprechen nicht gerne darüber. Wir sind ein Land der Zustimmung und wissen, dass wir früher oder später zu einer Einigung kommen müssen. Deshalb ziehen wir es vor, direkt oder indirekt zu wissen, was der andere denkt, bevor wir unsere Meinung offenlegen. Über Gott sprechen wir selten, das ist ein Tabuthema, das manche nur dann aus sich herausholen, wenn sie getrunken haben …

Am Fest des heiligen Johannes vom Kreuz im November 1971 hatte ich das Glück, in der Kapelle des Heiligen Geistes von Norraby das karmelitische Gewand zu empfangen. Ich wählte den Namen Anders vom Heiligen Geist – *Anders av den helige Ande* – aus Verehrung der Dritten Person der Heiligsten Dreifaltigkeit, die mich alle Tage meines Lebens still begleitet hat und mir von Kindesbeinen an Gnade und Licht geschenkt hat.

Danach verbrachte ich ein Jahr in einem Konvent in Belgien. Diese Zeit war für mich sehr bereichernd. Einsamkeit ist sehr gut, aber das Zusammenleben ist wunderbar, um Tugenden zu erlernen; denn in jeder zwischenmenschlichen Beziehung treten Misstöne und Zusammenstöße zwischen den unterschiedlichen Temperamenten auf. Diese Schwierigkeiten sind typisch für reife Personen, die ihren eigenen Standpunkt und eine eigene Mentalität haben. So lernt man zuzuhören, zu verstehen, nachzugeben, sich an die Stelle des anderen zu versetzen und über Charakterschwächen der anderen hinwegzugehen – oder über das, was wir für solche halten, auch wenn es nicht immer zutrifft.

Dankbar erinnere ich mich an diese Zeit, in der ich eine gute Ausbildung erhielt. Nachdem ich 1972 die ersten Gelübde abgelegt hatte, studierte ich in Belgien Philosophie am Seminar der Diözese.

Das feierliche Gelübde legte ich 1977 in Brüssel ab und im Jahr darauf empfing ich in der Kapelle des Heiligen Geistes das Diakonat aus den Händen des neuen Bischofs von Stockholm, Hubertus Brandenburg. Im gleichen Jahr 1978 ging ich nach Rom, um meine Lizenziatur an der Theologischen Fakultät des Teresianums ablegen zu können. Das Gebäude steht am Gianicolo. Ich wohnte dort mit Studenten aus dem Karmel der ganzen Welt zusammen, aus Japan, Kolumbien, Mexiko etc. Es waren Menschen mit völlig anderen Lebenserfahrungen und aus anderen Kulturen als der meinen. Wegen unserer Studien gab es weniger Zeiten des Gebetes und des Schweigens. Ich beichtete bei einem sehr alten indischen Karmeliten, Vater Cyril Bernard Papali, der fast immer krank war und in mir eine tiefe Spur hinterließ wegen seiner intensiven Beziehung zu Gott und seiner Spiritualität.

Im Unterschied zu Brüssel begeisterten mich die Fächer, die ich in Rom studierte. Diese Jahre mit wichtigen Momenten im Leben der Kirche verhalfen mir zu einer tiefen Kenntnis der mystischen Theologie der Karmeliten. Am 18. Oktober wurde Papst Johannes Paul II. gewählt, der uns einige Monate danach schon seinen Besuch im Teresianum abstattete, wo er bei vielen Gelegenheiten gewesen war, um mit seinem Freund und Landsmann Wenceslaus Wozniak zu reden. Da ich der einzige Diakon der Gemeinschaft war, hatte ich das Glück, ihm assistieren zu dürfen, als er mit uns in der Basilika Sankt Pankratius die heilige Messe feierte.

Anschließend kam er zur Kapelle der Hochschule. Mich beeindruckte seine direkte Art, die menschliche Nähe vermittelte. Sakristan der Kirche war ein portugiesischer Mönch mit langem Bart. Als er den Papst begrüßte, zog dieser ihn liebevoll am Bart. Er war ein guter Kenner des Karmels, mit dem er sehr vertraut war, da er seit seiner Jugend der Laienvereinigung des Karmels angehörte und seine Doktorarbeit über den heiligen Johannes vom Kreuz geschrieben hatte.

Und schließlich wurde ich nach meinem ersten Studienjahr in Rom am 8. September 1979 in Malmö zum Priester geweiht, in der gleichen Pfarrei, in der ich in die katholische Kirche aufgenommen worden war. Meine Eltern waren glücklich. Meine Mutter kam dem katholischen Glauben immer näher, auch wenn sie den letzten Schritt noch nicht tat. Selbst mein Vater, der seine distanzierte Haltung dem Glauben gegenüber nicht aufgab, wohnte meiner Priesterweihe bei und freute sich darüber. Meine Primiz feierte ich im Kloster der Karmelitinnen, die ganz besonders glücklich waren, denn

Auf dieser Landkarte, die sich in der Kathedrale St. Heinrich in Helsinki befindet, sind die Kirchen eingezeichnet, die es vor der Reformation gab. Sie zeigen anschaulich die Vitalität und die Entwicklung des Katholizismus vor dem 16. Jh. in Finnland.
Foto: Francisco García

Nathan Archer erzählt: „Auf diesem Foto bin ich mit meiner Frau Stephanie und meinen vier Kindern. Stephanie wurde nach unserer Hochzeit katholisch. Unser ältester Sohn wurde 2002 geboren, dem Jahr, in dem ich ebenfalls zur katholischen Kirche übertrat.

Kurz danach zogen wir von Kanada nach Oulu in Lappland, wo es sehr wenige Katholiken gibt, um hier zu arbeiten. Stephanie ist Flötenlehrerin am Konservatorium und ich für Schlaginstrumente. Mir gefällt alles, auf das ich mit Kraft schlagen kann: das Schlagzeug, die Pauke, die Trommel, einfach alles…. Außer auf Menschen!"

Josef, der achte von dreizehn Kindern von Rafa und Yuse, in ihrem Haus in Stavanger, Norwegen

Sari: „Die Preise verteilte ein junger Mann und als er mich begrüßte – es waren nur einige Augenblicke –passierte mit mir etwas Besonderes… So besonders, dass ich an jenem Abend in mein Tagebuch schrieb: Ich ahne, dass ich heute meinen zukünftigen Mann kennengelernt habe."

Sari mit ihrem Mann und ihren zwei Kindern, Sara und Marko. „Mein Glaube ist viel stärker geworden und seitdem – so erzählt sie uns – bin ich fest davon überzeugt, dass der Herr mich nie, nie, nie verlassen wird. Es ist etwas, was ich mit meinen Händen habe greifen können."

Die finnische Delegation bei einer Privataudienz mit Papst Benedikt XVI. Jedes Jahr fährt die Delegation – Katholiken und Lutheraner – nach Rom aus Anlass des Festes des hl. Heinrich, dem Patron von Finnland. An der Seite des Papstes steht Teemu Sipp, Bischof von Helsinki, SCI, der in diesem Buch seine Geschichte erzählt.

Drei der katholischen Bischofe, die auf diesen Seiten Zeugnis ablegen. Von links nach rechts: Czeslaw Kozon, Bischof von Kopenhagen, Ander Arborelius, Bischof von Stockholm und Peter Bürcher, der der Bischof von Reikiavik war, als dieses Foto gemacht wurde.

Paul Marx OMI

Tekla Famiglietti, Generalabtissin des Ordens der hl. Birgitta mit dem hl. Joh. Paul II. „Vom ersten Moment an war ich sicher, dass ich vor einem Heiligen stand. Ich traf ihn häufig bei verschiedenen Gelegenheiten und immer, wenn er mich empfing, habe ich ihm die Füße geküsst. – Aber Mutter, was tun sie?- fragte er mich. Und ich antwortete: - Heiliger Vater, ich küsse die Füße eines Heiligen."

Der orthodoxe Bischof Arseni nach der Feier der Göttlichen Liturgie. „Bevor ich die Pinsel in die Hand nehme und während ich male – so erzählt er – bemühe ich mich zu fasten und viel zu beten und folge damit einer Tradition, denn wir betrachten eine Ikone wie ein geöffnetes Fenster zum Himmel.

Vater Stefan, bei einem Fest mit einem apostolischen und karitativem Ziel, das er viele Jahre lang in Göteborg organisiert hat.

Ein Selfie von Camila aus der Zeit, als sie den „Jungen in Blau" kennenlernte.

Die drei Kleinsten der Familie Pérez in Oulu, Finnland. Jakob auf seinem Motorrad und mit seinem Schnuller. Im Hintergrund die Fahrräder ihrer vielen Geschwister.

Der dänische Historiker Sebastian Olden-Jørgensen mit seiner Frau Charlotte und vier seiner sechs Kinder. Eines von ihnen ist hinter seiner Mutter verschwunden um sich vor dem Fotografen zu verstecken.

Ane-Elisabet Røer, Ordensfrau der Dominikaner und bekannte Kinderbuchautorin. Daneben ein Ausschnitt eines Bildes der berühmten Figur ihrer Bücher „Freddy".

Joonatan, finnischer Rapper in voller Aktion: „Es gab eine Zeit, in der ich nicht verstand, wieso die Christen froh sein konnten ohne sich vorher zu betrinken."

Die vier befreundeten Märtyrer von Lübeck: ein
lutherischer Pastor und drei katholische Priester,
die 2011 selig gesprochen wurden. Sie wurden
einer nach dem anderen am 10. November 1943
innerhalb von weniger als drei Minuten Abstand
getötet weil sie Christen waren und sich gegen das
Naziregime gestellt hatten. Ein beeindruckendes
Beispiel der „Ökumene des Blutes".

Sophie Scholl war Mitglied der „Weißen Rose",
einer Widerstandsbewegung gegen die Nazis, die
christlich geprägt war. Ihr gehörten Katholiken,
Protestanten und russisch Orthodoxe an. Einer von
ihnen, Alexander Schmorell, ist von der russisch
orthodoxen Kirche heilig gesprochen worden.
Über Sophie wurde ein Film gedreht.

LA VERDADERA HISTORIA DE UNA JOVEN HEROÍNA
QUE SE ATREVIÓ A DESAFIAR AL PODER NAZI

SOPHIE SCHOLL
LOS ÚLTIMOS DÍAS

UNA PELÍCULA DE MARC ROTHEMUND
ALEXANDER HELD   FABIAN HINRICHS
JULIA JENTSCH   MEDIA

Das Jahr 2015. Einer der 21 koptischen Christen, die in Libyen umgebracht wurden und die von der koptischen Kirche selig gesprochen wurden. Papst Franziskus sagte: "Das Blut unserer christlichen Brüder ist ein Zeugnis das schreit, seien sie katholisch, orthodox, Kopten oder Lutheraner... sie sind Christen. Und es ist dasselbe Blut, das Blut, das Christus bekennt. Indem ich an diese Brüder erinnere, die getötet wurden nur weil sie sich zu Christus bekannt haben, bitte ich euch, dass wir uns gegenseitig Mut machen in dieser Ökumene voran zu schreiten, die uns voran bringt, die Ökumene des Blutes. Die Märtyrer sind wahre Christen, beten wir füreinander."
Unten: Mönche, die 1996 in Argelia das Maryrium erlitten. Ihre Geschichte wurde in „Von Göttern und Menschen" verfilmt.

Oskari Juurikkala mit seiner Mutter auf dem Petersplatz. Fotografiert hat es sein Bruder Ville im Januar 2013.

Sigrid Undset: „Ihr katholischer Glaube und ihr direkter Kontakt mit dem Schmerz waren für sie zwei wesentliche Faktoren um gegen die Nazis zu kämpfen, die in Europa immer mehr Einfluss gewannen.

Barbara mit Tiger. „Ich habe eine Einladung bekommen, um im Petersdom in Rom während der heiligen Messe zu singen... Welch eine Freude! Es wird im Oktober sein und selbstverständlich wird Arne mit mir fahren.

Landkarte von Finnland und
Skandinavien mit den Fahnen
der entsprechenden Länder. Die
blauen Punkte zeigen die Orte an,
wohin der Autor reiste um mit den
Menschen zu sprechen, damit sie
in diesem Buch und in „Der Tanz
nach dem Sturm" Zeugnis ablegen.
Die gelben Punkte geben die Orte
an, von denen diejenigen sprechen,
die Zeugnis ablegen.

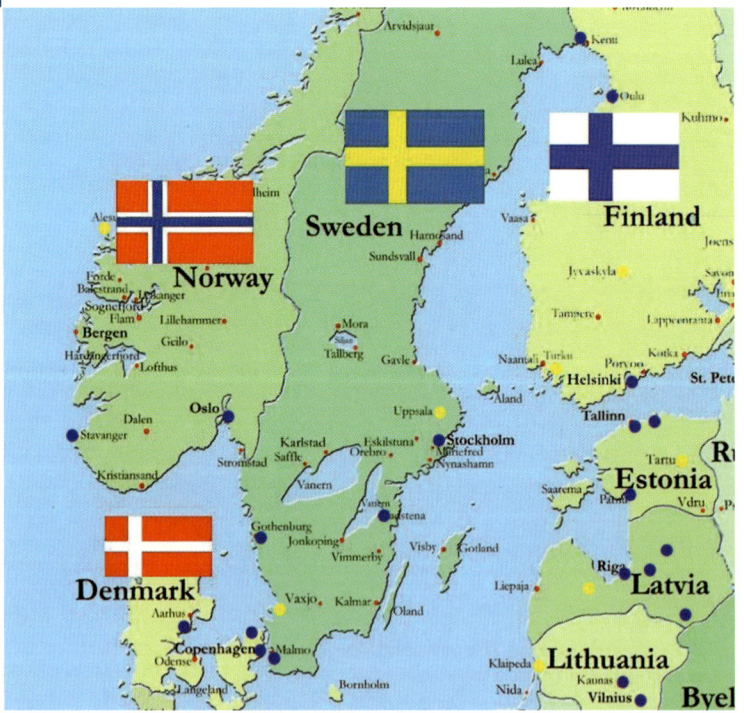

ich war der erste schwedische Karmelit in der Geschichte unseres Ordens.

Anschließend kehrte ich nach Rom zurück, um meine Doktorarbeit fertigzustellen über *das Kirchenkonzept beim heiligen Johannes vom Kreuz und der heiligen Elisabeth von der Dreifaltigkeit.* Nach ihrer Beendigung kehrte ich zurück nach Norraby und begann, die Schriften Bruder Lorenzos und die *Letzten Gespräche* der heiligen Thérèse von Lisieux, *die Gründungen,* und eine Auswahl von Briefen und kleineren Werken der hl. Teresa von Ávila ins Schwedische zu übersetzen. Danach schrieb ich eine kurze Biografie über Edith Stein.

Das Leben im Karmel verläuft ruhig und schweigsam. Nach dem Mittagessen gibt es eine Pause von einer halben Stunde. Der Rest des Tages verläuft schweigend, was der Arbeit und dem Gebet zugutekommt. Um dieses Leben des Gebets, des Schweigens und der Einsamkeit leben zu können, bedarf es einer starken seelischen Stabilität, einer gewissen psychischen Ausgeglichenheit und des tiefen Umgangs mit Gott. Andernfalls wäre es schwierig auszuharren, selbst bei der besten Absicht.

Während dieser Jahre fing es an, dass nach und nach Leute zum Kloster kamen, die mit großer Offenheit um Rat und geistliche Begleitung baten. Ich kümmerte mich um sie und nach kurzer Zeit wurde ich eingeladen, in einigen Pfarreien Einkehrtage zu halten – und das sogar in protestantischen Gebetshäusern. In einem von ihnen kommentierte ich während des Einkehrtages Schriften von Schwester Elisabeth von der Dreifaltigkeit. Mehrere meiner Zuhörer entschieden sich, – dank der Gnade Gottes – zur Kirche zu gehören.

Außerhalb dieser Aktivitäten verlief mein Leben in der Ruhe, die ich so sehr liebte. Es war eine Zeit des Gebetes, des Studiums und langer Radfahrten durch die Wälder, bis ich 1983 oder 84 – ich erinnere mich nicht mehr genau, in welchem Jahr – Besuch bekam von einem Karmeliten aus Mexiko, einem ehemaligen Studienkollegen aus römischen Zeiten, der mir vorschlug, in Mexiko D. F. und in Guadalajara Kurse über das Gebet zu halten. Ich wehrte mich, so gut ich konnte: ‚Ich habe weder Erfahrung darin noch Geld und Mexiko ist weit …‘ ‚Kein Problem‘, antwortete er, ‚wir finden eine Lösung.‘

Wenig später erhielt ich ein Reisestipendium, das ich annahm in dem Gedanken, diese Reise würde die erste und letzte sein, obgleich ich schon von Jugend auf leidenschaftlich gern reise. Nach meinem Aufenthalt in Mexiko wurde ich in andere Orte eingeladen und konnte mich nicht verweigern. In den folgenden Jahren gab ich weitere Gebetskurse in verschiedenen Ländern Südamerikas. Danach folgte die Tournee durch Asien, und ich war mehrfach auf den Philippinen.

Während dieser Zeit starb mein Vater im Jahr 1985 im Alter von über siebzig Jahren. Seine letzten Worte waren voller übernatürlichem Sinn und trösteten mich sehr, weil ich erkannte, wie Gott nach und nach in seine Seele eingetreten war.

Meine Erfahrungen in den Philippinen waren besonders schön, konkret bei meinem zweiten Aufenthalt in diesem Land. Während ich Vorträge für einige Nonnen in Iloilo City hielt, bekam ich einen Anruf aus Norraby von Prior Wilfrid Stinissen, der in Schweden sehr bekannt ist wegen seiner geistlichen Bücher: ‚Fahr bitte sofort nach Kopenhagen.‘ ‚Nach Kopenhagen? Warum?‘ ‚Besuche den apostolischen

Nuntius. Er hat mir gesagt, dass er dich unbedingt sprechen will.'

Ich war verwirrt und auch bedrückt, denn ich ahnte, was diese Eile bedeuten könnte. So beendete ich den Vortrag über das *Fiat* Mariens und überließ mich ihren Händen. Ich fuhr schnell von Manila nach Singapur und von dort nach Kopenhagen. Ich sprach mit dem Nuntius. Was ich befürchtet hatte, traf ein.

,Aber Herr Nuntius', sagte ich, ,ich bin in meinem Orden nie Oberer gewesen. Ich habe keine Ahnung von Leitung.' Er erklärte, dass es zum Wohl der Kirche sein würde. Da akzeptierte ich. Um nicht auf unliebsame Fragen antworten zu müssen – ich musste zurück in die Philippinen und es handelte sich um ein päpstliches Geheimnis –, verbrachte ich einige Tage am Wallfahrtsort Altötting. Am vorgesehenen Datum war ich zurück in meiner Gemeinschaft und niemand außer dem Prior ahnte etwas.

So nahte der 17. November, der Tag, an dem der Bischof von Brandenburg 75 Jahre alt wurde. Er selbst gab meine Ernennung bekannt in einem Saal, der zur Kathedrale gehörte. Dort wurde ich sehr aufmerksam empfangen, obwohl mich nur wenige kannten, da ich nur sehr selten am Bischofssitz in Stockholm gewesen war.

Damals waren die einzigen Bischöfe, die in den nordischen Ländern geboren waren, der von Kopenhagen und ich. (Ich war nur ernannt, hatte noch nicht die Bischofsweihe empfangen.) Die Übrigen waren Deutsche und Holländer. Ich besuchte den Bischof von Helsinki, der sehr krank war. Auf der Rückreise begann ich, die Pfarreien meines Landes kennenzulernen. Und ich erhielt sehr viele Einladungen von protestantischen Gemeinden.

Im Fernsehen wurde ich interviewt: ‚Was, ein katholischer schwedischer Bischof?‘ Man hatte Grund, sich zu wundern; denn ich war der erste schwedische Bischof seit der Reformation. Ich bekam sogar eine Einladung zum Abendessen im Köngspalast zusammen mit mehreren lutherischen Bischöfen und dem hebräischen Rabbiner.

Am 29. Dezember 1998 wurde ich in Stockholm von meinem verehrten Bischof von Brandenburg geweiht. Die Diözese umfasst das gesamte Territorium Schwedens. Meine Mutter war damals 82 Jahre alt und seit einiger Zeit katholisch. Sie war tief bewegt und glücklich während der Zeremonie. Auch ich war ergriffen von den Wundern, die Gott wirkt. Meine Mutter starb fünf Jahre später.

Nach fast dreißig Jahren Leben in unmittelbarem Kontakt mit der Natur fiel es mir schwer, mich an das Stadtleben zu gewöhnen. Außerdem befinden sich Kathedrale und Bischofshaus in einem Teil Stockholms, der sehr belebt ist, voll von jungen Menschen und lebhaftem Treiben in Buchhandlungen, Bars und Restaurants.

In den frühen Morgenstunden, bevor das Getümmel losgeht, mache ich einen kurzen Spaziergang durch nahe gelegene Parks und bete dabei den Rosenkranz. Anschließend widme ich einige Zeit dem Gebet und feiere die heilige Messe. Nach dem Frühstück beginnt meine tägliche Arbeit als Bischof, die ich versuche, mit Ruhe und Gelassenheit zu tun. An vielen Wochenenden besuche ich Pfarreien. Es ist nicht das Leben, das ich mir erträumt habe, aber ich bin dennoch glücklich, weil es das Leben ist, das der Herr mir zugedacht hat.

Es gibt Leute, die meinen, wir Nordländer – besonders die Schweden – seien innerlich sehr kühl. Das stimmt nicht, meiner Meinung nach. Aber unsere Spiritualität ist individueller und introvertierter. Wir spazieren gerne durch die Natur, dort finden wir Gott. Vielleicht ist das der Grund, warum sich viele Schweden vom Karmel angezogen fühlen. Vermutlich haben sie im Inneren einen Sinn für das kontemplative Leben. In dieser Suche nach Einsamkeit im Wald oder an einem See verbirgt sich eine Sehnsucht nach Dialog mit dem Göttlichen. Aus historischen Gründen haben sich viele von der Liturgie entfernt, aber sie kultivieren eine sehr eigene, ganz persönliche Spiritualität. Wenn ich mit jemandem über die *dunkle Nacht der Seele* des Johannes vom Kreuz spreche, kann es vorkommen, dass er mir sagt: ‚Das habe ich auch schon erlebt.‘ Einer unserer großen Dichter, Hjalmar Gulberg, thematisiert in seinen Gedichten diese dunkle Nacht, wenn auch mit einer pantheistischen Sichtweise.

Gott sei Dank sind es jedes Jahr an die hundert Leute, unter ihnen einige lutherische Pastoren, die in die katholische Kirche aufgenommen werden. Manche dieser Pastoren wollen, nachdem sie sich zu unserem Glauben bekannt haben, Priester werden. Jeder einzelne Fall wird geprüft. Jetzt haben wir schon sechs solcher Priester.

Hinzu kommt eine große Zahl von Schweden, die sich dem Katholizismus verbunden fühlen. Sie lesen geistliche Bücher, beten, kommen zur Kirche …, aber aufgrund einer extrem individualistischen Mentalität, von der sie wohl beeinflusst werden, wagen sie es nicht, der Kirche anzugehören.

Die neuen Mitglieder der Kirche brauchen einen intensiven apostolischen Umgang und eine dauernde, feinfühlige Begleitung, besonders während der ersten drei oder vier Jahre nach ihrer Taufe oder der *Professio fidei*, damit ihr christliches Leben sich festigt. In der Regel fällt es ihnen aus mangelnder Bildung und Gewohnheit schwer, sonntäglich zur Messe zu gehen. Unsere Aufgabe ist es, ihnen zu helfen, das Wunder der Eucharistie zu entdecken und ihnen den allgemeinen Ruf zur Heiligkeit zu zeigen, zu der der Herr uns beruft. Wenn sie einen Priester oder einen Freund an der Seite haben, der sie während dieser Epoche ihres Lebens begleitet, dann lernen sie zu verstehen, dass katholisch sein nicht bloß darin besteht, bestimmte Vorschriften zu *erfüllen*, sondern sich in Jesus Christus zu *verlieben* als Kinder eines Vaters, der uns wie verrückt liebt und der uns als Miterlöser haben möchte.

Wir brauchten mehr Leute, die mithelfen; denn die Arbeit, die wir leisten müssen, übersteigt unsere Kräfte. Und dennoch: Trotz unserer persönlichen Begrenztheiten und Schwächen wächst die Kirche in Schweden weiter. Mehr noch – Schweden ist im Augenblick eins der Länder Europas, in denen aus verschiedenen Gründen die Zahl der Katholiken jedes Jahr zunimmt. Es gibt auch Schwierigkeiten und Sorgen, aber sie erdrücken mich nicht. Ich weiß, dass ich in Gottes Händen bin. Nicht zu vergessen: Mein Ordensname ist Anders vom Heiligen Geist ...

Zum Schluss möchte ich über Unsere Liebe Frau von Schweden sprechen, die wir in einigen Liedern *die Königin des Nordens* nennen. In den nordischen Ländern, vor allem in Schweden, gibt es eine große Marien-Nostalgie. Ich bin sicher, dass sie uns nach diesem langen Winter einen geistlichen Frühling herbeiführen kann, der – so wie der Frühling die Eisschmelze in unseren großen Seen bewirkt und unsere Landschaften grünen lässt – die Gesichter der Schweden in der lange ersehnten, aufsteigenden Sonne zum Leuchten bringt."[4]

---

[4] Dieser Bericht ist Frucht des Interviews von mehr als neun Stunden, das Anders Arborelius mir gewährte während mehrerer Tage, die ich in der Bischöflichen Residenz in Stockholm verbrachte.

17. ZWEIFLE NICHT DARAN!

Tekla Famiglietti

Chi vuol vivere felice
Lasci il luogo taciturno
Dove è nato e venga a Sturno.
Sturno è bello, ognun lo dice,
è la terra die bei fiori,
il giardino degli amori …[5]

„Warum kommst du nach Rom?", fragte mich ein Freund am Flughafen Fiumicino, „wenn du doch über die nordischen Länder schreibst?" Seine Überraschung war verständlich. Ich antwortete ihm, dass eine außergewöhnliche Schwedin einen Teil ihres Lebens in Rom verbracht hatte und schließlich gestorben war. Sie gehörte einer der einflussreichsten Familien ihres Landes an, war Ehefrau und Mutter von acht Kindern, Gründerin eines großen Ordens, Patronin Europas und Kirchenlehrerin: die heilige Birgitta von Schweden. Gegenwärtig werden ihre sterblichen Überreste in Vadstena verehrt, wo sie geboren wurde.

Die geistliche Größe der heiligen Birgitta, ihren tiefgehenden Einfluss auf das Christentum seit dem 14. Jahrhundert, kann man unmöglich in ein paar Zeilen zusammenfassen, ebensowe-

---

[5] „Wer glücklich leben will, / verlasse den stillen Ort, / wo er geboren wurde, und komme nach Sturno. / Sturno ist schön, wie alle sagen, /es ist das Land der schönen Blumen / und der Garten der Liebe" (Aurelio Grella, 1881–1962).

nig die Bedeutung, die sie im Herzen vieler Skandinavier hat, ob sie Christen sind oder nicht.

In Rom besuche ich den Konvent, in dem die Heilige starb, an der Piazza Farnese, um mit Tekla Famiglietti zu sprechen, der Generaloberin des Ordens und Nachfolgerin der heiligen Birgitta nach der Neugründung des Ordens, die eine andere Schwedin im 20. Jahrhundert vollzog, die selige Maria Isabel Hesselblad.

Man kann den Katholizismus in Schweden nicht richtig verstehen ohne die Person der Tekla Famiglietti, einer der aktuell einflussreichsten Ordensfrauen der Kirche. Sie ist eine stattliche Frau, die Stärke und Frieden ausstrahlt. Ich frage sie nach ihrer Kindheit, ihrer Familie, den Traditionen von Sturno, einem Dörfchen der Provinz Avellino in der Campania im Süden Italiens, wo sie am 23. Dezember 1936 geboren wurde. Sturno war damals ein „paesino" von 3000 Einwohnern, umgeben von Kastanienwäldern, nahe einem Tal, durch das der Ufito an Gärten entlangfließt.

„Es war ein kleines Dorf, in dem wir", so sagt mir die Äbtissin – „unseren Dorfdichter hatten wie viele andere Dörfer auf der Welt. Er hieß Aurelio Grella und viele meiner Generation kannten seine Verse auswendig: è *la terra die fiori, il giardino degli amori* ...

Schon bevor ich zur Welt kam, war Sturno schön und fröhlich. Meine Mutter beschreibt mich als sehr lebhaftes Kind unter meinen fünf Geschwistern, zwei Mädchen und drei Jungen. Wir waren in der Familie gläubig und sehr miteinander verbunden.

All das endete abrupt am 10. Juni 1940, ich war noch keine vier Jahre alt. Die Leute aus dem Dorf gingen zur Piazza della Libertà und hörten aus den vier aufgestellten Lautsprechern eine Stimme, die die Kriegserklärung an Frankreich und England verkündete. Wenig später änderte sich das Leben in Sturno völlig. An unserem Haus, das an der Straße lag, die nach Neapel führte, zogen nicht enden wollende Truppen deutscher Soldaten vorbei und Militärfahrzeuge, die Wolken von Staub und Schmutz aufwirbelten. Schusswechsel wurden laut, Schreie und Weinen. Mein Vater und zwei meiner Brüder wurden eingezogen und an die Front gebracht.

Nur meine Mutter, meine beiden Schwestern, Gilda und Sisina, und mein kleiner Bruder Antonio bleiben mit mir zurück. Krieg bedeutet ein wahnsinniges Blutvergießen, Hass und entfesselte Leidenschaften. Meine Mutter sah den ständigen Zug von Soldaten, die kamen und gingen, und all die Zügellosigkeit. Da entschied sie, meine beiden blutjungen Schwestern an einen abgelegenen Ort zu bringen, um sie vor den Gefahren zu schützen.

Daher musste ich im Alter von nur sechs Jahren viele Stunden alleine mit meinem kleinen Bruder zu Hause bleiben und mich um ihn kümmern. Meine ersten Kindheitserinnerungen sind Erinnerungen an den Krieg, eine schreckliche Zeit, die tiefe Wunden in meiner Seele hinterließ. Ein Bild werde ich niemals vergessen können: Es war mitten in den heißen Augusttagen des Jahres 1943. Ich war sieben Jahre alt. Von zwei Uhr mittags an flog ein Flugzeug über dem Ort und ließ eine schwarze Wolke hinter sich. Wenige Sekunden danach sprangen fünf Fallschirmspringer in Militäruniformen ab, Maschinengewehrsalven dröhnten, und ich sah auf den

Feldern von Piani, nahe beim Dorf, Tote, die von Bauern getragen wurden: vier junge Leichname in blutverschmierter Uniform. Der fünfte Fallschirmspringer lebte noch, er wurde festgenommen.

Ich habe die Bilder der unzähligen Soldaten und der vorüberziehenden Heere und der Toten jener Jahre nicht vergessen. Manche Fallschirmspringer wurden von der Artillerie erschossen, andere brachte man halbtot auf Tragbahren von der Kriegsfront, die nur wenige Kilometer von uns entfernt lag. Ich war noch ein Kind und musste Tag für Tag so viele junge Männer sterben sehen! Italiener, Amerikaner, Deutsche, Franzosen, Polen, Marokkaner …

Ich litt sehr darunter. Ich sehe mich noch mit fünf, sechs, sieben Jahren in der Kirche knien inmitten von Frauen aus dem Dorf, die weinend beteten, dass dieser Albtraum enden möge und mein Vater und meine Brüder nach Hause zurückkehrten.

Gott sei Dank überlebten sie den Krieg. Aber ich spüre immer noch Schmerz, wenn ich daran denke, wie mein Bruder Angelino, kaum zwanzigjährig, sich auf Krücken heranschleppte. Er hatte an der Front ein Bein verloren.

Ich hatte eine solide christliche Bildung bekommen, zu Hause und in der Schule, die von Bethlehem-Schwestern geleitet wurde. Jene schrecklichen Erlebnisse machten mich reifer und bestärkten mich in meiner Entscheidung, mich Gott hinzugeben. Meine Berufung zum Ordensleben war ganz klar. Ich konnte mir mein Leben nur so vorstellen. Das Furchtbare, das ich erlebt hatte, bewegte mich dazu, dem Herrn zu sagen: ‚Mein Gott, ich möchte ins Kloster gehen und dir dort mein Leben schenken im Geist der Sühne als Wiedergutmachung für die Beleidigungen, die Deinem Heiligsten Herzen während des Krieges zugefügt worden sind." Als der Krieg endete, war ich neun Jahre alt. Während der folgenden fünf Jahre bat ich Gott um Licht, las, fragte und informierte mich über die verschiedenen Wege in der Kirche. Eines Tages sprach ich mit einem Mädchen aus meinem Dorf über den Orden der heiligen Birgitta. Aus Sturno waren mehrere Berufungen für diesen Orden hervorgegangen. ‚Sie sind Nonnen, die ihr Leben für die Einheit der Kirche aufopfern', sagte sie mir. ‚Und was machen sie so?' ‚Sie arbeiten für die Einheit der Christen, indem sie anbeten und sühnen für die Sünden der Menschen. Sie beten dafür, dass jeder Mensch Gott findet, da, wo er ist.' Als ich das hörte, dachte ich: Das ist mein Weg! So will ich Gott auch mein ganzes Leben schenken.

Um sieben Uhr morgens ging ich am 25. Oktober 1950, mit 14 Jahren, in den Konvent, in dem die heilige Birgitta im 14. Jahrhundert gelebt hat und wo sie am 23. Juli 1373 starb. Als ich eine Woche im Konvent war, begegnete mir eine ältere Nonne. Sie war groß, ihr Blick ging in die Tiefe und sie lächelte mich auf eine Art an, die ich nicht erklären kann. In ihren Augen – so schien mir – lag die Kraft ihrer geistlichen Mutterschaft und ihrer Einheit mit Gott. Wir beide waren allein und verwirrt fragte ich sie, als sei sie nicht von dieser Welt: ‚Welche Mutter bist du?' Lächelnd antwortete sie: ‚Meine Tochter, ich bin die Mutter Generaloberin.' In meiner Freude konnte ich mich nicht zurückhalten. Ich umarmte sie und erzählte den anderen im Konvent, dass ich die Generaloberin gesehen hatte. Es war nicht bloß die begeisterte Reaktion eines jungen Mädchens. Das Leben hatte mich früh reifen lassen, und auch wenn ich immer ein sehr lebhaftes Temperament hatte, habe ich nie zuvor einen so tiefen Eindruck und eine solche Freude empfunden wie bei dieser ersten Begegnung. Ihr Blick strahlte Gelassenheit, Frieden und eine Freude aus, die aus der Liebe zu Gott stammt. Es war der Blick einer Mutter, die dich kennenlernen möchte und die sich selbst zu erkennen geben will, voller Liebe und Verständnis.

Während dieser ersten Monate berichtete man mir vom Leben unserer Generaloberin, Elisabeth Hesselblad. Sie wurde 1870 in Faglavik geboren, einem kleinen Dorf im Süden Schwedens, im Schoß einer protestantischen Familie. Schon in ihrer Kindheit fragte sie sich angesichts so vieler christlicher Kirchen: Warum herrscht so viel Uneinigkeit unter den Jüngern Christi?

Sie war das fünfte von 13 Kindern und 1888 musste sie mit 18 Jahren in die Vereinigten Staaten auswandern, um ihre Familie zu unterhalten. Sie arbeitete als Krankenschwester in einem New Yorker Krankenhaus, in das viele arme Patienten kamen. Sie näherte sich der katholischen Kirche dank des Beispiels katholischer Kranker, die sie pflegte. Am 15. August 1902 trat sie in die Kirche ein.

Einige Zeit später kam sie bei einem Besuch Roms in dieses Haus und vernahm in ihrem Herzen die Aufforderung: ‚Ich möchte, dass du mir hier dienst.' Zwei Jahre später konnte sie ihren Wunsch erfüllen dank der liebevollen Aufnahme der Karmelitinnen, die hier lebten. 1906 erlaubte ihr Papst Pius X., bei ihnen zu leben und den Habit des Erlöserordens der heiligen Birgitta zu tragen. Während der folgenden Jahre lernte sie in verschiedenen Ländern die Klöster kennen, in denen nach dem Geist der heiligen Birgitta gelebt wurde, bis sie 1911 mit drei jungen englischen Postulantinnen den Orden neu gründete.

Im Zweiten Weltkrieg hat sie im Konvent unter hohen Gefahren zwei jüdische Familien Roms, die Familien Piperno und Sed, versteckt, um sie vor der Verfolgung zu schützen. Eines Tages erschien ein Nazigeneral, um das Haus zu inspizieren. Mutter Elisabetta war – wie gewohnt – sehr schwach aufgrund ihrer Herzinsuffizienz, dennoch brachte sie den Mut auf, sich vor ihn hinzustellen und ihm zu sagen: ‚Sie kennen als General die militärischen Gesetze und sorgen dafür, dass sie befolgt werden. Ich, als Generaloberin, kenne die monastischen Gesetze und wünsche, dass sie respektiert werden. Niemand darf die Klausur dieses Hauses betreten ohne schriftliche Erlaubnis des Heiligen Stuhls.' Der General drehte sich auf dem Absatz um und ging fort.

Meine ersten Jahre als Novizin waren sehr glückliche Jahre. Es kann vorkommen, dass die erste Zeit im Ordensleben von innerer Unruhe geprägt ist. Mir aber schenkte der Herr die Gnade, von Anfang an eine riesige Freude zu verspüren, die mich seitdem eigentlich nie verlassen hat; denn seit jenem 25. Oktober 1950 empfand ich mich schon als dem Orden zugehörig und ich war immer zutiefst dankbar für meine Berufung, zufrieden und gelassen.

Indessen emigrierte meine Familie nach Amerika und ließ sich in New York nieder. Ich erfasste das Charisma unseres Ordens immer besser und staunte über das harmonische Gleichgewicht zwischen kontemplativem und aktivem Leben, das auf die heilige Birgitta zurückgeht. Ein Jahr später, ich war noch Novizin, wurde ich in die Schweiz geschickt, wo ich in Lugano, im Tessin, wo italienisch gesprochen wird, helfen sollte.

Dieses Haus, das für Gäste offensteht und mitten in der Natur liegt, ist ein Segen Gottes. Ich blieb 24 Jahre lang dort. Wir führten ein intensives Gebetsleben und kümmerten uns um die Betreuung der Gäste, junger Leute und Menschen von anderen Konfessionen, die kamen, um an ökumenischen Begegnungen teilzunehmen.

Unter den Leuten, mit denen ich während dieser Zeit Umgang hatte, war eine Frau aus dem Süden Schwedens, die nach dem Scheitern ihrer Ehe nach Lugano gezogen war. Sie war evangelisch und hatte einen kleinen Sohn. Als sie zu arbeiten begann, überließ sie uns das noch sehr kleine Kind zur Betreuung. Der Junge hieß Anders, er war lieb und freundlich und blieb viele Jahre lang bei uns, sodass man sagen kann: Er wuchs in unserer Gemeinschaft auf. In dieser Zeit fuhr ich manchmal nach Rom und sprach mit unserer Gründerin. Sie war krank, fast immer bettlägerig, und sie wusste, dass sie nur noch wenig Zeit zu leben hatte. ‚Ich stehe am Bahnhof und warte auf den Zug‘, sagte sie humorvoll.

‚Setz dich, setz dich‘, lud sie mich lächelnd ein, wenn ich sie besuchte. ‚Geht es dir gut? Bist du glücklich?‘ – Herzlich und voller Vertrauen, wie eine Mutter mit ihrer Tochter redete sie mit mir eine halbe Stunde oder auch eine ganze Stunde lang über das Ordensleben. ‚Jesus lässt uns nicht allein, wenn er uns das Kreuz zu tragen gibt. Denk daran, sei sehr mutig und vertraue!‘

Wenige Jahre später, am Abend des 22. April 1957, verschlimmerte sich die Herzinsuffizienz. Vater Boyer spendete ihr die Krankensalbung und bat sie, die Schwestern zu segnen, die in ihrer Nähe waren. ‚Geht zum Himmel, die Hände voller guter Taten und voller Liebe‘, sagte sie. Zwei Tage danach, am Morgen des 24. April, starb sie.

Am 3. Mai 1958 wurde Mutter Riccarda Beauchamp zur Generaloberin gewählt. Dieses Amt hatte sie bis 1964 inne. Im gleichen Jahr wurde ich Oberin in Lugano. 1976 zog ich nach Rom und wurde Generalvikarin. Es war in der letzten Periode des Pontifikats Pauls VI. 1979 wurde ich zur Generaloberin gewählt.

‚Ist das ein schweres Amt?‘ fragte man mich in einem Interview. Ich antwortete, dass die heilige Birgitta und die selige Mutter Elisabetta mir sehr helfen. Ich fühle stark ihre Nähe. Sie führen uns auf unserem Weg, segnen und ermutigen uns. Das macht mir meine Aufgabe leichter. Wir sollen immer treu zu ihren Lehren und den Ordenstraditionen stehen. Und ich fühle mich getragen von der Arbeit und dem Gebet der Birgittinnen auf der ganzen Welt.

‚Wenn man den Wert des Kreuzes versteht, ist das eine große Gnade‘, pflegte Mutter Elisabetta zu sagen. An diese Worte erinnerte ich mich besonders in den Achtzigerjahren, als ich mehrmals operiert werden musste. Seelischer Schmerz war mir seit meiner Kindheit vertraut, aber ich hatte nie zuvor körperlich gelitten.

Das war für mich eine große Entdeckung. Man kann seitenlang über die reinigende Kraft des Schmerzes schreiben und darüber, wie sehr er mit dem Kreuz Christi vereint, aber erst, wenn man ihn am eigenen Leib erlebt, versteht man, was der Herr während seiner Passion für uns gelitten hat. Deshalb ist es nötig, dass wir Christen das Kreuz auf die eine oder andere Weise kennenlernen. Die körperlichen Schmerzen jener

Zeit brachten mich den Kranken und Leidenden geistlich und menschlich viel näher. Ich verstand Mutter Elisabetta besser, die in ihrem Leben so viel gelitten hatte.

Nach einer langen Operation von fünf Stunden, in denen ich dem Tod nahe war, sah ich mein Leben aus einer anderen Perspektive, denn das Leiden vereinigt uns auf persönliche und geheimnisvolle Weise mit dem gekreuzigten Christus, der unsere Liebe ist: *Amor meus crucifixus est.*

Am 5. Oktober 1991 fand anlässlich des 600. Jubiläums der Heiligsprechung der heiligen Birgitta im Petersdom ein ökumenischer Gottesdienst statt. ,Schon seit 25 Jahren' – sagte der Papst – ,arbeiten Lutheraner und Katholiken zusammen daran, einen gemeinsamen Weg zu finden. Der theologische Dialog hat das riesige gemeinsame Erbe zutage gefördert, das uns eint. Jeder weiß, dass die protestantische Reformation an der Rechtfertigungslehre ansetzt und dass damit die Einheit des Christentums im Abendland zerbrach. Wir sind sicher, dass das gemeinsame Verständnis uns helfen wird, die anderen kontroversen Probleme zu lösen, die direkt oder indirekt damit verbunden sind.'

Sieben Jahre später ernannte der Heilige Stuhl Anders Arborelius zum Bischof von Stockholm. Er war es, den ich als kleinen Jungen in Lugano kennengelernt und versorgt hatte. Ich war zu der Zeit 16 oder 17 Jahre alt und ahnte nicht, als ich zu Gott betete für Skandinavien, dass dieses Kind, mit dem ich im Hof des Klosters spielte, Teil seiner Antwort auf mein Gebet sein würde. Wie oft antwortet der Herr uns auf diese Weise und wir verstehen es nur sehr langsam!

Der 9. April 2000 war ganz sicher einer der glücklichsten Tage meines Lebens, als ich dabei war, wie die Kirche Mut-

ter Elisabetta zusammen mit anderen Seligen auf dem Petersplatz zur Ehre der Altäre erhob.

Am folgenden Tag sprach der Papst über diese Seligen.
Nach der Begrüßung sagte er: ‚Besonders herzlich heiße ich
die lutherischen Gläubigen willkommen, die an diesem Ereignis teilnehmen. Die selige Elisabetta lehrt uns, das er-
lösende Kreuz Christi in eine Quelle der Stärke in der Zeit
der Prüfung zu verwandeln. Ihre Hingabe für die Einheit der
Christen, ihre praktisch gelebte Nächstenliebe und ihre tiefe
Spiritualität sind für alle ein Vorbild, die Christus nachfolgen,
besonders für die, die ihr Leben dem Herrn geweiht haben.
Übergeben wir ihrer Fürsprache unser Anliegen der Einheit
aller Christen, damit es vorankomme!‘

Eine weitere unvergessliche Erinnerung ist die vom 2. April 2005, dem Samstag vor dem Sonntag der göttlichen Barmherzigkeit[6]. Als ich mich an jenem Abend nach dem dringen-
den Anruf, den Monsignore Stanislas an mich gerichtet hatte,
mit Mutter Elisa zum Vatikan begab, dachte ich daran, wie ich
ihn zum ersten Mal gesehen hatte.

Damals war Johannes Paul II. ein junger Mann von 58 Jahren. Vom ersten Augenblick an hatte ich die Gewissheit, einen Heiligen vor mir zu haben. Im Laufe der Jahre war ich
bei mehreren Gelegenheiten mit ihm zusammen und immer,
wenn er mich in Privataudienz empfing, küsste ich ihm die
Füße.

---

[6] Johannes Paul II. hatte dieses Fest fünf Jahre zuvor eingeführt, im Heiligen Jahr
2000, als Antwort auf die Bitte Jesu an die heilige Faustina Kowalska.

,Aber Mutter, was machen Sie?' Ich antwortete ihm: ,Heiliger Vater, ich küsse die Füße eines Heiligen.' Da schlug er mehrmals – demütig und belustigt – auf den Tisch.
,Bitte, Mutter Oberin, stehen Sie auf!'
Ich hatte ihn zwei Tage vor dem 2. April gesehen. Er war sehr krank. Am Petersplatz angekommen, befand sich dort schon eine große Menschenmenge, die den Rosenkranz betete mit dem Blick auf das Fenster seines Schlafzimmers. Viele junge Leute waren darunter. Die meisten der Menschen dort – wie auch Millionen von Christen und Nicht-Christen auf der ganzen Welt – betrachteten ihn als Heiligen.

Ich erreichte den Eingang des apostolischen Palastes und man führte mich zu seinem Schlafzimmer, in dem er lag. Er war wenige Stunden zuvor entschlafen. Sein Gesichtsausdruck war voller Frieden und in meinem Schmerz tröstete mich die Gewissheit, dass er bereits die ewige Umarmung Jesu Christi empfing. Wir begannen, leise den Rosenkranz zu beten, und wussten uns von der gesamten Kirche begleitet. Wir blieben viele Stunden dort und wachten bei ihm. Seitdem empfehle ich mich der Fürsprache des heiligen Johannes Pauls II. Ich weiß, dass er mich erhört.

Mehr als 60 Jahre sind vergangen seit jenem 25. Oktober 1950, an dem ich in dieses Haus kam, in dem die heilige Birgitta und die selige Elisabetta starben. Damals war ich vierzehn Jahre alt, und jetzt werde ich bald 80 und bin sehr glücklich.

,Woher kommt dieses Glück?', werde ich manchmal gefragt. Ich gebe dann die Erfahrung vieler Christen wieder: Das Glück entstammt der Liebe, der bedingungslosen Hingabe, der Entschiedenheit, alles aufzugeben, um Jesus zu folgen.

Die Fenster unseres Hauses gehen auf die Piazza Farnese hinaus, einen der schönsten Plätze Roms. Er ist meist voll von Jugendlichen. Wenn ich sie vom Fenster aus sehe, bete ich für sie, damit der Herr ihr Herz erleuchte. Sie suchen das Glück – wie alle Jugendlichen der Welt. Am liebsten würde ich jedem Einzelnen von ihnen ins Ohr flüstern: Das echte Glück findest du beim Herrn. Zweifle nicht daran!"

18. DER BEGINN EINES ABENTEUERS
Richard Hayward, Juan Luis Bernaldo

Mit Richard Hayward sprach ich in Malmö, mit Juan Luis Bernaldo in Stockholm. Wir haben hier also eine Geschichte, die zweistimmig erzählt wird.

Drei große Abenteurer

„Bestimmt hast du *Die Abenteuer der Kon-Tiki* gelesen", meint Richard Hayward. „Die Geschichte erzählt von fünf Norwegern und einem Schweden, die den Pazifik auf einem Floß überquerten, ähnlich jenem, das die Inkas benutzten. Sie fuhren von der Küste Perus bis zu einer Insel Polynesiens, um zu beweisen, dass Menschen aus Südamerika schon in der Zeit vor Kolumbus bis nach Asien gekommen sein können. Manchmal denke ich an die Kon-Tiki, wenn ich mich an die ersten Schritte des Opus Dei in Skandinavien erinnere; denn diese Anfänge waren auch ein Abenteuer. Die großen Abenteurer, die den Anstoß dazu gaben, sind bereits zur Ehre der Altäre erhoben worden: Der heilige Josefmaria, der nie selbst in diese Länder gekommen ist, obwohl er es sich sehr gewünscht hat, der heilige Johannes Paul II. hingegen ist einmal dorthin gereist und Alvaro del Portillo, der 2014 seliggesprochen wurde, war mehrmals in Skandinavien."

Erste Schritte

„In einem Brief von 1939" – so berichtet mir in Stockholm Juan Luis Bernaldo – „nannte der heilige Josefmaria einige Städte, in denen die apostolische Arbeit des Opus Dei in Zukunft beginnen werde. Unter ihnen war die Hauptstadt Norwegens. Diese Tatsache zeugt von seinem apostolischen Eifer, sobald wie möglich in den nordischen Ländern anzufangen.

Zu Beginn des Jahres 1980 sprach sein erster Nachfolger, Alvaro del Portillo, mit Johannes Paul II. Der Papst kommentierte, dass er es besonders wichtig finde, die Länder Nordeuropas zu rechristianisieren, in denen es nur noch wenige Katholiken gebe, obgleich die Kirche dort in vergangenen Jahrhunderten blühend gewesen sei. Don Alvaro machte sich das Anliegen des Papstes zu eigen und in der Weihnachtszeit desselben Jahres schrieb er einen Brief, in dem er uns um Gebet für diese zukünftige Arbeit bat.

Ich war seit sieben Jahren Priester und lebte in Deutschland, als Don Alvaro uns anspornte, die ersten Schritte in Skandinavien und Finnland zu tun. 1982 wurden zwischen dem Heiligen Stuhl und Schweden zum ersten Mal seit der Reformation wieder diplomatische Beziehungen aufgenommen. Im gleichen Jahr kündigte man an, dass am 25. März 1983 die Einweihung der neuen Kathedrale in Stockholm stattfinden werde. Wegen der in den letzten Jahren ständig wachsenden Zahl katholischer Einwanderer war es nötig geworden, sie zu vergrößern.

· Ich hatte schon geplant, zu dieser feierlichen Zeremonie zu fahren, da erhielten wir am 20. März in Köln einen Anruf von Don Alvaro. Von Oslo aus teilte er uns mit, dass er nach Hel-

sinki und Stockholm fuhr, um der Weihe der Kathedrale beizuwohnen.

Das war eine erfreuliche Überraschung für mich; ich konnte ihn begleiten bei diesem Akt, der ein Meilenstein in der
Geschichte der katholischen Kirche Schwedens war. Außer
den Bischöfen der nordischen Länder nahmen viele andere
Bischöfe von Nationen teil, aus denen Auswanderer hierhin
gekommen waren. Die Zeremonie leitete Kardinal Höffner als
besonderer Legat des Papstes.

‚Es war eine kurze Reise‘, erinnerte sich Don Alvaro bei
seiner Rückkehr in Rom am 29. März nach der Audienz, die
er bei Johannes Paul II. hatte, bei der es um die Vorgeschichte
des Werkes in diesen Ländern ging. ‚Wir haben in vielen Kirchen gebetet und mit vielen Leuten gesprochen. Ich berichtete es dem Heiligen Vater, der mir versicherte: ‚Sagen Sie allen, dass sie für diese Arbeit mit einem besonderen Segen des
Papstes rechnen können; denn sie ist absolut nötig.‘

Schon kurz danach, am 1. April 1983, sagte er uns: ‚Betet
bitte viel für diese künftige Arbeit des Opus Dei in den fünf
skandinavischen Ländern, auch für Island. Ich würde, wenn
möglich, dieses Jahr gerne in Schweden und Finnland anfangen. Empfehlt dieses Anliegen besonders. Unsere große Waffe
ist das Gebet; denn was wir planen, ist vollkommen überna-
türlich und wir allein vermögen nichts. Der Herr wird es vollbringen, indem er uns als seine Instrumente benutzt.‘

Er bat uns, von Deutschland aus Reisen zu machen zu verschiedenen Städten in Schweden, Norwegen, Dänemark und
Finnland. Wir besuchten den Pfarrer von Göteborg, Rafael
Sarachaga, einen Priester, der dem Opus Dei sehr zugetan ist,
und wir lernten mehrere Aspekte der skandinavischen Kultur

kennen. Ich teilte all dies Don Alvaro brieflich mit. Bei einer Gelegenheit sagte ich ihm, dass ich bereit sei, nach Skandinavien zu ziehen, wenn er es für nötig hielt.

Ein paar Monate später, im Januar 1984, versammelten sich in Rom die Vikare des Prälaten, um über den Fortgang der apostolischen Arbeit des Opus Dei auf den fünf Kontinenten zu beraten. Am 15. Januar errichtete Don Alvaro zum Abschluss des Treffens die Region Nordeuropa als neues Gebiet der Evangelisierung. Ich wurde als ihr Vikar ernannt.

Am gleichen Nachmittag besuchte Johannnes Paul II. die römische Pfarrei des heiligen Johannes des Täufers am Collatino, die Priestern des Werkes anvertraut ist, zusammen mit zwei Institutionen, die dazu gehören: das Centro ELIS und die SAFI. Don Alvaro stellte uns dem Papst vor. Als ich an der Reihe war, sagte er ihm: ‚Das ist der Vikar der nordischen Länder.'

Der Papst war überrascht; denn es war erst wenig Zeit vergangen, seitdem er darum gebeten hatte, dass das Opus Dei mit der apostolischen Arbeit in diesen Ländern beginnen solle. Er sagte zu mir: ‚Das ist eine sehr, sehr wichtige Arbeit.'"

Ein Engländer in Skandinavien

„Warum ich hierhin gekommen bin?", fährt Richard Hayward mit dem Bericht fort. „Juan Luis meint im Spaß, dass ich der Prototyp des *Gentleman* bin. Das ist überhaupt nicht wahr. Na ja, ich gebe zu, dass mein Lebenslauf Anlass gibt, so zu denken. Geboren in ich in London, in einer katholischen Familie als ältestes von sechs Geschwistern. Während meiner

Kindheit und Jugend lebte ich in verschiedenen Städten, in die mein Vater geschickt wurde. Er arbeitete in einer Bank. Es waren Darlington, Cardiff und Epsom. Ich machte Abitur bei den Jesuiten in Wimbledon, und um das Klischee abzurunden, studierte ich Jura in Oxford.

Aber damit enden die Klischeevorstellungen; denn nicht England war der Ort mit der größten Bedeutung in meinem Leben, sondern Torrelavega in Spanien, wo ich 1970 meine Berufung zum Opus Dei entdeckte, das ich kurz zuvor in London kennengelernt hatte. Dort entschied ich, mich Gott hinzugeben. Deshalb habe ich eine besondere Vorliebe für Spanien. Außerdem wohnt einer meiner Brüder seit zehn Jahren mit seiner Familie in Alicante.

1974 zog ich nach Rom, um Theologie zu studieren. Dort hatte ich das Glück, zwei der drei großen Abenteurer kennenzulernen, von denen schon die Rede war: Josemaría Escrivá und Alvaro del Portillo. 1978 zog ich wieder nach London. Wenige Monate zuvor war Karol Wojtyla, ein vielen völlig unbekannter polnischer Kardinal, zum Papst gewählt worden.

Im Juni 1979 wurde ich zum Priester geweiht und zog kurz danach nach Manchester, wo ich von 1980 bis 1984 als Priester tätig war. Als ich 1983 erfuhr, dass Don Alvaro den Wunsch hatte, in Schweden anzufangen, schrieb ich ihm einen Brief, in dem ich ihm mitteilte, dass ich bereit war, dorthin zu ziehen, obwohl ich sehr wenig über dieses Land wusste außer dem, was mir eine Tante erzählte, die seit 1956 in Malmö wohnt. Meine Tante sprach von der schwierigen Situation, in der die Katholiken dort lebten. Dies entmutigte mich keineswegs, im Gegenteil, es spornte mich an. Gerade deshalb muss ich dorthin – dachte ich –, weil die Situation sehr schwierig ist!

Am 3. März 1984 um neun Uhr morgens kamen wir am Bahnhof von Kopenhagen an. Juan Luis kam von Köln, ich von Manchester. Am Bahnhof erwartete uns Bent, ein dänischer Freund, der uns Gesellschaft leistete im Zug nach Stockholm. Er hat sich sicher gewundert, dass wir nur Koffer bei uns hatten, sonst nichts.

Es war schon dunkel, als wir um viertel vor sieben in Stockholm aus dem Zug stiegen. Und es war sehr kalt. Lars, ein anderer Bekannter, wartete am Bahnhof und begleitete uns zur Wohnung, die wir dank der Vermittlung von Monsignore Koch, dem Pfarrer der Kathedrale, hatten mieten können. Als wir die Tür öffneten, begrüßten uns mehrere Bekannte: Bo Lennart, Sven und ein kolumbianischer Priester, Padre Ferrero, die für uns zwei Betten, ein Sofa und eine Lampe besorgt hatten! Viel mehr, als wir erwartet hatten!

Von da an feierten wir die heilige Messe in der Kathedrale, die sich im gleichen Stadtviertel befand. Wir waren schon in *unserem* neuen Land!

Während dieser ersten Monate arbeiteten wir in verschiedenen pastoralen Tätigkeiten der Pfarrei mit, denn der Pfarrer schaffte es nicht, die Gläubigen alle zu betreuen aufgrund der ständig wachsenden Zahl der Einwanderer. Es gab nur wenige Priester. Zum Glück sprachen Bischof Koch, Juan Luis und ich mehrere Sprachen und konnten von daher für Menschen verschiedenster Herkunft zur Verfügung stehen: für Mexikaner, Engländer, Deutsche, Italiener, Franzosen, Philippiner, Afrikaner, Portugiesen …

Wenig später kamen die ersten Frauen des Opus Dei an. Das war der Beginn des Abenteuers. Du hast mir vorhin gesagt, wie du es erreicht hast, dass einige der Leute, die du für das Buch interviewt hast, dir von ihren Freunden berichten und dass sich so die Geschichten miteinander verbinden. Wir taten dasselbe; denn das Opus Dei verbreitet sich durch Freundschaft über die Welt.

Don Alvaro ermutigte uns in seinen Briefen und Ende September 1984 kam er uns besuchen. Es war am Tag der Muttergottes vom Loskauf der Gefangenen und wir fuhren mit ihm nach Marielund, zu einer Kirche, die ihr gewidmet ist, ungefähr zwanzig Kilometer von Stockholm entfernt.

‚Als ich dem Heiligen Vater berichtete, dass wir dabei sind, in Schweden anzufangen, war er sehr froh‘, erzählte Don Alvaro. ‚Es sei sehr wichtig, dass euer Land zu Gott und zur Kirche zurückkehrt. Das sei natürlich nicht so schnell zu erreichen. Man müsse mit Geduld arbeiten. Diese Tugend sei für alles sehr notwendig. Außerdem – wenn wir daran denken, wie viel Geduld Gott mit jedem von uns hat – ich denke an die, die er mir gegenüber hatte, indem er mir so oft vergab –, dann sehen wir, dass wir mit den anderen Verständnis haben müssen.‘

Und er fuhr fort: ‚Werdet nicht mutlos angesichts der Schwierigkeiten. Sicher gibt es sie, so wie überall, wo man apostolisch arbeitet. Aber Schwierigkeiten haben das Gute, dass sie uns dazu bringen, mehr zu beten und nicht auf die eigenen Kräfte zu vertrauen, sondern auf den Herrn und auch dazu, die Absicht dauernd zu läutern. Wir sind nicht auf den Applaus der Leute aus, sondern auf die Ehre Gottes. Der Papst hat mir versichert, dass er täglich, wenn er morgens aufsteht, zuerst für Schweden betet.'

Ich fuhr regelmäßig nach Norwegen und Dänemark, wo ich mich mit Leuten unterschiedlicher sozialer Herkunft anfreundete wie den Dams, einigen Familienvätern aus Kopenhagen, einem Norweger, Ole Martin Stamneströ, oder Camilla, einer jungen Dänin.

Inzwischen haben sich – Gott sei Dank – viele Skandinavier dem Herrn genähert und kennen die Botschaft des heiligen Josefmaria. Einige von ihnen – wie Arne und Barbara – haben sich an völlig unerwarteten Orten entschieden, der Kirche anzugehören. Arne ist ein sehr angesehener Chirurg und Barbara ist Mezzosopranistin. Sie wohnen und arbeiten in Dänemark und verbringen manchmal Zeit an der Costa del Sol wie viele andere Ehepaare aus den nordischen Ländern.

In diesem Teil der Kirche, dem Opus Dei, steht uns wie der Kon-Tiki eine lange Seefahrt bevor, aber wir haben die Gewissheit, dass die Gnade Gottes, dieser kräftige Wind, der die Seelen bewegt, niemals fehlen wird."

19. TOCHTER ZION
Arne und Barbara Sahlstrom

Bereite dich, Zion, mit zärtlichen Trieben,
den Schönsten, den Liebsten bald bei dir zu sehn!
Deine Wangen
Müssen heut viel schöner prangen,
Eile, den Bräutigam sehnlichst zu lieben!

J.S. Bach

Ich schreibe einige Auszüge aus Mails ab, die mir Arne Sahl-
strom und seine Frau Barbara nach unserem Treffen in ihrem
Haus an der Costa del Sol schickten. Ich übernehme den Wort-
laut und die Interpunktion so, wie sie in der elektronischen Post
standen.

„… ‚Kind regards'[7] von Arne, der sich schon hingelegt hat,
weil er heute drei sehr komplizierte Operationen zu machen
hatte und müde nach Hause kam (…). Ich schreibe dir aus
Dänemark, nach unserer Reise durch Schweden, die sehr,
sehr hectic[8] war.

Du hast mich darum gebeten, dass ich dir von unserem
Leben erzähle. Ich nutze jetzt diesen ruhigen Moment, um
dir ein Mail darüber zu senden. Wie weit ich heute komme,

---

[7] Herzliche Grüße
[8] aufregend

189

weiß ich noch nicht. Ich habe vor, dir Woche für Woche etwas zu schreiben (…). Wie du weißt, bin ich in Norrland geboren. Als ich fünf Jahre alt war, zog meine Familie nach Svealand, ins Zentrum Schwedens. Alle meine Kindheitserinnerungen sind von da. Meine Mutter war eine große, blonde, diskrete Frau. Sie war so verschwiegen, dass meine Freundinnen zu mir sagten: ‚Was? Das weißt du nicht? Hat deine Mutter dir denn nichts davon gesagt?‘ Und sie erzählten mir etwas Schlechtes über einen Bekannten. Ich war immer die Letzte, die etwas erfuhr, denn meine Mutter redete nie schlecht über jemanden, obwohl sie mit ihrer Intuition Menschen gut einschätzen konnte.

Sie war Protestantin, praktizierte aber ebenso wenig wie ich, wie meine Großeltern, wie die meisten Leute in Schweden. Unser Land ist sehr säkularisiert seit dem Ende des 19. Jahrhunderts. Nur am Weihnachtstag pflegten wir zur Kirche zu gehen. Sie war dann mit Blumen geschmückt und wir sangen alte Hymnen wie *Tochter Zion*[9] und immer *Stille Nacht*.

Wir hatten einen sehr jungen Pastor, der die klassische Kirchenmusik sehr liebte und mich zu singen bat, und einen wunderbaren Organisten, der Mendelssohn, Schubert und (vor allem!) Bach spielte. Mit acht Jahren hatte ich mein Debut in der Kirche mit dem *Ave Maria* von Schubert.

Mit fünfzehn Jahren studierte ich in Västerås Gesang bei Birgitta Samuelsson, in Uppsala bei Marianne Eriksson. Die Stadt wirkte ernst und kalt auf mich. Die Studenten tranken viel, und obwohl ich gerne tanze, gefiel mir das Ambiente in den Diskotheken nicht. *Kom med* oss, Barbara! Komm mit

---

[9] *Tochter Zion*, freue dich, denn der Herr ist mit dir.

uns, Barbara! – sagten sie. Es ist sehr lustig! Ich fand diese Freude oberflächlich.

Dann studierte ich in Malmö bei Nils Bäckström, der in den großen Opern Europas gesungen hatte und wirklich ein Herr war. Er sang sogar die Titelrolle in Rigoletto, zusammen mit dem Tenor Björling, der in den 60iger-Jahren starb.

Während meiner ersten Kurse in Uppsala fühlte ich mich sehr allein, bis ich Arne kennenlernte, als Jungen von 20 Jahren, der englische und französische Literatur studierte, bevor er dann mit Medizin begann. Er war der Älteste von vier Brüdern einer protestantischen Familie, die ebensowenig praktizierte wie meine. Wir waren uns in vielen Dingen einig: Wir liebten beide sehr die klassische Musik und hatten oft die gleiche Meinung. Als man zum Beispiel in der Universität Abtreibung befürwortete, waren wir beide dagegen. In Schweden gab es sehr wenige Leute, die so dachten. Unsere Weigerung kam nicht aus religiösen Gründen (wir glaubten an Gott, praktizierten aber nicht), sondern wir waren überzeugt davon, dass Abtreibung in jeder Hinsicht schlecht ist: wissenschaftlich, ethisch und menschlich gesehen.

Wir heirateten und lebten an verschiedenen Orten in Schweden und Dänemark. Arne spezialisierte sich zuerst in Uppsala und danach in Malmö, bis er als Chirurg Experte in neuesten Techniken war. Ich war jahrelang Professorin für Gesang in Malmö und Chormitglied des symphonischen Orchesters.

Im Juni 1989 kam Johannes Paul II. drei Tage lang nach Schweden. Arne und ich kannten ihn aus der Presse, wussten aber nicht allzu viel über ihn, im Gegensatz zu meiner Mutter, die sich schon seit vielen Jahren für den katholischen Glauben interessierte und die – wie ich dir sagte – eine besondere Gabe hatte, Menschen einzuschätzen. Sie sagte mir, er sei ein ganz außergewöhnlicher Mann und noch einiges mehr, was mich überraschte, da es sich um den Papst der Katholiken handelte, die ich zwar respektierte, auf die ich aber nie sonderlich geachtet hatte.

Meine Mutter starb wenig später mit 74 Jahren an Krebs, womit ich nicht gerechnet hatte und worunter ich sehr gelitten habe; denn ihre Tanten waren 108, 100 und 98 Jahre alt geworden und ich hatte gedacht, sie hätte mindestens noch 20 Jahre zu leben. In dieser Zeit begann ich zu beten und fand eine Bibel. Da ich aber vorher noch nie darin gelesen hatte, unterschied ich nicht zwischen Altem und Neuem Testament.

Als kleines Mädchen war ich im Alter von fünf bis acht Jahren jeden Sonntag zur ‚söndagsskolan‘[10] gegangen, in der uns Frauen aus der Bibel vorlasen. Normalerweise waren es Abschnitte aus dem Alten Testament, wie der Auszug aus Ägypten, als die Juden vor dem Pharao und seinen Soldaten flohen. Aus dem Neuen Testament kannte ich nur ein paar Gleichnisse wie das vom *Verlorenen Sohn*, aber niemand hatte mir erklärt, dass jener gute Vater aus dem Gleichnis, der den verlorenen Sohn wieder aufnimmt, Gott selbst ist, der uns immer liebt und darauf wartet, dass wir zu ihm zurückkehren.

Die Lektüre der Psalmen gab mir Frieden. Eine protestantische Freundin, die ich mit 13 Jahren kennengelernt hatte, half mir sehr. Sie tröstete mich, ermutigte mich und sprach mit mir über Gott.

---

[10] Sonntagsschule

Die Jahre gingen dahin. Zu Beginn des neuen Jahrhunderts eröffnete ein Freund Arne die Möglichkeit, in Saudi-Arabien zu arbeiten. Ich wusste, dass ich dann sehr viel allein sein würde, aber ich war bereit dazu, weil dies beruflich ein sehr interessantes Angebot war. Außerdem konnte ich durch einen Fernseher mit Satellitenantenne mit der westlichen Welt in Verbindung bleiben. Das ist alles für heute, denn ich möchte noch ein letztes Mal die Partituren der vier Lieder durchgehen, die ich morgen singen werde. Auch wenn man meint, alles sehr genau zu kennen, ist es trotzdem nötig, jedes Wort und jede Note noch einmal durchzugehen … Oft muss man etwas ändern, das unbedeutend scheint, es aber nicht ist; denn jede Einzelheit ist wichtig in der Musik und im Gesang.

Ich übe für eine Hochzeit, die um halb zwölf beginnt. Das heißt, dass wir Musiker nur sehr wenig Zeit haben, uns aufeinander einzuspielen. Unser Violonist ist besonders nervös. Gebe Gott, dass alles klappt und dass alle Ihn durch die Musik in ihren Herzen spüren. Es ist BACH!!!!! Herrlich!!!!

Und tschüss, ich muss anfangen zu üben, ehe die Nachbarn nach Hause kommen."

„(…) Ich fahre fort. Ich habe Arne, der, wie du weißt, aus Uppsala stammt, die Post gezeigt, die ich dir neulich geschickt habe. Er meinte, dass Uppsala weniger kalt als ‚very academic'[11] sei. Vielleicht habe ich mich dort deshalb nicht wohlgefühlt. Na gut.

Heute möchte ich dir von Saudi-Arabien erzählen, wo wir im Juli 2001 gelandet sind. Wir waren sehr überrascht über die Intolleranz, die dort herrschte. Verboten war jegliches re-

---

[11] Das heißt: eine Universitätsstadt mit akademischer, nüchterner Prägung.

ligiöse Zeichen, das nicht zum Islam gehört. Nicht einmal im Internet durfte man Programme einer anderen Religion öffnen. Während die dortigen Führer Moscheen in der ganzen Welt finanzieren und erbauen lassen, darf in ihrem Land keine einzige Synagoge oder Kirche errichtet werden, ob protestantisch, katholisch, orthodox oder anders. Zudem gibt es die ‚mutawaʿ (die Sittenpolizei), die darüber wacht, dass keine religiöse Versammlung stattfindet, die nicht islamisch ist.

Die Hitze dort ist unerträglich. Da ich also wenig auf die Straße ging und niemanden kannte, hatte ich viel Zeit und begann, im Internet religiöse Programme zu suchen (anfangs aus Lust am Verbotenen); ich fand EWTN von der Mutter Angelika. So sah ich jeden Tag Programme, in denen von dem Katholizismus die Rede war, der meine Mutter so interessiert hatte, und ich kommentierte die Sendungen oder sah sie noch einmal zusammen mit Arne.

Sie waren für uns beeindruckend. Nie zuvor hatten wir so viel von der unendlichen BARMHERZIGKEIT Gottes gehört, von der Liebe eines Gottes, der uns ganz nahe ist, der Vater, der Sohn und der Heilige Geist, die Dreifaltigkeit, die in unserer Seele lebt. Bis dahin hatten wir uns Gott in weiter Ferne vorgestellt. Und wir entdeckten auch das Fegefeuer. Die Enzyklika *Spe Salvi, Gerettet in der Hoffnung* von Benedikt XVI. war wie Balsam für die Seele. Sie zeigte uns eine ganz andere Perspektive vom Glauben.

Und wir entdeckten die katholischen Wurzeln Schwedens. Als ich am 11. September mit dem Auto für Einkäufe ins Stadtzentrum fuhr, traf ich an einer Ampel einen Kollegen Arnes, der mir sagte: ‚Barbara, weißt du nicht, was passiert ist?ʿ All das erinnerte mich an meine Kindheit. Mir war (ohne zu übertreiben) nicht klar, was alle Welt wusste! Als ich in die Geschäfte kam, bemerkte ich die eigenartige Atmosphäre. Alle Frauen dort – mit ihren Kopftüchern – telefonierten mit ihren Handys. Ein paar Kinder riefen: Amerikaner raus! Ich fuhr sofort nach Hause. Außer dass Kinder mit Steinen nach unserem Wagen warfen, geschah mir nichts. Wir riefen den Botschafter an. Er sagte, wir sollten vorsichtig sein, besonders freitags. Es kamen Gerüchte auf und unangenehme Dinge geschahen, die im Westen nicht veröffentlicht wurden. Wir wurden als Feinde der Muslime betrachtet, obwohl wir niemandes Feinde sind, noch jemals waren.

Da wir uns nicht mehr sicher fühlten, zogen wir nach Bahrain, als Arne dort eine Stelle angeboten bekam. In Bahrain sahen wir im Fernsehen, dass Radikale in Saudi-Arabien in das Gebäude eingedrungen waren, in dem wir gewohnt hatten, bevor wir dort ausgezogen waren, und drei Sicherheitsleute umgebracht haben. Sie sind in die Häuser der Ausländer eingebrochen, haben geschrien: ‚Bist du Christ oder Moslem?‘ und haben einigen Menschen die Kehle durchgeschnitten. Wir waren wie versteinert bei dem Gedanken, dass uns dasselbe hätte passieren können, wenn wir dort geblieben wären.

Von Bahrain zogen wir nach Dubai. Dort fanden wir die Kirche des heiligen Franziskus. Die Sonntagsmesse wurde freitags gefeiert, weil die anderen Tage Werktage waren[12]. Dorthin kamen ungefähr dreitausend Personen aller Rassen: Europäer, Afrikaner, Philippinen … Wir lernten einen Kapu-

---

[12] Wegen der besonderen Umstände in diesem Land mit mehrheitlich islamischer Bevölkerung kann das Sonntagsgebot freitags, samstags und sonntags erfüllt werden.

ziner kennen, den Pater Eugene Mattioli, der uns sehr geholfen hat auf unserem Weg zum Katholizismus.

Es war ein schöner Weg, denn alles zog uns an. Besonders
gefiel uns die Bedeutung, die im Katholizismus der Beziehung
zwischen Glaube und Vernunft gegeben wird. Arne ist Wis-
senschaftler und ich, als Mezzosopranistin, weiß, dass man
mit Gefühl singen muss. Aber mit Gefühl allein singt man
noch nicht gut, man muss studieren, überlegen, lernen, üben,
nachdenken ...

Als wir die Geschichte der katholischen Kirche kennenlernten, war es für uns eine fantastische Entdeckung, zu sehen, wie dank des Christentums ein großer Teil der Funda-
mente der westlichen Zivilisation gelegt wurde. Die Kirche
gründete die ersten Universitäten, die Krankenhäuser ... und
vor allem verbreitete sie die Nächstenliebe, nicht bloß in der
eigenen Familie, wie es vor Beginn des Christentums der Fall
war, sondern für alle. Dank der Kirche verbreitete sich, dass
Männer und Frauen gleich sind an Würde.

Heutzutage wissen die meisten Schweden (wie es auch bei
uns war) dies alles nicht. Sie wissen zum Beispiel nicht, dass
es die Mönche waren, die die großen Erkenntnisse der griechischen Antike (Philosophie) durch Kriege und Verfolgun-
gen herübergerettet haben.

Wir begriffen etwas, das uns vorher schon aufgefallen war,
als wir in den Achzigerjahren in Rom waren. Ich wunderte
mich darüber, dass sich die Frauen den Männern gleich fühlten, aber nicht etwa, weil sie sie nachgeahmt hätten, sondern
in all ihrer Weiblichkeit und Würde als Frauen, Töchter und
Mütter, als geliebte Töchter Gottes. Als wir in Rom waren,
wussten wir fast nichts vom Katholizismus, aber ich erinne-

re mich daran, dass Arne mir sagte, diese Wertschätzung der Frauen müsse etwas zu tun haben mit der Liebe und Verehrung der Muttergottes in den katholischen Ländern.

Natürlich kann es in allen Ländern Ausnahmen geben, aber ich bin einverstanden mit dem, was ich von einem Priester hörte: Ohne Maria fangen die Männer an, die Frauen so zu behandeln, als wären sie ihre Kumpels, denen sie auf die Schultern schlagen ‚on the way to the pub‘[13].

Und dann war da das Beispiel der Heiligen: Edith Stein, Maximilian Kolbe, Teresa von Ávila, Johannes vom Kreuz, Damian von Molokai … Es gab eine polnische Frau, die mich sehr beeindruckte, aber wirklich sehr! – die heilige Faustyna Kowalska. In Dubai kaufte ich bei Amazon *A Diary: Divine Mercy in My Soul*[14] und viele Bücher und DVDs über Jesus, die Muttergottes, die Kirche. Die Heiligen zogen auch in Richtung des Krankenhauses, in dem Arne arbeitete…!

2005, ein Jahr, bevor wir in die katholische Kirche aufgenommen wurden, wurde Kardinal Ratzinger zum Papst gewählt. Für uns war das Pontifikat Benedikts XVI. ein wahrer Segen! Uns fehlen die Worte, unseren Dank auszudrücken. Seine theologischen Kenntnisse, seine Ausdrucksweise, seine enorme Demut, seine Einfachheit, seine Kenntnisse der Liturgie sowie der liturgischen Musik und der Kirchenmusik, seine wunderbaren Bücher etc., darin sahen wir die Hand Gottes. Ich arbeitete mich mehr in den liturgischen Gesang ein, der der Lehre des Psalms folgt: Singt mit Weisheit (auf Latein: *psallite sapienter*). Die Liturgie braucht den Gesang,

---

[13] „auf dem Weg zur Kneipe", könnte man übersetzen.
[14] Tagebuch, „Die göttliche Barmherzigkeit in meiner Seele".

nicht nur wegen der Ästhetik, denn die Worte haben eine starke Ausdruckskraft, aber wenn sie gesungen werden, noch mehr; denn man versucht, das Unsagbare auszudrücken.

Eines Tages sagte Arne mit lauter Stimme das, was ich seit einiger Zeit schon hören wollte: ‚Ich möchte katholisch werden!'

Wie die meisten Schweden liebe ich Orgelspiel, klassische Stücke und das Lateinische, aber als wir die *Professio Fidei* ablegten, gab es all das nicht. Im Chorraum waren Afrikaner, Asiaten und Leute von vielen Ländern. Sie sangen Lieder mit starken Rhythmen *Pam-Pam, Pam-Pam,* die ihnen gefielen, mich aber erschreckten.

Trotzdem – während ich sie hörte, dankte ich Gott: Endlich bin ich in der Kirche angekommen, in der alle Platz haben! Die Kirche gehört weder hierhin noch dorthin. Sie gehört Christus und Christus ist da für alle Epochen, alle Kulturen, alle Rassen … und auch für jeden Geschmack!

Später dachte ich, dass außer dem feierlichen liturgischen Gesang der volkstümliche Gesang nötig ist, der den Charakter jeden Volkes und damit etwas sehr Schönes ausdrückt: die Einheit, denn im Chor singt man gemeinsam. Seit meiner Kindheit gefiel mir die russische Folklore, die mir fast die Tränen in die Augen trieb wegen ihrer Seele, ihrer Tiefe, obgleich ich die Sprache nicht verstand. Dieser gemeinsame Gesang ist wie ein weiterer Schritt auf dem Weg zur Einheit der Christen, diesem großen Geschenk, um das wir Gott bitten.

Im Endeffekt waren es viele Menschen, die uns auf unserem Weg geholfen haben wie Anders Arborelius, unser schwedischer Bischof, und die Priester des Opus Dei. Es gefällt uns, wie sich diese Leute vom Opus Dei verhalten, die niemanden ausschließen, ob er katholisch ist oder nicht. Wir verehren sehr den heiligen Josefmaria und den seligen Alvaro. Immer, wenn wir können, gehen Arne und ich zu den Einkehrtagen, die es dort für Männer und Frauen gibt; denn sie tun uns gut … Aber ich schreibe an einem anderen Tag weiter; denn Tiger, unsere Katze, gebärdet sich wie eine Verrückte: Sie zerkratzt den Teppich und will nicht von meiner Seite weichen, nachdem ich fünf Wochen weg war. Ich weiß nicht, ob ich ihr eine Garnele geben soll, ihre Lieblingsspeise. Ja, das werde ich. Sie ist das einzige Wesen auf Erden, das mich für vollkommen hält … ha, ha!"

„(…) Als du nach Malaga gekommen bist, hast du mich gefragt, welches Lied mich am tiefsten bewegt, und ich wusste keine Antwort. Später habe ich gedacht, dass es eine Stelle in einem Stück von Mozart gibt, an der ich immer gerührt bin. Nämlich wenn die Tenöre und Bässe das CREDO IN UNUM DEEEUM anstimmen. It is a fantastic feeling![15]

Morgen singe ich zu Orgel und Cello[16] bei einer ökumenischen Feier von Bach: Bereite dich Zion … Das ist vielleicht die schönste Arie dieses Oratoriums. Und von Händel: Come unto Him, aus dem Messias[17].

Das sind Lieder, die ich in einem Chor in Uppsala lernte, bevor ich Arne kannte. Ich erinnere mich, als ich den Messias zum ersten Mal sang, wusste ich weder, dass der Text der Bibel entstammt, noch was er bedeutet. Aber ich spürte, es war mehr als Musik und ging mir tief ins Herz hinein. Anschließend fuhr ich singend auf meinem Fahrrad nach Hau-

---

[15] Es ist ein wundervolles Gefühl.
[16] Violoncello
[17] „Kommt zu Ihm" (Mt 11, 28–29), aus dem Messias von Georg Friedrich Händel.

se. Manchmal waren es Opernarien, fast immer aber war es Musik, bei der ich fühlte, dass Gott durch sie sprach. Deshalb ist es für mich gleich, ob mir vier oder viertausend Leute zuhören, denn ich singe für Gott. Mit Ihm vereinige ich mich, wenn ich singe, und bitte darum, dass es denen, die mir zuhören, ebenso geht. Ich weiß, dass es in der Liturgie Gott ist, der handelt; wir sind ,drawn into the action' Gottes[18]. Alles andere ist zweitrangig.

Gott hat Arne und mich der katholischen Kirche durch die Kunst nähergebracht, durch Musik, Malerei, Architektur. Wir hatten Freunde in Bayern, die wir im Sommer öfter besuchten. Dort gab es barocke Kirchen, die uns begeisterten.

Wir traten dort ein, und obgleich wir fast nichts verstanden, verbrachten wir lange Zeit beim Betrachten der Bilder, auf denen Maria einem zulächelt. Oft setzten wir uns hin, um in dieser Ruhe zu beten. Als Arnes Eltern gestorben waren, zündeten wir dort Kerzen an. Später habe ich mit Arne darüber geredet und er sagte, dass der Heilige Geist dort mit uns war, ohne dass wir es merkten.

Papst Franziskus hat neulich sehr deutlich über den Genozid an den Armeniern gesprochen und ihn verurteilt. Bei EWTN habe ich die Messe gesehen, die in Erinnerung an diesen Völkermord vor 100 Jahren nach armenischer Tradition gefeiert wurde. Die Frauen trugen ihre wunderbare Tracht und kleine Hüte von feinster Farbe und sehr elegantem Stil und sie sangen aus ganzer Seele. Es war unglaublich rührend. Ich rate dir, dir diesen armenischen Chor anzuhören.

---

[18] Im Sinne von: „Wir sind Instrumente in den Händen Gottes."

(…) Heute Nachmittag habe ich beim Rosenkranzbeten auf der Terrasse darüber nachgedacht, wie wichtig die Muttergottes in unserem Leben gewesen ist. Und ich habe an ihre Demut gedacht. Sie stand nie in der ersten Reihe. Und ich dachte auch an ihre Treue, die ein Vorbild für uns Christen alle ist. Jetzt öffnet sich die lutherische Kirche (die ich sehr liebe, denn in ihr wurde ich getauft) mehr und mehr für die Muttergottes. Aber zur Zeit unserer Kindheit und als wir Studenten waren, verschwand sie völlig nach der Geburt Jesu. Es war wunderschön, als wir ihre Bedeutung entdeckten; denn niemand kannte Jesus besser als sie!

Arne und ich lieben auch den heiligen Josef sehr, den Pflegevater Jesu. In unserer heutigen Gesellschaft, in der es so viel Verwirrung gibt und Probleme in den Familien, ist er als ‚role model'[19] für alle ganz wichtig, besonders für junge Menschen."

„(…) Ich schreibe es dir sofort, denn ich habe eine sagenhafte Neuigkeit: Ich bin eingeladen, in St. Peter in Rom während der heiligen Messe zu singen! Was für eine Freude!!! Im Oktober – Arne wird mich natürlich begleiten.

Noch mehr Neuigkeiten: Wir haben Monsignore Aurelius gefragt, ob er im Sommer in Malaga Vorträge auf Englisch und Spanisch halten kann. Die Idee hat ihm gefallen. Aber davon ein andermal, denn ich bin so gerührt darüber, im Oktober während der Messe in St. Peter singen zu dürfen!

Kind regards from lovely Denmark[20],

Barbara und Arne."

---

[19] In diesem Zusammenhang: "nachahmenswertes Vorbild".
[20] Herzliche Grüße aus dem schönen Dänemark.

20. FLUG OHNE MOTOR
Stefan

„Wir schreiben das Jahr 1976, ich bin 18 Jahre alt und befinde mich in Boden, 1500 km von Göteborg entfernt. Ich bereite mich aufs Drachenfliegen vor. Diesmal mit einer neuen Methode: Statt wie üblich von einem Berg abzuspringen, will ich meinen Drachen an ein Auto hängen, das mich beim Starten und Losfahren dank seiner PS in die Lüfte heben wird.

Tausendmal habe ich von diesem Moment geträumt, genauso wie meine beiden Freunde aus der Schulzeit, die dieselben Sportarten wie ich lieben: Eishockey, Formel 1, Motorradfahren und vor allem Fliegen. Ich besitze ein gutes Motorrad und einen Sportwagen, auf den die Mädchen verrückt sind. Aber heute ist es eins der ersten Male, dass ich Drachen fliege, bereit, den Himmel zu durchqueren.

Auch wenn ich am liebsten so hoch flöge wie die großen Vögel, indem ich die Luftströme so nutze wie sie, weiß ich, dass ich höchstens 50 Meter hoch kommen werde, wenn es gut läuft. Und obgleich es verboten ist, würde ich gerne über die Straßen von Göteborg fliegen, um von oben die Slottskogen Gärten zu sehen, die Insel Hisingen, die lange Avenyn, durch die ich so oft schon gelaufen bin, das Dach unseres Hauses und des Gebäudes, in dem unser Familienunternehmen seinen Sitz hat, eine große Confiserie mitten im Stadtzentrum.

Der Wagen startet. Gut. Allein in der Luft genieße ich das Gefühl endloser Freiheit. Das aber dauert nur ein paar Sekunden; denn ich merke sofort, dass etwas nicht stimmt: Der

Drachen fängt an zu taumeln. Ich versuche, mich nach vorne zu beugen und nicht die Nerven zu verlieren, bis ich schließlich eins der Seile halten und die Spitze des Drachens nach unten drücken kann. Aber als es mir endlich fast gelungen ist, den Drachen zu stabilisieren, macht er eine unerwartete Drehung und trotz meiner Bemühungen finde ich mich auf dem Boden wieder.

Ergebnis: ein gebrochenes Bein, mehrere Monate Krankenhaus und Verletzungen an der Wirbelsäule, die bis heute nachwirken.

Im Krankenhaus besuchen mich meine Eltern, meine Schwester Gabriela und meine Freunde. Meine Eltern und meine Freunde sind nicht gläubig und sagen mir, dass ich großes Glück hatte. Meine Schwester rät mir, Gott dafür zu danken, dass ich noch lebe.

Gott danken … Achtzehn Jahre lang habe ich nicht allzu viel an Ihn gedacht. Eigentlich habe ich mich seit meiner Jugend selbst um meine Angelegenheiten gekümmert, um meine Freunde und Freundinnen, um die Verwirklichung meiner Träume: erst ein Motorrad, dann ein Sportwagen, schließlich das Fliegen …

Und jetzt bin ich hier, sitze auf dem Trockenen, mit gebrochenem Bein. Wenn ich auch nur eine einzige Sekunde langsamer reagiert hätte, wäre ich möglicherweise schon tot. Während meines Sturzes schoss mir durch den Kopf: Ich werde sterben, das ist mein letztes Stündlein. Aber bereits eine Sekunde später überkam mich die tiefe Überzeugung: Nein, das ist nicht das Ende.

Ich verbringe schlaflose Nächte. Wie lang sind diese Nächte im Krankenhaus! Ich denke an Gott, an den Sinn meines

Lebens, an den Tod, dem ich um Millimeter entgangen bin. Fast ohne es zu merken, beginne ich, mit dem Herrn zu sprechen, was ich seit meiner Kindheit nicht mehr getan habe. Damals glaubte ich noch an Ihn. Später ging ich auf Abstand. Aber ... ist da wirklich jemand, der mich hört – oder ist es nur in meiner Vorstellung so?

Eines Nachts kann ich nicht mehr und sage Ihm schreiend: ‚Wenn es Dich gibt, will ich mich nie wieder von dir trennen!'

In diesem Augenblick spüre ich, dass Er da ist, an meiner Seite, bei mir. Ich vermag nicht zu erklären, was geschehen ist. Es war keine Vorstellung, kein Gefühl, noch eine Gewissheit des Verstandes. Hörte ich etwas? Nein. Sah ich etwas? Nein. Sagte er mir etwas? Nein. *Er war einfach da.*

Es gibt Menschen, die infolge einer Krankheit unter Halluzinationen leiden. Das aber war keine Halluzination, unter anderem weil solche Phänomene die Menschen, die unter ihnen zu leiden haben, psychisch verändern. Was ich erlebt habe, war aber nichts Erschreckendes oder Fremdartiges. Seine Gegenwart machte mich nicht unruhig. Im Gegenteil. Sie gab mir einen inneren Frieden, der mich seitdem nicht mehr verlassen hat.

Nachdem ich in Ruhe darüber nachgedacht und gebetet hatte, entschied ich mich einige Jahre später, mit Gott zusammen und für Ihn zu leben. Ich stellte mir die Frage, ob ich lutherischer Pastor werden sollte. Mir fiel ein, dass mir jemand erzählt hatte, dass in Jonsered, zirka 20 Kilometer von unserem Haus entfernt, eine protestantische Gemeinschaft franziskanischer Prägung lebte. Nachdem ich von meinem Unfall genesen war und lange darüber nachgedacht hatte, schloss ich mich ihnen 1981 an.

Meine Eltern legten mir keine Hindernisse in den Weg. Sie sind Unternehmer, liberale, offene, tolerante Menschen mit Sinn für das praktische Leben. Sie haben immer schon meine Freiheit respektiert. ‚Uns interessieren weniger die Noten, die du nach Hause bringst, als die Frage, was für ein Mensch du bist.‘ Das führte dazu, dass ich aus Liebe zu ihnen nie eine einzige Lehrveranstaltung versäumt habe, wenn ich auch ein eher mittelmäßiger Student war – im Gegensatz zu meiner Schwester Gabriela, die hervorragende Noten nach Hause brachte.

Ihnen war vor allem wichtig, dass ich glücklich war und entsprechend meinen Überzeugungen lebte. Für diese Erziehung bin ich ihnen dankbar. Sie ist am besten für Leute meines Schlages oder auch meiner Schwester. Wir sind sozusagen ‚freie Vögel‘, die sehr positiv auf Vertrauen reagieren, sehr negativ hingegen auf Verbote. Wenn man versucht, uns etwas vorzuschreiben, lehnen wir uns dagegen auf …

Hier, in Jonsered, begann sich mein Leben zu ändern. Je näher ich die Lehren des heiligen Franziskus kennenlernte und je öfter ich mich mit Rafael Sarachaga unterhielt, dem Pfarrer von Göteborg, desto stärker fühlte ich mich vom Katholizismus angezogen.

‚Wie kann er dich so stark anziehen, wenn du ihn doch kaum kennst?‘, fragten mich die anderen aus meiner Gemeinschaft. Tatsächlich bin ich im Laufe meines Lebens sehr wenigen Katholiken begegnet. Es war unerklärlich. In Don Rafael entdeckte ich einen Priester, der die Liebe und die Wahrheit Christi auf besondere Weise mitteilte.

In meiner Jugend ging es mir und meinen Freunden nur darum, in eine Kabine steigen und fliegen zu können. Für

Leute, die diese Leidenschaft nicht kennen, ist das schwer verständlich, aber es packt einen einfach. Manchmal treffe ich mich mit meinen alten Freunden. Einige von ihnen sind Piloten geworden. Wir reden über unsere Hobbys, denken an alte Zeiten und sprechen von Gott. Sie werden ganz ernst, wenn ich davon anfange, dass unser Leben höheren Zonen zustrebt.

Im Jahr 1983 haben alle aus unserer Gemeinschaft die *Professio Fidei* in der katholischen Kirche abgelegt. Es war so wie bei Bergtouren: Wir erreichten zu dritt dasselbe Ziel von verschiedenen Ausgangspunkten aus. Wir hatten eine franziskanische Gemeinschaft des Dritten Ordens, des kleinsten aller Zweige, gebildet. Von da an kamen neue Berufungen zu uns. Ich war erstaunt darüber, aber nicht so sehr wie meine Schwester Gabriela."[21]

---

[21] Bruder Stefan berichtete mir über sein Leben im franziskanischen Konvent von Jonsered, nahe bei Göteborg. Gastón Becerra aus Chile hat es mir übersetzt.

21. FLUG MIT MOTOR
Gabriela

„Ich habe mich fürchterlich erschreckt, als Stefan den Unfall hatte, und habe Gott aus ganzem Herzen gedankt, dass er mit dem Leben davongekommen ist. Ich bereitete mich damals gerade auf die Konfirmation vor, ein wunderschönes Fest, bei dem wir Mädchen unser erstes langes, weißes Kleid trugen, champagnerfarben mit Rosatönen, Perlweiß oder Elfenbein, in jedem Fall aber weiß, auch wenn die Mode sich in den Jahren immer wieder geändert hat.

Wie Stefan berichtet hat, führten wir in unserer Jugend ein sehr angenehmes Leben. Unser Familienunternehmen lief gut und wir konnten unseren Hobbys nachgehen. Ich war Musikfan – Simon and Garfunkel, die Beatles – und liebte Sport: Skilaufen, Windsurfen …

Als Stefan später nach Jonsered zog, begann ich, mir die Frage nach dem Sinn meines Lebens zu stellen. Und dann, als er ins Kloster ging, konnte ich es nicht glauben. Mönch! Das gab es sehr selten in der schwedischen Kirche.

Etwas später … wurde er katholisch! In der Schule hatte man mir den Katholizismus als etwas Dunkles, Trauriges dargestellt. Ich konnte es nicht begreifen. Meine Freunde fragten mich, warum Stefan das getan hatte, und ich wusste nicht, was ich darauf antworten sollte.

Ich werde eine Messe besuchen – sagte ich mir –, um zu sehen, was sie da tun und was sie sagen. Ich ging hin, sah und hörte. All das hatte nichts zu tun mit dem, was man mir erzählt hatte. Was nicht bedeutet, dass der Katholizismus mich angezogen hätte. Ich las Werke einiger katholischer Mystiker. Sie halfen mir, Gott näherzukommen. Später begann ich, in den Unterricht zu gehen, den der Pfarrer Rafael Sarachaga gab. Mich beeindruckte die Tatsache, dass er sich bemühte, in Übereinstimmung mit dem zu leben, was er sagte, so sehr, dass ich mich entschied, persönlich mit ihm zu sprechen. Das hätte ich sonst niemals getan.

Bis ich eines Tages feststellte, dass ich … katholisch war. Ich habe alles sehr schnell berichtet, weil es so geschah, sehr schnell. Nicht überstürzt oder verrückt. Es war, als hätte Gott es eilig gehabt damit. Manchmal gibt er dir nicht so schnell, worum du bittest, und du bist verwirrt. Wie kann ich es klarer ausdrücken? Ich war nicht diejenige, die entschied, katholisch zu werden, sondern ich merkte ganz einfach, dass meine Denk- und Lebensweise die einer Katholikin war. Manche Leute, die diesen Schritt tun, erleben dann Krisen, Zweifel und Dunkelheit. Ich nicht. Es ist, wie wenn du einen Jungen kennenlernst, der dir gefällt, und du eines Tages feststellst, dass du dich in ihn verliebt hast.

Ich liebe die lutherische Kirche Schwedens sehr, in der ich getauft und konfirmiert wurde und in der ich bis dahin gelebt habe, und bin ihr sehr dankbar. Der Pfarrer hat mir nichts suggeriert. Ich selbst war es, die darum bat, katholisch zu werden. Er war einverstanden, dass ich die Professio Fidei ablegte, und ich arbeitete jahrelang in der Pfarrei mit, indem ich Katechese gab.

So einfach war es.

Ich war glücklich, bis ich eines Tages begriff, dass Gott mehr von mir wollte. Und ich fragte Ihn: Was möchtest Du? Was soll ich tun? Aber Er gab mir keine Antwort. Ich betete immer weiter. Keine Antwort. Deshalb sage ich dir, dass Gott manchmal sehr schnell ist und dann auch wieder sehr langsam. Wenn Er etwas von mir möchte – so dachte ich –, warum zeigt Er es mir dann nicht? Warum hilft Er mir nicht? Sein Schweigen verstand ich nicht.

Außerdem hatte ich eine Biografie des heiligen Franziskus gelesen, die berichtet, dass jedes Mal, wenn der Heilige Ihn fragte, er in seinem Inneren klar sah, was er tun sollte.

Bis ich schließlich drei Dinge verstand: Erstens, dass ich nicht der heilige Franziskus bin, zweitens, dass Gott für jeden Menschen eine eigene Sprache hat, und drittens, dass Gottes Zeit eine andere ist als unsere.

Inzwischen heirateten meine Freundinnen und sagten mir: ‚Ich habe den Mann meines Lebens gefunden, von dem ich immer geträumt habe!‘

Gut, dachte ich. Eines Tages werde ich mich auch verlieben und dasselbe sagen. Geduldig sein und warten!

Einmal sagte der Pfarrer zu mir wie nebenbei: Warum gehst du nicht nach Vadstena? Dort gibt es seit Kurzem ein Kloster für Nonnen und …

Ich merkte, was er sagen wollte, erwiderte aber nichts. Eins war für mich klar: Ich Nonne – nie im Leben. Außerdem war Stefan schon im Kloster.

Für eine typische Familie wie die unsere war es im säkularisierten Schweden schon etwas ganz Besonderes, dass es da einen Mönch gab, aber zwei Kinder im Kloster …! Undenkbar, unerhört. Ich bewunderte diesen Lebensstil, aber nicht für mich.

Der Pfarrer sprach nicht wieder darüber. Aber in mir regte sich etwas … Ich entschied mich doch, wenn auch mit dem

Bus, nach Vadstena zu fahren, und dachte, dass ich dem Pfarrer bei meiner Rückkehr sagen würde:

‚*Father* Rafael, die Nonnen sind supersympathisch, das Kloster ist schön und ich wurde gut dort aufgenommen, aber dieses Leben ist nichts für mich.'

Als ich aber dort ankam, geschah mir dasselbe wie meinen Freundinnen: Ich spürte, dass dort der Mann meines Lebens war und dass ich nur für Ihn leben wollte.

Keinen Augenblick habe ich mich innerlich verpflichtet gefühlt, Ja zu sagen. Ich sagte es, weil ich wollte, so wie meine Freundinnen, als sie heirateten.

Wie werden meine Eltern reagieren, die nicht gläubig sind, wenn ich ihnen das sage? Sie wundern sich immer noch über Stefans Entscheidung. Ich konnte sie verstehen; denn mein Bruder war vom Formel 1-Piraten zum Mönch geworden.

Ich wusste, dass sie meine Entscheidung respektieren würden, wie sie auch respektiert hatten, dass ich katholisch geworden war. Aber wenn ich ihnen sagen würde, dass ich Astronautin werden und auf dem Mars leben wollte, würden sie das wahrscheinlich eher verstehen.

Und was würden meine Freundinnen und Freunde sagen? Es war mir egal. Aber ich hörte sie schon sagen: ‚Was? Du willst nicht heiraten? Nonne werden? Im Kloster?'

Seltsamerweise hatte mein Konvent eine ähnliche Geschichte gehabt wie der von Stefan. Er war gegründet worden von Gunvor Paulina Norrman, einer Protestantin, die die Teilnahme von Frauen in der lutherischen Kirche Schwedens befördern wollte. Sie lebten in Gemeinschaft und in den 50er-Jahren traten sie mit den Benediktinern von Trier in

Kontakt und entdeckten, dass sie die Vereinigung mit Gott auf ähnlichen Wegen suchten.

Während der 60er-Jahre dachte die Gründerin, die Gemeinschaften sollten interkonfessionell sein, und eine Gruppe von Frauen, die dem Katholizismus nahestanden, zogen nach Vadstena, wo sie anfingen, die Regel des heiligen Benedikt zu studieren. Sie lernten den Karmeliten Anders Arborelius kennen, unseren Bischof. Er half ihnen, sich in die katholische Kirche einzugliedern, und 1988 wurden sie zu einer benediktinischen Gemeinschaft.

Ich denke gerne daran, dass alles mit dem Unfall meines Bruders begann, der sich im Drachenfliegen versuchte. Zum Glück führt Gott das Schiff unseres Lebens …, denn ich würde niemals einen Apparat besteigen, in dem Stefan Pilot wäre!"[22]

---

[22] Fermin Landa übersetzte mir den Lebensbericht, den mir Schwester Gabriela im Kloster vom Heiligsten Herzen in Borghamn in der Nähe von Vadstena gab.

NORWEGEN

Als ich Wilfried wie im Vorbeigehen sagte, dass ich eine
besondere Verehrung zum heiligen Thomas Morus habe,
wollte ich anmerken, dass ich seine Person besser verstand
als Paul, der den Lordkanzler bewunderte, weil er viele
seiner Werke und viele Studien über ihn gelesen hatte ...
Das Besondere an der Person des Thomas Morus ist,
dass er seinen Kopf geopfert hat für die Verteidigung des
Glaubens. Es war – und das ist nicht unwichtig –
einer der besten Köpfe Europas seiner Epoche.

Sigrid Undset (Dänemark, 1882 – Norwegen, 1949),
Der brennende Dornbusch

213

22. EINE FURCHTLOSE FRAU
Ane-Elisabet Roer

„Manchmal, wenn ich durch die Flure des Hauses laufe, in dem sie lange Zeit gelebt und einige ihrer bekanntesten Bücher geschrieben hat, denke ich an sie. Sie war eine mutige Frau, einer der besten Köpfe ihrer Zeit. Genau dies schrieb sie selbst über Thomas Morus in ihrer Novelle: Der brennende Busch. Wie Thomas Morus musste auch sie gegen den Strom schwimmen.

Im Katarinahjemmet[23] steht eine Büste von ihr, die ihre starke, entschiedene Persönlichkeit zum Ausdruck bringt. Sie war Tochter eines weltberühmten Archäologen. Als sie zwei Jahre alt war, zog die Familie nach Oslo, das damals Cristiania hieß, weil ihr Vater schwer erkrankt war. Er starb 1893 mit nur 40 Jahren. Seine Witwe und die drei Töchter lebten dann in einer sehr schwierigen ökonomischen Situation. Mit 16 Jahren musste Sigrid anfangen, als Sekretärin zu arbeiten, anstatt studieren zu können, wovon sie träumte.

Sie überwand viele Hindernisse, schrieb nachts und konnte erste Novellen veröffentlichen, die Zeugnis geben von ihrem rebellischen, ungläubigen Geist. In nur kurzer Zeit wurde sie zu einer populären Frau aufgrund ihrer starken Präsenz in den gesellschaftlichen Diskussionen über die Rechte der Frau.

---

[23] „Haus Katharinas", Name eines Studentenheims im Zentrum Oslos, das von Dominikanerinnen geführt wird, in dem Ane-Elisabet Roer mir berichtet hat. Der Name des Hauses erinnert an Katharina von Siena.

1919 verließ ihr Mann sie, da stand sie im Alter von 37 Jahren allein, nicht nur mit ihrer behinderten Tochter und den beiden anderen Kindern, sondern auch mit den drei Kindern ihres Mannes, unter denen sich ebenfalls ein Kind mit Behinderung befand. Sie heiratete nicht wieder. Während sie sich um die sechs Kinder kümmerte, schrieb sie ein großes Werk, die Trilogie: *Cristina, die Tochter von Lavrans.*

Während eines Aufenthalts in Roms näherte sie sich dem Katholizismus und 1924, mit 43 Jahren, wurde sie in die katholische Kirche aufgenommen. Was für einen Skandal löste das in Norwegen aus! Besonders in den Kreisen der intellektuellen ‚Anti-Papisten'! Aber Sigrid, die es gewohnt war, alleine zu kämpfen und im Gegensatz zum Mainstream zu handeln, nutzte die Gelegenheit, die Religionsfreiheit und den Katholizismus zu verteidigen.

Vier Jahre später, 1928, erhielt sie den Nobelpreis für Literatur. Sie stellte das Preisgeld Familien mit behinderten Kindern wie den ihren zur Verfügung. Um diesen Zeitpunkt herum entstand das Katharinenhaus hier.

Ihr katholischer Glaube und die unmittelbare Erfahrung mit dem Leiden waren für sie Impulse, gegen den aufkommenden Nationalsozialismus zu kämpfen. Mit allen Kräften widersetzte sie sich dieser Ideologie, die die Schwachen nicht nur verachtete, sondern sie tatsächlich auszulöschen versuchte. (Dieser Gedanke lebt auch in unserer Zeit wieder auf.) Sie begann, den Widerstand zu organisieren.

Ihre Anti-Nazi-Haltung war so stark und öffentlich so bekannt, dass die Regierung, als Hitlers Soldaten in Norwegen einrückten, ihr die Emigration in die Vereinigten Staaten vorschlug. Sie war schließlich eine literarische Größe des Landes und man befürchtete Repressalien gegen sie. Sie hatte zu diesem Zeitpunkt gerade ihre behinderte Tochter verloren.

Sie gab sich nie geschlagen in ihrem Kampf, selbst nicht, als sie erfuhr, dass ihr Sohn Anders als Offizier des norwegischen Heeres mit 27 Jahren im Kampf gegen die Invasoren in der Nähe des eigenen Hauses gefallen war.

Mit dem einzigen Kind, das ihr noch geblieben war – die Kinder ihres Mannes waren inzwischen volljährig –, zog sie in die Vereinigten Staaten, kämpfte von dort aus während der folgenden fünf Jahre für die Freiheit Norwegens, ihres besetzten Vaterlandes, und verteidigte den Glauben, indem sie schrieb und Vorträge hielt. 1945 kehrte sie zurück und starb vier Jahre später, ohne die Erfüllung eines ihrer großen Träume erleben zu können: eine Pilgerreise nach Rom im Heiligen Jahr 1950.

Ich bin begeistert von ihr, denn ich habe in der Universität von Oslo Literatur und Geschichte studiert und Sigrid Undset ist eine norwegische Schriftstellerin, die in der ganzen Welt bekannt ist, und auch deshalb, weil mein Leben in einiger Hinsicht dem ihren ähnelt.

Nach meiner Geburt wurde ich nicht getauft und wie die meisten Jugendlichen meiner Zeit wuchs ich in einer materialistischen Welt auf, weit entfernt von Gott. Das war ,meine Erziehung', denn wie Chesterton treffend bemerkte, ist die neurale Erziehung eine Lüge. Alles hat Einfluss auf die Seele eines Kindes (ich bin Autorin von Kinderbüchern) und eines Jugendlichen. Chesterton kommentierte, dass er eine Frau sagen hörte: ,Ich möchte keine Religion für mein Kind, um es nicht zu beeinflussen. Wenn es groß ist, wird es sich selbst entscheiden.' Dieser häufig zu hörende Satz stimmt einfach

216

nicht, erklärte Chesterton, denn eine Mutter beeinflusst ihr Kind in jedem Fall. Sie kann es ohne Religion erziehen, aber niemals außerhalb eines bestimmten kulturellen Umfelds. In dem angenommenen Beispiel, in dem eine Mutter für ihr Kind keinerlei kulturelle Beeinflussung durch ein bestimmtes kulturelles Umfeld wünscht, muss sie mit ihm auf eine einsame Insel gehen und es dort allein erziehen. Selbst dann müsste sie eine bestimmte Insel auswählen und keine andere und sie wäre für seine Erziehung ebenso verantwortlich, wie wenn sie es – so Chesterton – im Glauben der Mormonen erziehen würde.

Wenn man dieses Paradoxon weiterführt in der Hoffnung, dass das Kind, wenn es groß ist, eine andere Religion wählen kann, dann muss man auch annehmen, es könnte sich für eine andere Kultur entscheiden. Es könnte zum Beispiel ablehnen, als britischer *Gentleman* erzogen worden zu sein, anstatt als Araber der Wüste. Es ist doch offensichtlich, dass es jemand erziehen muss, damit es sich für eine andere Möglichkeit entscheiden kann. Deshalb ist es am schlimmsten, ein Kind überhaupt nicht zu erziehen.

Ich habe in meinem Leben unter den Folgen dieser Entscheidung gelitten; denn ich wurde nicht getauft, sondern stattdessen sehr materialistisch geprägt. Ich hätte in diesen entscheidenden Lebensjahren lieber eine christliche Erziehung bekommen. Gott sei Dank begleitete ich eine Freundin, die philippinische Eltern hatte, manchmal in die Kirche. Nach und nach begann ich, mich für den katholischen Glauben zu interessieren, bis ich mich schließlich mit 16 Jahren in der Kirche St. Olaf taufen ließ.

Ich stellte mir die Frage, ob ich eine Berufung hätte. Da ich keine konkrete Vorstellung hatte, wohin Gott mich rief, sprach ich mit Leuten verschiedener Institutionen, mit Karmelitinnen, Salesianerinnen ... Ein halbes Jahr lang arbeitete ich in Kalkutta bei Mutter Teresa als Volontärin der Missionarinnen der Nächstenliebe. Was willst du von mir?, fragte ich den Herrn immer wieder.

Dort, mitten in der Armut Indiens, ließ Gott es mich sehen: Er wollte mich hier, in Norwegen, meinem eigenen Land, einer der reichsten Nationen der Welt, die – ein anderes Paradoxon, das Chestertons würdig wäre – unter einem starken geistlichen Defizit leidet.

Es gibt noch einen besonders deutlichen dritten Grund, der mich mit Sigrid Undset verbindet: Wir gehören beide der großen Familie des heiligen Dominikus an. Sigrid gehörte zu der Gruppe, die heutzutage Laienbruderschaft heißt, und ich bin Dominikanerin.

All das, zusammen mit einem aktuellen Umstand – ich wohne nämlich in Katarinahjemmet, dem Haus, das so sehr mit ihrem Leben verbunden war –, trägt dazu bei, dass ich in besonderer Verbundenheit mit ihr lebe. Mich beeindruckt immer wieder, mit wie viel Würde und christlichem Geist sie das Leid akzeptiert hat.

Es gibt einen Film, der mir sehr gefällt: *The mission*. Bestimmt hast du ihn gesehen. Einer der Protagonisten leidet unter dem Gewicht von Schuld und Angst. Als ich ihn sah, dachte ich an unsere kleinen und großen Ängste. Es ist natürlich eine Kleinigkeit, aber ich ekelte mich vor Insekten, konkret vor Spinnen, ihhh, Spinnen!

Inzwischen habe ich diese Ängste überwunden und eine neue Figur für meine Kinderbücher entworfen – Freddy Edderkopp –, eine Spinne. Mir ist klar geworden, dass die einzige Angst, die wir im Leben haben sollten, die ist, Gott zu beleidigen und uns von Ihm zu entfernen.

Und tatsächlich entfernen wir uns auf viele Arten, zum Beispiel, wenn wir aufhören zu beten, indem wir uns ablenken lassen von dem, was uns zu Gott führt. In meinem letzten Buch schreibe ich über diese *Spinnen*, die uns dazu bringen, an uns selbst zu verzweifeln und zu denken, wegen unserer Fehler und Sünden könne Gott uns nicht heilig machen. Ja, das sind gefährliche Spinnen!

Der heilige Thomas, einer der großen Heiligen der Dominikaner, sagt, um heilig zu werden, muss man es wirklich wollen, Hindernisse entfernen wollen, sich von der Gnade leiten lassen wollen und die nötigen Mittel anwenden wollen. Darüber und über viele andere Aspekte des christlichen Lebens spreche ich mit den Leuten. Viele von ihnen sind jung, katholisch oder auch nicht, sie kommen nach Katarinahjemmet, dem Haus, das so viele Erinnerungen birgt an Sigrid Undset, jene furchtlose Frau."

23. ÜBERRASCHUNGEN
Ole Martin Stamnestro

„Ich wurde in einem christlichen Elternhaus in der Nähe von Oslo geboren. In meiner Familie spielte der Glaube eine große Rolle, wofür ich meinen Eltern sehr dankbar bin. Wie die meisten Norweger waren wir Lutheraner und gehörten zur Staatskirche, in der mein Großvater mütterlicherseits Pastor war.

In meiner Jugend befriedigte mich die christliche Lehre, so wie sie mir in meiner kleinen Ortskirche vermittelt wurde, nicht wirklich. Ich sang in Oslo im Chor der Kathedrale als Tenor mit und lernte dadurch eine Liturgie kennen, die von einer reicheren Tradition inspiriert war, die zur anglikanischen Kirche gehörte. Während dieser Zeit war ich Schüler der katholischen Schule der heiligen Sunniva und wurde mit dem Katholizismus vertraut. Diese beiden Erfahrungen ließen mich die Anziehungskraft sowohl von Canterbury als auch von Rom spüren.

Während meiner Schulzeit erfuhr ich, dass die Eucharistiefeier der lutherischen Kirche nicht gültig ist, weil sie nicht auf der apostolischen Sukzession beruht.

Was sollte ich tun? Die Entscheidung für den Katholizismus hätte die Antwort eines jungen Norwegers, wie ich es war, sein müssen, aber es gelang mir nicht, die Schönheit der katholischen Kirche hinter der lokalen religiösen Praxis zu entdecken.

Um keine Missverständnisse aufkommen zu lassen: Ich habe in den 90er-Jahren viele und sehr gute Vertreter der katholischen Kirche kennengelernt, die eine sehr arme Kirche war. Aber ich hatte mich an das lutherische Ambiente der

High Church (der sogen. ,hohen Kirche') gewöhnt, in der der Glaube an die Realpräsenz Christi viel stärker und inniger zum Ausdruck gebracht wurde.

Als ich in meinen Ferien in England die anglikanische Ausprägung der High Church kennenlernte, ließ ich mich vom Selbstverständnis der Anglo-Katholiken[24] überzeugen und dachte, dass ich den katholischen Glauben in einer Kirche leben könne, die sich selbst katholisch nannte, zumindestens in dem Kreis, in dem ich mich befand. Dieses Selbstverständnis war in der Bewahrung der apostolischen Sukzession begründet.

Nach Beendigung meiner Schulzeit zog ich zum Theologiestudium nach England und wohnte drei Jahre lang in Durham und sechs in Oxford. An beiden Orten nahm ich aktiv teil an den Veranstaltungen der Anglo-Katholiken. Ich hatte viele gute Freunde dort und lernte viel über den Glauben. Ich fühlte mich glücklich – wie viele andere auch –, ersehnte aber die volle Einheit mit Rom und dem Nachfolger Petri. Wir hofften auf eine einheitliche Lösung, die sich tatsächlich einige Jahre später, 2011, verwirklichte, als Benedikt XVI. den Weg der Ordinariate öffnete[25].

---

[24] Entsprechend der „Theorie der Zweige" denkt man in der High Church, dass die katholische Kirche aus der römisch-katholischen, der orthodoxen und der anglikanischen Kirche bestehe.

[25] Es ist inzwischen so, dass das Persönliche Ordinariat Unserer Lieben Frau von Walsingham den Ex-Anglikanern in England und Wales erlaubt, in voller Gemeinschaft mit der katholischen Kirche zu leben unter Wahrung der Elemente ihrer typisch anglikanischen Gewohnheiten. Mit dieser Regelung bewahrt die apostolische Konstitution *Anglicanorum coetibus* einerseits die wertvollen liturgischen, geistlichen und pastoralen anglikanischen Traditionen in der katholischen Kirche und andererseits wacht sie darüber, dass diese Gläubigen sich voll und ganz in die katholische Kirche integrieren. Zum besseren Verständnis der Situation wird daran erinnert, dass die katholische Kirche die Gültigkeit der Weihen der Anglikanischen Gemeinschaft nicht anerkennt (Leo XIII.).

In dieser Zeit arbeitete ich während meines Studiums als Sekretär des Bischofs Ebbsfleet der High Church. Dieser Bischof betreute die anglikanischen Pfarreien, die die Gültigkeit des Frauenpriestertums nicht anerkennen, und er arbeitete intensiv mit an der kollektiven Einheit mit Rom.

Als ich mich auf mein Doktorat vorbereitete, wurde ich als anglikanischer Seminarist zugelassen. Ich wurde ein Jahr lang ausgebildet, merkte aber währenddessen, dass ich nicht im Gegensatz zu meinem Gewissen leben konnte. Schon seit einiger Zeit war ich davon überzeugt, dass der Papst Stellvertreter Christi auf Erden ist und dass ich in Einheit mit ihm leben musste. Ich konnte nicht auf eine gemeinsame Lösung in der Zukunft warten. Wenn Gott mich in Seine Gegenwart riefe, müsste ich geradestehen für das, was ich in der Gegenwart getan hatte.

Außerdem fiel es mir schwer, katholisch zu werden, weil ich mich zum Priestertum berufen fühlte und gleichzeitig zutiefst verliebt war in ein Mädchen. In der anglikanischen Kirche stellte das kein Problem dar, da sie verheiratete Priester zulässt, und zusätzlich schwierig war es, weil meine Freundin katholisch war.

Durch sie lernte ich die Kongregation des heiligen Philipp Neri kennen. Sie ist in Birmingham, London und Oxford vertreten. Ihre Spiritualität zog mich an.

Wenn mein Wunsch, katholisch zu werden, auch immer stärker und drängender wurde, so bremste mich doch die Tatsache, dass ich dann zwischen der Liebe zu meiner Freundin und meinem Ruf zum Priestertum würde wählen müssen. Das war keine leichte Wahl, aber schließlich entschied ich mich doch dazu, in die katholische Kirche einzutreten. Es war der glücklichste Tag meines Lebens![26]

Als ich mein Doktorat abgeschlossen hatte, begann ich, als Dozent zu arbeiten. Ich bat den Herrn darum, dass – wenn es Seinem Willen entsprach –, Er mich nicht mehr den Ruf zum Priestertum fühlen lassen möge, damit ich meine Freundin behalten könnte. Aber ich begriff, was Sein Wille für mich war, und so gab ich die Freundschaft auf. Das war die härteste Entscheidung, die ich in meinem Leben getroffen habe, aber ich wollte dem Willen Gottes treu sein.

Ich setzte meine Studien im neu gegründeten katholischen Seminar von St. Eystein in Oslo fort. Der Ruf zum Priestertum wurde in meiner Seele immer deutlicher, wofür ich dem Herrn zutiefst dankbar bin. Von einem der Fenster des Seminars aus konnte ich das Pult sehen, an dem ich in der Schule der heiligen Sunniva vor nur fünfzehn Jahren gesessen hatte. Da begriff ich, dass sich der Kreis geschlossen hatte.

Am 29. September 2012 wurde ich von meinem Bischof, Monsignore Bernt I. Eidsvigen, in der Kathedrale St. Olaf in Oslo zum Priester geweiht. Die Dankbarkeit für meine Berufung habe ich immer bewahrt, in schönen wie in schwierigen Tagen.

Ein Jahr nach meiner Priesterweihe erlebte ich die große Freude, dass auch meine Mutter in die volle Gemeinschaft mit der katholischen Kirche eingetreten ist.

Während der letzten drei Jahre habe ich meinen priesterlichen Dienst in Alesund versehen, einem kleinen Dorf an der

---

[26] Später, als ich schon katholisch war, schloss ich mich als Tertiar der Bruderschaft der Oratorianer des Philipp Neri in London an.

norwegischen Küste. In diesem Gebiet, das recht groß ist, leben ungefähr tausend Katholiken, die nicht leicht zu betreuen sind, denn oft braucht man fünf oder sechs Stunden, um von einem Ende des Distrikts bis zum anderen zu kommen. Es ist eine intensive Arbeit und ich danke dem Herrn, dass er mich in die katholische Kirche geführt und mir das Geschenk des Priestertums gemacht hat ... trotz meines Widerstands!"

24. DER SCHREI VON MUNCH
Isabel

„Soweit ich weiß, existieren mehrere Versionen des Bildes ‚Der Schrei‘, das die Angst wiedergibt, die Munch fühlte. Er schrieb in seinem Tagebuch, dass er in einem Augenblick der Angst den ‚endlosen Schrei‘ gehört habe, ‚der die Natur durchtönt‘. Das Gemälde wurde mehrmals aus dem Museum entwendet. Es ist zu einem obligatorischen Ziel für Touristen geworden, für Leute, die – wie du und ich – zum ersten Mal nach Oslo kommen. Es muss ein sehr gutes Bild sein, obwohl es mich nicht so begeistert, vielleicht weil ich keine Norwegerin bin. Woher ich bin? Gute Frage! Ich weiß es schon nicht mehr …! Ich habe in so vielen Ländern Amerikas und Europas gelebt! Meine Familie hat viele Wurzeln. Meine Mutter zum Beispiel war eine Kusine von Juan Carlos Calderón, einem spanischen Komponisten, der im Auftrag von Serrat, Cecilia, Mocedades und vielen anderen gearbeitet hat. Bestimmt kennst du einige dieser Texte: *Tú volverás*, gesungen von Sergio und Estíbaliz; *La fiesta terminó; Amor de medianoche; Bandolero, Mediterráneo* … und das superbekannte *Eres tú*: ‚Como una guitara en la noche, / todo mi horizonte eres tú, / eres tuuú …‘

Mein Du heißt Svein. Ich habe ihn in Mexiko kennengelernt, zufällig. ‚Ein Norweger! Interessant!‘, dachte ich. ‚So kann ich mein Englisch trainieren!‘ Er war 28 Jahre alt, ein Mann in der Fülle des Lebens, stark, gesund …

Als wir geheiratet hatten, zogen wir in die Vereinigten Staaten, neutrales Gebiet: ‚Weder dein Land noch meins.‘

Während der Jahre, die wir dort verlebten, fühlte ich mich, obgleich Svein den ganzen Tag arbeitete, nie wirklich allein, weil ich Zuflucht suchte bei der Eucharistie. In Amerika wurde unsere erste Tochter geboren und kurze Zeit später zogen wir nach Norwegen.

Überall, wo ich bis dahin gelebt hatte, hatte ich eine mehr oder weniger lebendige katholische Gemeinde angetroffen, die mir geholfen hatte, meinen katholischen Glauben zu leben. Daher bekam ich einen *Schock*, als ich hierhin kam. In der Stadt, in die wir gezogen waren, war die christliche Atmosphäre äußerst kühl. In der Pfarrei fehlte es an menschlicher Wärme. Möglicherweise wäre die Erfahrung an anderen Orten Norwegens anders gewesen. Ich erzähle dir, wie es war: Es herrschte dort Eiszeit, was das geistliche Leben betrifft. Ich machte mir Sorgen um die religiöse Bildung unserer Kinder.

Svein war nicht gläubig, aber er hat der Erziehung der Kinder im Glauben nie Hindernisse in den Weg gelegt. Das Problem lag nicht zu Hause, sondern außerhalb. Die Messe dauerte sehr lange und die Kinder langweilten sich fürchterlich, weil sie die Sprache nicht verstanden. Die übrigen Katholiken grüßten uns kaum und schenkten uns keinerlei Beachtung. Die Folgen waren klar: Als sie älter wurden, sagten mir die Kinder, dass sie nicht mehr in die Messe gehen wollten.

Statt nur zu klagen, dachte ich, werde ich handeln. Trotz meines bruchstückhaften Norwegisch begann ich, in der Pfarrei Katechese zu geben, an der auch meine älteste Tochter teilnahm. Die anderen waren Kinder von Ausländerinnen, die mit Norwegern verheiratet waren, oder von Norwegerinnen, die mit Ausländern verheiratet waren – wie in unserem Fall. Einen Katechismus auf Norwegisch zu finden war schwierig. Wir hatten viele Hindernisse zu überwinden, bis unsere Tochter zur Erstkommunion gehen konnte. Aber es gab noch andere Schwierigkeiten zu bestehen: Ihre Freundinnen waren nette Mädels, aber weit weg vom Glauben, weil sie nie von Gott gehört hatten. In der Schule war es dasselbe. Außer einer Freundin von mir glaubte niemand an Gott. Lebensstil, Denkweise und Gewohnheiten der anderen waren ebensowenig christlich geprägt. Unsere Kinder spürten das sehr deutlich, sie waren wirklich die einzigen Katholiken in der Schule.

Was konnte ich tun? Beten, beten, immer wieder, und tun, was in meinen Möglichkeiten stand, damit uns die Umwelt nicht völlig beeinflusste. Ich schaffte es nicht. Nach der Firmung haben sie keine Kirche mehr betreten.

Mit der Pubertät tauchten neue Probleme auf. ‚Mama, wovon sprichst du überhaupt?‘, fragten sie mich. Ich verstand, was sie meinten; denn ich führte ihnen einen Lebensstil vor Augen, den sie nirgendwo verwirklicht sahen.

22 Jahre lang war ich Katechetin, was nicht leicht für mich war. Manche katholische Eltern wollten – weil ihnen die entsprechende Bildung fehlte – nicht, dass ich mit ihren Kindern über die Sünde sprach oder über bestimmte moralische Forderungen. Aber schließlich konnte ich ihnen die Botschaft Christi doch nicht ihrem Geschmack entsprechend vermitteln, als handle es sich um eine Bestellung nach Wunsch, wie man in Spanien sagt …

Es war sehr hart für mich zu sehen, wie meine Kinder, die doch gut sind und mich sehr lieben, die christlichen Werte ablehnten, die ich ihnen vermitteln wollte.

Meine älteste Tochter wollte Model werden. Sie ging nach New York und wurde in kurzer Zeit ein berühmtes Top Model. Sie ist ein sehr hübsches Mädchen, sie ist fein und hat sehr viel Stil. Als sie in Zeitschriften zu sehen war, gratulierten mir meine Freundinnen.

‚Du bist beneidenswert! Hast ein internationales Top Model als Tochter!'

Ich freute mich über den beruflichen Erfolg meiner Tochter, aber er erfüllte nicht meine Wünsche als christliche Mutter. Meine Aufgabe auf Erden ist es, meinen Kindern zu helfen, glücklich zu werden und in den Himmel zu kommen. Sie kommen von Gott und gehören Ihm, nicht mir. Ich litt darunter, zu spüren, dass sie die Beziehung zu Gott verlor, je berühmter sie wurde.

Sie lernte einen Mann kennen, mit dem sie ein Kind hat, meine Enkelin. Ich bete dafür, dass sie den Glauben wiederfinden; denn für Gott ist nichts unmöglich. Gott weiß, dass sie, als sie hier lebte, keine Vorbilder christlichen Lebens unter Gleichaltrigen fand.

Mein zweiter Sohn spielt in einer Psychedelic Rock Band, die in Norwegen sehr bekannt ist. Er ist ein außergewöhnlich guter Gitarrist. Das sage ich nicht, weil ich seine Mutter bin. Alle sagen das. Aber auch ihm konnte ich den Glauben nicht vermitteln, jedenfalls bis jetzt nicht.

Unsere Dritte wohnt in Deutschland und ist mit dem Sohn eines protestantischen Pastors verheiratet. Ich freue mich, dass sie eine gemeinsame christliche Basis haben.

So ist jedes der Kinder seinen eigenen Weg gegangen. Mein Mann ist, wie schon sagte, ein guter Mensch mit großen Tugenden wie Einfachheit und Zuversichtlichkeit. Als wir heirateten, dachte ich: ‚Den werde ich bald bekehrt haben.'

Das war mein Plan, aber jeder Mensch ist frei und hat einen eigenen Weg. Abgesehen davon, dass niemand einen anderen bekehren kann – die innere Wandlung ist eine Gnade, ein Geschenk, das der Einzelne frei annimmt oder nicht –, hat die Barmherzigkeit Gottes ihren eigenen Plan und ihre bestimmte Zeit für jeden. Meine Aufgabe besteht weiterhin darin, zu beten und das Richtige zu tun mit dem Bewusstsein, dass die Dinge nicht so laufen, wie ich möchte, sondern wie und wann Gott es will. Die Worte aus dem Evangelium: ‚Bittet und ihr werdet empfangen' trösten mich.

Und wir empfangen wirklich: In Norwegen erleben wir in der katholischen Kirche einen neuen Frühling nach einigen schwierigen Jahren – jedenfalls für mich. Nur Gott weiß, warum. Vielleicht wäre ich Ihm nicht so nahegekommen, wenn alles einfacher gewesen wäre. Die Schwierigkeiten haben mir geholfen, mich enger mit Christus zu vereinigen, einen persönlicheren, tieferen Umgang mit Ihm zu haben. Manchmal sage ich Ihm – wie in dem Lied: *Toda mi esperanza eres Tú*[27].

Auf der ganzen Welt gibt es Tausende von Müttern, die in derselben Situation sind. Manchmal denken wir, Gott würde uns nicht hören, und sind versucht, der Verzweiflung anheimzufallen, die sich in Munchs Bildern spiegelt. Aber das stimmt nicht. Gott erhört uns immer, auch wenn wir die Früchte nicht sehen, da sie lange brauchen, um zu reifen. In Norwegen scheint der Sommer nie zu kommen, diesen Eindruck hat man während des langen Winters … Aber er kommt immer.

---

[27] Du bist meine ganze Hoffnung.

Außerdem weiß nur Er, was in einer Seele vor sich geht. Ich bitte Ihn, Er möge alle Menschen, die ich liebe, an sich ziehen – auf Wegen, die nur Er kennt.

Nein, wir sind nicht gescheitert und haben nicht vergebens gearbeitet. Ich habe gelesen, dass derjenige, der scheitert, ohne zu verzweifeln, in der Lage ist, das Evangelium zu verstehen und zu leben. ‚Misserfolg kann Glück und Segen bedeuten. Wenn man einen Christen erziehen will, sollte man ihn lehren, mit Misserfolg umzugehen.‘ Das Kreuz Christi war, rein menschlich gesehen, ein Scheitern. Die Märtyrer unserer Zeit – die Christen, die in verschiedenen Ländern wegen ihres Glaubens getötet werden – könnte man für gescheitert halten, und das sind sie nicht. Gottes Wege sind nicht unsere Wege. Deshalb müssen wir weiter beten und kämpfen ohne Unterlass, wie im Sport.

Ich war immer schon sportlich, begeistert für Tennis, auch wenn ich es schon lange nicht mehr spiele und es kaum noch im Fernsehen verfolge, außer wenn einer der Stars spielt. Bei ihnen sehe ich, dass sie nie das Handtuch werfen, sondern bis zum Ende kämpfen, selbst wenn sie verlieren.

Außerdem geht das Leben weiter. Meine Enkelin ist zehn Jahre alt, ich bin schon Großmutter und tue, was ich kann, um mich innerlich zu erneuern und meiner Tochter – und soweit möglich, meiner Enkelin – das christliche Leben mit Freude weiterzugeben, ohne mich von den negativen Erfahrungen entmutigen zu lassen. Jetzt, wo ich etwas mehr Zeit habe, gehe ich manchmal ins Kino. Vor Kurzem habe ich einen sehr beeindruckenden Film gesehen über Mönche, die in Algerien umgebracht worden sind. Sie lebten mitten in der Wüste, in Einsamkeit, friedlich und froh – *como esa guita-*

ra que suena en medio de la noche[28] aus einem Lied, das Juan Carlos komponiert hat. Und ich dachte: Genau das ist unsere Aufgabe als Christen. Wir können nicht schreien und verzweifeln wie Munch; denn es gibt immer eine Hoffnung."

---

[28] Wie eine Gitarre mitten in der Nacht.

25. WASSER, SALZ UND ÖL
Rafa und Yuse

YUSE: „Von klein auf hatte ich drei große Wünsche: Ich wollte heiraten, Kinder haben und zum Opus Dei gehören. Und Gott hat mir alle drei erfüllt.

Oft hatte ich folgenden Satz aus der ‚Spur des Sämanns' betrachtet: ‚Um glücklich zu sein, braucht man kein bequemes Leben, sondern ein verliebtes Herz.' Ich wusste, dass es Hingabe und Opfer kostet, das helle und fröhliche Zuhause zu schaffen, von dem der heilige Josefmaria sprach. Es gibt Filme, in denen man Familien sehen kann, in denen alles wundervoll ist, fantastisch, großartig. Der echte Film von einer christlichen Familie ist ganz anders: Man erlebt Freude und Leid und man hat Sorgen. Manchmal muss man um vier Uhr nachts aufstehen mit sorgenvollem Herzen, weil eins der Kinder plötzlich krank ist. Doch zu alledem war ich bereit.

Mit 18 Jahren, noch ganz jung, wurde ich Mitglied des Opus Dei. Man half mir von Anfang an, Christus zu folgen, als Ehefrau und Mutter, als Berufstätige, indem ich alles, was ich zu tun hatte, vor Gott tat. Ich arbeitete in der Leitung von Unternehmen, aber momentan widme ich mich full-time einer anderen Arbeit, wie ich dir gleich berichten werde.

Ich habe zwanzig sehr glückliche Jahre verlebt. Es ist schwierig, die Freude zu erklären, die man als junger Mensch fühlt, wenn man sich ganz dem Herrn geschenkt hat. Hingabe führt immer zur Freude, aber wenn man sich Gott jung hingibt, hat das eine besondere Wirkung. Aber sprich du, Rafa!"

RAFAEL: „Wenn es dir recht ist, erzähle ich erst mal den nüchternen, kühlen Teil unserer Geschichte und überlasse der Chefin den weiblichen Teil … Wir haben 1997 geheiratet, schon nicht mehr ganz jung. Der Papa von Yuse – von Giuseppina – war Italiener. Yuse war 27 Jahre alt, ich 33. Ich hatte eine gute Arbeit als Projektingenieur im Bereich Elektrizität.

Vom ersten Moment an waren Yuse und ich uns darüber im Klaren, dass die Ehe eine Berufung zur Heiligkeit ist, und wir wollten eine große Familie haben. Manchmal schenkt Gott väterlich lange Flitterwochen, damit die jungen Eheleute sich gut verstehen lernen und sich vorbereiten auf das, was kommt. Aber unsere Flitterwochen dauerten nur wenige Monate. Nach einem Jahr wurde unsere Älteste geboren, Olga Maria, eine schöne Hellhäutige, Blonde, und ich war unwahrscheinlich stolz darauf.

Im gleichen Jahr 1998, wenige Monate, bevor Olga Maria zur Welt kam, brach eine Krise im Erdöl-Sektor aus, und ich wurde entlassen. Ich sprach mit Freunden aus Maracaibo, die mir sagten: ‚Gott sei Dank, Rafael, dass du entlassen bist; denn wir brauchen dich hier!‘ Das war ein ziemlich gutes Jahr und 1999 kauften wir uns einen neuen Wagen … Aber sprich du mal, Schatz!“

YUSE: „Ja, ein Jahr und vierzehn Tage nach Olga kam Teresita zur Welt. Nun waren wir schon zu viert in der Familie! Wir waren verrückt vor Freude.“

RAFAEL: „Kurz nach ihrer Geburt wurde ich wieder arbeitslos. Aber ich machte mir nicht so viele Sorgen wie vorher, weil wir Rücklagen hatten.“

YUSE: „Im Dezember desselben Jahres wurde in unser Haus eingebrochen. Fernseher, Tonanlage, Computer, alles wurde gestohlen …"

RAFAEL: „Gott prüft, aber Er lässt nicht untergehen. Im gleichen Monat Dezember erhielt ich einen neuen Vertrag und die ersten Monate des Jahres 2000 liefen gut für uns. Aber mitten im Jahr war ich wieder ohne Arbeit. Zehn Monate später hatte ich eine neue, allerdings schlecht bezahlte Arbeit. Und eineinhalb Monate später wurde Rafa geboren, unser drittes Kind.

Es lief so: Nach jedem beruflichen Scheitern machte uns Gott das riesige Geschenk eines neuen Kindes …, das wir pflegen, ernähren, kleiden und erziehen mussten; denn es stimmt nicht, dass sich die Kinder in großen Familien von alleine erziehen. Jedes Kind ist anders, einzigartig mit seinen Tugenden und Fehlern. Man muss es erziehen und glücklich sein lassen, versuchen, das Beste aus ihm herauszuholen. Kurz darauf kam Angelica."

YUSE: „Ein neues, wunderbares Geschenk! Da die Geburt sehr schwer war, versuchten wir, die Geburten nicht so schnell aufeinanderfolgen zu lassen, indem wir die natürliche Methode benutzten. Das war unser, aber nicht Gottes Plan. Er wollte uns diese Kinder schenken, die unser Leben erfreuen. Und wir sind glücklich, dass es so ist!"

RAFAEL: „Wie alle Kinder kam Angelica mit einem Brot unter dem Arm zur Welt: Ich hatte einen neuen Vertrag, bis 2002 das Geld seinen Wert verlor und alles zu Salz und Wasser wurde wie in dem Lied: ‚Salz und Wasser, die Versprechen, die du mir machtest, hat der Wind fortgeweht …' Das Jahr 2003 war schlecht, sehr schlecht. Nur zwei Dinge waren gut: Dass am 26. Januar unser Fünfter geboren wurde, Luis Alfonso."

YUSE: „… und dass das Jahr am 31. Dezember zu Ende war!"

RAFAEL: „Yuse konnte nicht glauben, dass unsere Rücklagen erschöpft waren. Ich war wieder arbeitslos und im Mai 2004 wurde ich krank. Ich lag im Bett mit 40° Fieber. Mein Vater kam zu mir und sagte: ‚Wir fahren jetzt ins Krankenhaus.' ‚Papa, ich habe kein Geld für Medikamente.' ‚Mach dir keine Sorgen. Darum kümmere ich mich.' Er brachte mich zu seinem Cousin, der Arzt war. Der sah mich an und sagte: ‚Du hast eine Infektion, die tödlich enden kann.' Er verschrieb mir Medikamente, die mich binnen einer Woche topfit machten. Im gleichen Monat bekamen vier unserer Jungen die Windpocken. Angelica steckte sich an und war drei Tage in einer Klinik. Zum Glück hatten wir eine Versicherung, die für die Kosten aufkam! Wir lebten damals von dem, was Yuse als Verwalterin in einer Schule verdiente."

YUSE: „Und im November 2004 kam Leonel zur Welt, unser Sechster, ein sehr guter Junge. Und wenig später … Aber erzähl du das."

RAFAEL: „Kurz nach Leonels Geburt bemühte ich mich um mehrere kleinere Verträge und Aufträge, um im Ausland zu arbeiten, aber nichts gelang. Das war sehr frustrierend. Wir beteten viel, vertrauten auf Gott. Ich bekam ein Angebot, nach

Stavanger in Norwegen zu gehen. Im Frühjahr 2006 sollte ich zu einem bestimmten Datum an meinem Arbeitsplatz sein.

Zwei Wochen vor diesem Tag erblickte Mariana das Licht der Welt. Wir ließen sie schnell taufen und ich machte mich auf zu meinem neuen Arbeitsplatz. Das Neugeborene und die anderen Kinder musste ich mit Yuse zurücklassen. Es tat mir in der Seele weh, aber es gab keine andere Lösung. Als ich Maracaibo verließ, schwitzte ich, und als ich hier ankam, waren es nur acht Grad über null und ich fror schrecklich. Die ersten drei Monate verbrachte ich alleine hier. Ich litt sehr unter der Einsamkeit. Meine Frau und meine sieben Kinder waren in weiter Ferne.

Yuse wollte so bald wie möglich nachkommen, damit die Familie nicht getrennt war, und ich sparte, was ich nur konnte. Ich wagte nicht einmal, mir ein Bier zu erlauben. Als ich den Preis erfuhr, bekam ich einen Schreck. Ein halber Liter kostete so viel wie eine Kiste Bierflaschen in meinem Land. Aber als ich erkannte, dass wir hier eine Zukunft haben könnten, sagte ich Yuse: „Liebling, verkauf das Haus, den Wagen, alles, und kommt hierhin. Wir riskieren es."

YUSE: „Eine Frau kaufte mir kurze Zeit später das Haus ab. Ich konnte es kaum glauben. Da spürte man die Hand Gottes. Ich verkaufte ihr sogar die Kochtöpfe meiner Mutter und den riesigen, stabilen Tisch für zwölf Personen, den wir hatten anfertigen lassen. Da Rafa keinen Zugang zu Skype hatte, ließ ich Mariana die Stimme ihres Papas aus Stavanger hören. Ich freute mich sehr, dass das Baby diese wiedererkannte, als wir im September 2006 dort ankamen."

RAFAEL: „„Nie wieder, Papi', sagte mir Angelica, als sie ankamen. Und ein neues Leben begann. Die Umstellung war sehr hart. Die übrigen Kinder sind hier geboren. Gott sei Dank habe ich in der Zeit hier in Norwegen immer Arbeit gehabt, auch wenn das Auf und Ab der wirtschaftlichen Situation die Verträge beeinflusst hat. Jetzt, da der Preis des Erdöls gefallen ist, ist die Situation auf dem Arbeitsmarkt nicht rosig. Und bei unserer Kinderschar kann meine Frau natürlich nicht arbeiten."

YUSE: (macht eine lustige Geste) „Wieso arbeite ich nicht?"

RAFAEL: „Entschuldigung, Entschuldigung! Du arbeitest nicht außer Haus und wirst nicht bezahlt … Aber sie arbeitet mehr als ich. Sie steht vor mir auf und geht später schlafen. Ich muss schimpfen, damit sie sich zeitig hinlegt; denn immer gibt es noch einen Tisch abzuwischen oder eine Kleine, die ihr ein selbst gemaltes Bild zeigen will. Dann sage ich zu ihr: Liebling, zwölf Kinder sind zu viel für uns. Manchmal drehen wir etwas durch oder fast! (Gelächter) So viel von mir. Die Dame soll fortfahren."

YUSE: „Als ich hierherkam, faszinierte mich Norwegen, vor allem wegen der Ehrlichkeit der Menschen. In dieser menschlichen Tugend möchte ich meine Kinder erziehen. Ich war glücklich. Endlich würde ich mich meinen Kindern und meiner Familie widmen können, ohne draußen arbeiten zu müssen, um sie zu ernähren! Seitdem ist meine berufliche Arbeit, die ich heiligen muss, die einer Hausfrau und Mutter. Ich versuche, es so gut wie möglich zu machen. Unsere Kinderschar ist schon nicht von Pappe."

(Zwei von den Kleinen kommen ins Wohnzimmer, bekommen einen Kuss und Nudeln. Dann bringt Rafael sie zur Tür.) Auch wenn so viele Kinder zu haben nicht gern gesehen wird. In Venezuela wurde unser erstes Kind sehr gefeiert, das zweite weniger, beim dritten wurde geschwiegen, und beim vierten fragte man mich: ‚Was? Noch eins?‘"

RAFAEL: „Selbst gute Leute fragten uns: ‚Aber was macht ihr denn?‘ Als wären wir verantwortungslos."

YUSE: „Von allen Seiten machte man uns Vorwürfe, man redete über uns und setzte Gerüchte in die Welt. Ich konnte es nicht verstehen, bis mir ein Priester einmal sagte, dass wir so etwas wie eine moralische Ohrfeige für manche Leute seien, weil wir ihnen vorlebten, dass es doch möglich ist … Wir wollen aber gar keine moralischen Ohrfeigen verteilen. Wir wollten nur den Plan Gottes für unser Leben erfüllen – trotz unserer Fehler und Grenzen. Und Gott hat uns mit vielen Kindern gesegnet. Andere Eheleute segnet er, ohne ihnen Kinder zu schenken. Niemand hat uns gesagt, was wir zu tun hätten. Im Opus Dei – Rafa ist Mitarbeiter[29] – wird die Lehre der Kirche über verantwortliche Elternschaft weitergegeben, so wie sie ist.

Ich habe die Hoffnung – und bitte den Herrn darum –, dass viele meiner katholischen Freundinnen sich wirklich bekehren. Hier gibt es nur eine einzige Pfarrei. Ich arbeite mit, soviel ich kann, obwohl es Rafa immer noch nicht gefällt. Ich

---

[29] Die Mitarbeiter sind Männer und Frauen, die bei den Initiativen mitwirken, die das Opus Dei ins Leben ruft. Es gibt gläubige und nicht gläubige Mitarbeiter. Unter den gläubigen finden sich Menschen verschiedenster Religionen und Konfessionen, Christen wie Nicht-Christen.

hätte mir nie vorgestellt, dass Gott mich darum bitten würde, in einem neuen Land die Grundsteine der Kirche zu legen; denn in Norwegen sind wir nur sehr wenige Katholiken und in Stavanger noch weniger.

Der heilige Josefmaria sagte, dass in der Zukunft viele Familien aus wirtschaftlichen, beruflichen oder anderen Gründen in ein neues Land gehen und so die Botschaft Christi in die ganze Welt bringen würden. Wie wunderbar! dachte ich, ohne mir vorstellen zu können, dass eines Tages wir eine dieser Familien sein würden."

RAFAEL: „Entschuldige, wenn ich wieder darauf zurückkomme, Liebling. Mir gefällt es, dass du in der Pfarrei mitarbeitest. Ich meine nur, dass es auch Frauen hier gibt, deren Kinder schon verheiratet sind und die nicht viel zu tun haben. Warum muss sich dann eine Mutter von zwölf Kindern darum kümmern, die Weihnachtsmesse vorzubereiten, mit dem Chor zu üben, Katechese zu geben und vieles andere mehr? Aber ich gebe immer nach, wenn sie mir sagt: ‚Rafa, ich möchte auch mal aus dem Haus rauskommen. Ich erhole mich dabei von den Kindern.' Wenn sie sich dabei entspannt, ist es ja gut … Aber ich weiß, dass sie es im Grunde tut, weil sie denkt, dass sie die ganze Bildung, die sie im Opus Dei bekommen hat, weitergeben muss. ‚Wem viel gegeben wurde, von dem wird auch viel verlangt werden.' Ich helfe ihr, soviel ich kann. Ich lade auch öfter mal meine Freunde mit ihren Frauen nach Hause ein, obwohl Yuse mit mir schimpft. Sie ist der Meinung, dass ich, wenn ich mit meinen Freunden zusammen bin, mich nicht beherrsche und zu viele grobe Ausdrücke benutze.

Wir singen und lachen zusammen, und wenn wir zusammen Spaß haben, dann ist es auch klar, dass wir sie mal zu Vorträgen über christliche Themen einladen können, damit sie Gott besser kennenlernen. Von Zeit zu Zeit laden wir auch einen Priester ein zu Themen über Glauben und Moral, über die sie nichts wissen, weil sie niemanden davon haben sprechen hören."

YUSE: „Manchmal bin ich versucht zu denken, dass es schon genügt, wenn ich mich um meine Kinder kümmere, aber im Grunde weiß ich, dass meine Berufung als christliche Familienmutter von mir verlangt, alle Menschen meines Umfelds zu Gott zu führen: Freundinnen, Nachbarinnen, Frauen von der Pfarrei, die Lehrerinnen meiner Kinder, die Postbotin, die Busfahrerin … Dafür hat Gott uns nach Norwegen kommen lassen: damit wir Kirche sind und dieser kleine Teil der Kirche, das Opus Dei.

Wir müssen uns der großen Herausforderung stellen, unsere Kinder zu erziehen, sie vor dem Bösen bewahren, ohne sie unter eine Glasglocke zu setzen, und sie lehren, das Gute zu tun, indem wir sie richtig bilden. Nicht nur, damit die Umwelt sie nicht mitreißt, sondern damit sie es sind, die den Ton angeben – wie die ersten Christen.

Ich bitte Gott um die Früchte, auch wenn ich sie nicht sehen kann. Auch das Öl sieht man nicht, das mühsam aus dem Inneren der Erde geholt wird. Ist es nicht so, Rafa?"[30]

---

[30] Niederschrift meiner Unterhaltung mit Rafa und Yuse in ihrem Haus in Stavanger, einer Stadt im Süden Norwegens.

26. DER FRIEDENSNOBELPREIS
Nicolai

Mit Lola und Nicolai spreche ich in einem Lokal in der Nähe des Osloer Rathauses, in dem jedes Jahr am 10. Dezember der Friedensnobelpreis verliehen wird. Nicolai, dem man ansieht, dass er Norweger ist, spricht ein perfektes Spanisch mit einem kleinen Madrider Akzent. Lola pflichtet häufig bei in dem Interview, in dem sie nur zwei Worte auf Englisch sagt, und manchmal muss sie laut lachen. Hin und wieder zeigt sie, dass sie überrascht ist. Dann bessert Nicolai nach, setzt ein anderes Wort ein ... und Lola lächelt wieder.

NICOLAI: „Wenn ich meinen Freunden erzähle, dass ich fünf Kinder habe und eine Frau, die Lola heißt, etikettieren sie mich sofort. Ich muss ein Typ sein (ob gläubig, Agnostiker oder Atheist, das ist egal; denn uns Norwegern ist die Religion nicht besonders wichtig), ein Typ, der total verliebt ist in eine Katholikin.

Sie haben Recht. Denn die meisten Lolas sind katholisch. Aber meine Freunde erraten nicht, woher sie kommt. Es gibt auf der ganzen Welt viele Lolas, die meisten aber sind in Spanien oder Amerika. Es gibt Lolas in Frankreich, in Italien, in Deutschland, Holland, Schweden und sogar im Vereinigten Königreich, wo es sehr exotisch klingt, wenn man seiner Tochter diesen Namen gibt. Wie nennt man das, Lola?"

LOLA: „Very cool."

NICOLAI: „Genau. Very cool. Als ich diese Dame heiratete, Dona Lola, war mir klar, was ich tat. Mir war bewusst, dass sie dafür beten würde, dass ich konvertiere. Das hat sie aber nicht erreicht. Sie meint, ich sei kein Atheist, sondern Agnostiker. Gut. Ich höre ihr zu, denn ich bin so ein seltsamer Vogel, ein Mann, der sogar seiner Frau zuhört! Als wir geheiratet haben, war ich einverstanden damit, dass sie unsere zukünftigen Kinder katholisch erziehen würde. Das tut sie jetzt und ich finde es gut so. Als wir geheiratet haben, wusste ich, dass wir sehr glücklich sein würden. Und das schaffen wir gemeinsam, trotz der Probleme, die wir haben, wie alle Ehepaare. Als ich geheiratet habe, hoffte ich, dass Dona Lola sich für das Meer und für Sport begeistern würde, aber das habe ich absolut nicht erreicht.

(Lola zieht eine Schnute.)

Na ja, zum Teil schon … Jetzt tut sie so, als liebe sie die Natur. Wir Norweger sind mitten im Wald glücklich, wenn wir frische Luft atmen und so zu dem Leben zurückkehren, das wir jahrhundertelang gelebt haben. Aber wenn sie ans Meer kommt oder an das Ufer eines Sees, dann setzt sie sich auf einen Metallstuhl, so als wollte sie sich an dieser Pfütze sonnen, die sie ‚Rio‘ Manzanares nennt …

Wenn es darum geht, Sport zu treiben, ist sie bei Weitem nicht so diszipliniert wie sonntags, wenn es um die Messe geht. ‚Wir kommen zu spät, wir kommen zu spät!‘ Und wenn wir eine Runde mit den Rädern drehen wollen, dann hat sie gar keine Lust dazu. Neulich habe ich ihr ein englisches Buch geschenkt, mit ungefähr dem Titel: ‚Wenn man mit einer Katholikin verheiratet ist‘. Es ist ein humorvolles Buch, das einige Situationen treffend wiedergibt. Du stehst zum Beispiel

sonntags auf und sagst: ‚Endlich! Heute fahre ich angeln!‘
Und deine katholische Partnerin flüstert dir ins Ohr: ‚Liebs-
ter, lass uns ein Stündchen später fahren. Die Kinder und ich
wollen zur Messe gehen.‘ Der Liebste fährt also eine Stunde
später ab, und als er zu seinem Angelplatz kommt, ist dieser
– wie befürchtet – von einem Angler in Beschlag genommen,
der wohl Atheist sein muss und verheiratet mit einer Dame,
die ebenso atheistisch ist wie er …

Aber Spaß beiseite, das Einzige, wobei es uns schwerfällt,
uns zu einigen, ist der Plan für die Sommerferien. Ich arbeite als Berater und bin spezialisiert auf komplexe Organisatio-
nen. Ferien mit Kindern – das ist fürwahr eine komplexe Organisation! Über Glaubensfragen diskutieren wir nicht und
noch weniger vor ihnen. Unser Motto lautet: einander respektieren und miteinander sprechen. Viel sprechen und sofort.
Und den schwierigen Themen muss man die Zeit widmen,
die nötig ist. Das Geheimnis heißt: einander lieben, sich mit
Respekt behandeln, dem anderen zuhören und versuchen,
sich in ihn hineinzuversetzen. Und manchmal muss man um
Verzeihung bitten.

Das tun wir nicht immer, aber wir versuchen es wenigstens. Und wenn sie mir sagt, dass sie bestimmte Dinge tut
oder nicht tut, weil sie katholisch ist, dann antworte ich ihr
oft, dass viele dieser Dinge universal sind, sie gehören zum
Menschsein, und dass auch Atheisten Grundsätze haben. Ich
weiß schon: Die Katholiken haben einige besondere Dinge
wie die Sakramente. Aber ansonsten sind Lola und ich uns in
allem einig – trotz unserer unterschiedlichen Vorlieben und
Denkweisen. Mir ist wichtig, dass meine Kinder …

(Lola zieht wieder eine Schnute.)

Pardon, dass unsere Kinder integre Personen werden. Dass sie aus einem Guss sind, wie Lola es nennt, und dass sie ihrem Denken entsprechend handeln und nicht umgekehrt. So nenne ich es. Es ist nicht leicht, sie hier in Norwegen so zu erziehen, denn es ist wahrscheinlich das reichste Land der Welt.

Mit achtzehn Jahren hat jedes norwegische Mädchen und jeder Junge ein Recht darauf, dass Vater Staat ihnen eine Wohnung bezahlt und ein Stipendium gibt, das ihnen ermöglicht, unabhängig zu leben – in einem Alter, in dem sie noch nicht reif genug dafür sind. Dann ziehen sie mit ihrem Freund oder ihrer Freundin zusammen und bei der ersten Schwierigkeit trennen sie sich, weil sie nichts aushalten können. Sie sind nicht bereit, Opfer für den anderen zu bringen, und können zu sich selbst nicht ‚Nein‘ sagen.

Da wir im Land nur wenige sind und viel Erdöl haben, können wir hohe Sozialleistungen abgeben und haben einen hohen Lebensstandard. Das hat dann zur Folge, dass ein junger Norweger, wenn er drei oder vier freie Tage hat, sich ins Flugzeug setzt und das Wochenende in New York oder auf einem Atoll im Pazifik verbringt, anstatt wie viele andere Jugendliche auf der Welt mit Freunden in die Berge oder an den Strand zu fahren. Und wenn er zum Skilaufen fährt, dann nicht in Norwegen, wo wir Schnee genug haben, nein, er muss zum Mont Tremblant nach Kanada fliegen oder nach Aspen Snowmass in Colorado …

In Hinblick auf diese Situation haben Lola und ich ein paar Maßnahmen ergriffen. Ob sie helfen oder nicht – es sind jedenfalls unsere eigenen. Wir wollen unsere Kinder in den Werten erziehen, von denen Lola sagt, dass es zugleich menschliche und christliche Werte sind. Ich nenne sie menschlich und das genügt. ‚Im Grunde meinen wir dasselbe‘, sagt sie. ‚Na prima‘, sage ich und deshalb wenden wir diese Maßnahmen an. Wir diskutieren wenig. Man könnte uns glatt den Friedensnobelpreis geben!

Und das sind unsere Maßnahmen, jetzt halt dich fest: Unsere kleinen Kinder haben kein Handy. Sie sind die Einzigen in ihren Klassen, die keins haben, aber das ist uns völlig schnuppe. Und das wissen sie auch. Wenn es ein Problem gibt, finden sie immer ein Telefon in ihrer Nähe; denn ihre Freunde – von sechs, sieben oder acht Jahren – haben nicht nur ein Handy, sondern ihre Eltern kaufen ihnen das neueste Modell, sobald es da ist.

Wir sehen auch nicht fern. ‚Manchmal gibt es sehr interessante Sendungen‘, hört man. Das stimmt sicher – aber eben nur ‚manchmal‘. Wir stellen das Fernsehen selten an und stattdessen tun wir etwas anderes, sehr Wichtiges, das bei eingeschaltetem Fernseher nicht geht: Wir reden miteinander. ‚Unser Gerät ist kaputt‘, sagte neulich einer unserer Kleinen einem Freund, als dieser ihn fragte, warum es nicht laufe. Uns ist es lieber, dass das Fernsehen weiterhin kaputt ist, als dass es die Kinder kaputt macht.

Unsere älteren Kinder teilen sich ein Zimmer. Zwei Kinder wohnen zusammen, wenn nötig, auch drei. Auch das gibt es in ihren Klassen sonst nicht. Ihre Schulfreunde haben meist jeder zwei Räume zur Verfügung: einen mit Bett, dem Tisch mit Computer, Bücherregal, Musik-CDs, Videospielen, Kopfhörern und tausend Dummheiten in verschiedenen Farben und Formen. In dem anderen Zimmer ist alles mögliche Sportzeug. Und da diese Jugendlichen viele Sportarten ausüben, brauchen sie Schuhe, Bälle, Mützen, Helme,

Leggings, Sweatshirts, spezielle Handschuhe, Baseball-Schlä-
ger ... Soll ich noch mehr aufzählen? Pfeile, Bögen, Zielschei-
ben und natürlich einen Tischtennistisch. Und dabei habe ich
noch nichts gesagt über Kanus, Fahrräder, Skier, Surfbretter,
Zelte, die in der Garage stehen.

Ist das nicht verrückt? Ich bin Marketing-Experte und
mein Job heißt: verkaufen. Ich bin sehr sportlich und gehe
gerne mit meinen Kindern segeln. Aber ich erlebe, dass manche Eltern ihren Kindern so vieles kaufen, dass sie und die
Kinder das richtige Maß verlieren. Einer meiner Freunde
schämte sich vor Kurzem, weil er zu Hause nicht – wie alle
anderen – eine Bar mit allen möglichen Getränken hat, wenn
seine Freunde ihn besuchen.

Neulich hatten wir eine Feier in dem Unternehmen, in
dem ich zusammen mit mehr als zweihundert Leuten arbeite.
Ein Mitarbeiter fragte: ‚Wer von euch hat zwei Kinder?‘ Es waren nur wenige, die sich meldeten, und noch weniger hatten
drei oder vier Kinder. Schließlich fragte er, in der Meinung,
dass sich niemand mehr melden würde: ‚Und fünf?‘ Eine Kol-
legin und ich hoben die Hand. ‚Das sind sicher Katholiken‘,
flüsterte man um uns herum.

Vorhin habe ich von dem Etikett gesprochen, das meine
Kollegen mir aufkleben, wenn ich ihnen sage, dass ich fünf
Kinder habe und meine Frau Lola heißt. Ich habe dir aber
noch nicht verraten, was sie mich danach noch fragen: ‚Aber
die Kinder sind nicht alle von derselben – oder?‘

Nein, ich bin nicht gläubig, sondern ungläubig oder Ag-
nostiker, wie Lola sagt, aber ich denke, dass wir sowohl als
Gläubige wie als Ungläubige unsere Denkweise in vielerlei
Hinsicht ändern müssen. Beispielsweise in Hinblick auf die

Erziehung der Kinder. In Norwegen geht es uns wirtschaftlich gut, aber die Atmosphäre am Arbeitsplatz ist vom Wettbewerb geprägt und bedeutet immer eine Herausforderung. Wir waren ein Seevolk, das jahrhundertelang durch große Anstrengung, Nüchternheit und Opfergeist überlebt hat. Das sind Haltungen, die sich nicht so leicht improvisieren lassen. Und das Leben kann sich sehr schnell ändern. Vor vier Jahren war ich von einem Tag auf den anderen plötzlich arbeitslos, da die Firma, die supersolide schien, Bankrott machte. So ist es Millionen von Menschen auf der ganzen Welt ergangen. Ich habe – wie andere auch – sehr hart arbeiten müssen, um wieder hochzukommen.

Das sind die Werte, die ich meinen Kindern vermitteln möchte, damit sie nicht denken, nur wenn sie Haus, Privatflugzeug und eine Yacht haben, könnten sie glücklich sein. Manch einer verwechselt Glück mit Komfort. Das erklärt, warum viele Norweger sich wundern, wenn sie in andere Länder reisen, mit welcher Freude viele Arme leben, einer Freude, die ihnen häufig fehlt, obgleich sie alles haben."

DÄNEMARK

Lasst uns die Lilien und die Vögel betrachten,
Meister der Freude! Ich nenne sie „fröhliche Meister",
denn die Freude ist kommunikativ.
Der Meister der Freude braucht nur eines zu tun:
froh sein, die Freude selbst sein; denn nur wer mit
Freude lebt, kann Freude mitteilen.

Sören Kierkegaard,
Die Lilien des Feldes und die Vögel des Himmels

27. VOM KÖNIGSHAUS ZUM SCHWARZEN VIERTEL

Ole und Kirsten Dam

Ole Dam lächelt durch seine runden Brillengläser mit Gold-rand. Er spricht engagiert und entschieden. Niemand würde denken, dass er schon über achtzig Jahre alt ist. Er sitzt in einem Sessel im Wohnzimmer seines Hauses, umgeben von Büchern und Gegenständen, die Familienerinnerungen sind. Mariano Cardiello übersetzt unser Gespräch, das teils auf Dänisch, teils auf Französisch oder Spanisch verläuft mit italienischen Ein-schüben. Kirsten, Dams Frau, serviert uns Kaffee und Gebäck.

OLE: „Ich war mein Leben lang Direktor zweier Privatschu-len und Lehrer für Physik, Mathematik und Chemie von Schülern aller Art. Eine Zeit lang arbeitete ich in einer sehr prestigeträchtigen Schule, auf die auch die jüngste Toch-ter des Königs ging, die zukünftige Königin Ana Maria von Griechenland. Ich unterrichtete auch in einer anderen Schule Kinder aus armen Familien, unter ihnen Kinder von Außen-seitern und Prostituierten des ‚schwarzen Viertels‘ von Ko-penhagen. Und einige Zeit haben wir auch in Grönland ge-lebt – erinnerst du dich, Kirsten? –, wo ich als Lehrer tätig war. Dort lernten wir Paul Marx kennen, einen Missionar, der noch nicht lange dort war. Kennst du ihn? Er hat eine sehr in-teressante Geschichte.“

KIRSTEN: ‚Ja *(sagt sie, während sie uns den Kaffee serviert).* Wir waren sehr wenige Katholiken.“

OLE: „Aber das ist schon viele Jahre her. Danach waren wir noch an verschiedenen Orten … Aber du wolltest ja, dass ich von mir erzähle. Also gut. Ich wurde hier geboren, in Kopenhagen, am 3. Januar 1931, in einer protestantischen Familie. Mein Vater gehörte zum Kirchenrat. Als ich 22 Jahre alt war, 1953, sagte ich ihm, dass ich katholisch werden wollte. ‚Was? Du willst den Glauben deiner Eltern aufgeben?‘, fragte er mich.

Der Glaube meiner Eltern bedeutet mir nicht viel, antwortete ich ihm. Immer, wenn ich mich daran erinnere, bereue ich meine Worte, obgleich ich damals ehrlich so dachte. Aber es ist nicht wahr.

Wenn man jung ist, sieht man alles in Schwarz oder Weiß, ohne Zwischentöne. Es stimmte so nicht. Der Protestantismus hatte mir sehr viel gegeben: Christus, den Glauben, Kenntnisse in Heiliger Schrift, einige Sakramente, die christliche Erziehung, die Grundlage meines Lebens gewesen ist … Aber – Kirsten, wo bist du?“

KIRSTEN: „Hier *(ruft sie und kommt mit einem Tablett Gläser aus der Küche).* Vielleicht möchtet ihr gerne ein bisschen Likör … Worüber sprecht ihr?“

OLE: „Über das Jahr 1953.“

KIRSTEN: „Das war ein Jahr, bevor wir uns kennenlernten. Ole und ich haben uns 54 auf einer Reise nach Lourdes kennengelernt. Es war eine Pilgerfahrt mit Rucksack, wie die jungen Leute es heute machen. Damals gab es das kaum. Ich war erst seit einigen Jahren katholisch, und es gab Leute, die meinten, ich hätte eine Berufung zum Kloster, zum Karmel, konkret. Ich schätzte den Karmel, aber ich wusste nicht, ob das der Wille Gottes für mich war, und dachte: Ich werde die Muttergottes danach fragen.

Am ersten Reisetag kamen wir in eine deutsche Stadt. Als wir unsere schweren Rucksäcke an einem Platz auf den Boden legten, kam eine Frau vorbei, die fragte: ‚Seid ihr Freund und Freundin?' ‚Nein!' gab ich zurück. ‚Wir haben uns eben erst kennengelernt!' ‚Macht nichts‚ antwortete sie im Brustton der Überzeugung, ‚bald werdet ihr es sein, ihr passt sehr gut zusammen. Das sieht man!' Und sie ging einfach weiter. Ole und ich lachten und vergaßen sie ..., bis wir zwei Jahre später, 1956, heirateten."

OLE: „Und 1958 kam unser erster Sohn zur Welt. Wir haben vier Kinder, die uns neun Enkel und einen Urenkel geschenkt haben. Und wir sind sehr glücklich, obgleich wir beide wie Tag und Nacht sind. Ich bin genau, konkret, stehe mit beiden Füßen fest auf dem Boden, und Kirsten – sage ich immer – lebt in einer anderen Welt, in der der großen Ideale und hohen Werte!"

KIRSTEN *(lachend):* „Möchtet ihr noch etwas? Ich hole ..."

OLE: „Nein. Bleib bitte hier bei uns, sonst verliere ich den Faden. Was wollte ich sagen? Ja, genau. Weil ich die Füße gerne fest auf dem Boden habe, bin ich mir voll bewusst, dass der Heilige Geist uns geführt hat in diesen schwierigen Zeiten seit den 60er-Jahren bis heute. Es gab so viel Untreue, so viel Verwirrung und Verrat in- und außerhalb der Kirche. Die Krise der Familie hat dazu geführt, Gott zu vergessen. Wir haben alleine kämpfen müssen. In Grönland waren wir physisch allein, als wir aber nach Dänemark zurückkamen, waren wir geistlich allein. Das tat sehr weh. Es gab nur ganz wenige, die bereit waren, den Lehren der Kirche und des Papstes zu folgen.

Wir segeln beide gerne. Anfangs konnte Kirsten nicht einmal eine Boje setzen, aber sie lernte ganz schnell. Immer, wenn wir konnten, fuhren wir hinaus auf die offene See, wo man kein Ufer mehr sieht, nur noch Wasser überall. Ab und zu kamen wir in ein Gewitter. Hier, auf dem festen Boden, haben wir fast immer im Sturm gelebt, bei aufgewühlter See. Uns hat niemand beraten, nur der Heilige Geist hat uns geführt und erleuchtet. Was nicht heißt, dass ich Ihm immer gefolgt wäre oder ihn verstanden hätte. Manchmal verwirrt er mich. Ich hatte meine Kämpfe mit Ihm … *(an seine Frau gewandt):* Kirsten, wenn wir nicht den Heiligen Geist gehabt hätten – wo wären wir beide dann jetzt?"

KIRSTEN: „In den Jahren 1950 bis 1970 herrschte nicht nur eine große Glaubenslosigkeit, aufgrund derer viele die Kirche verließen, sondern es gab zudem schlimme Vorurteile gegen die Katholiken. Meine Eltern zum Beispiel widersetzten sich stark meiner Entscheidung, katholisch zu werden. Ebenso einer meiner Brüder, der Marxist war. Heutzutage hat man den Eindruck, dass es den Leuten nicht mehr wichtig ist, so als wollten sie sagen: ‚Wenn du glauben willst, dann glaub doch …, solange du mich in Ruhe lässt.'"

OLE: „Zu der Zeit, in der ich zwei katholische Schulen leitete, kamen Mütter, die sich dagegen wehrten, dass ihr Kind in der Klasse zurechtgewiesen worden war oder ähnlicher Dinge wegen. Und manchmal sagte eine von ihnen: ‚Ich verstehe nicht, wie das in einer katholischen Schule passieren kann.'

Anfangs, als ich noch recht jung war, schwieg ich dazu. Jahre später fragte ich sie (du hast bestimmt mitbekommen, dass wir Dänen sehr direkt sind im Umgang): ‚Aber Karin oder Anne, Brigitte (oder wie sie hieß), was weißt du denn vom Christentum?'

Normalerweise wussten sie gar nichts außer drei oder vier bösen Witzen über den Papst."

KIRSTEN: „Jetzt ist es so bei unseren Enkeln. Sie mussten nicht kämpfen wie wir, sondern sie haben die Gabe des Glaubens bekommen wie jemand, der ein altes Bild von seinem Urgroßvater erbt. Daher schätzen sie sie nicht. Sie wissen nicht, wie viel Gebet, wie viel Suchen, wie viel Leiden auch manchmal hinter einer inneren Wandlung stecken. Sie sind schwach, weil sie nicht kämpfen mussten; Kämpfen stärkt die Persönlichkeit. Wir mussten uns mit vielem auseinandersetzen, mit vielen schwierigen Fragen, ohne Hilfen zu haben … Wir hatten nur die Lehren des Papstes."

OLE: „Als *Humanae Vitae* herauskam, fragten mich manche Leute: ‚Wo steht das in der Heiligen Schrift?' Einige von ihnen lachten darüber, andere waren empört … Aber Paul VI. dachte an die jungen Menschen von heute, die am meisten unter den Konsequenzen gelitten haben. Es sind die Kinder der Generation, die nicht hören wollte und sich abwandte. ‚Das ist unwichtig', sagten sie mir und ich dachte an jenen unwichtigen Nagel, wegen dem das Pferd das Hufeisen verlor, weswegen der Reiter stürzte und ihm die Botschaft entglitt, die den Verlust der Schlacht zur Folge hatte ... Aber der Krieg ist noch nicht verloren, wir kämpfen weiter."

KIRSTEN: „Mit jungen Leuten muss man positiv und ernst über Fragen des Lebens und moralische Themen sprechen, mit Klarheit, ohne Naivität. Ich habe mit meinen Töchtern und meinen Enkelinnen geredet. Das muss man zu Hause tun, klug und im richtigen Augenblick.

Ich erinnere mich noch, dass eine meiner Töchter nach einer Fahrt, die nach dem ersten Studienjahr stattgefunden hatte, sehr geschockt zu mir kam. Sie berichtete, dass alle ihre Studienkolleginnen außer ihr während dieser Tage sexuelle Beziehungen hatten und sie sich wie ein komischer Vogel vorkam, was in diesem Alter schwer zu verkraften ist. Ich sagte ihr, dass wir als Christen stark sein und lernen müssen, gegen den Strom zu schwimmen, ohne uns einschüchtern zu lassen; denn ihre Freundinnen sagten: ,Es passiert doch nichts.' Doch, es passiert etwas."

OLE: „Jeder erntet, was er gesät hat, sage ich meinen Enkeln immer und die Konsequenzen muss man selbst tragen. Ihre Kumpels versuchen, sich herauszureden: ,Ich bin nicht verantwortlich dafür. Ich riet ihr, abzutreiben, aber sie wollte nicht. Wir sehen uns jetzt nicht mehr. Wenn sie das Kind haben will, soll sie es bekommen, aber mich in Ruhe lassen. Es ist ihre Entscheidung.'"

KIRSTEN: „Diese Einstellung ist in Dänemark weit verbreitet. Wenn ein Priester oder ein Pastor uns Orientierung zu geben versucht, haben wir die Tendenz zu denken: Okay, und jetzt entscheide ich selbst."

OLE: „Natürlich entscheidet jeder für sich, frei und verantwortlich, besonders wenn der Rat von jemandem kommt, der schlecht informiert ist, das darf uns aber nicht dazu führen, den Glauben dem Geschmack eines jeden anzupassen. Die Wahrheit ist nur eine. Man kann nicht eine Sache behaupten und gleichzeitig ihr Gegenteil. Manche nennen sich sowohl Protestanten als auch Agnostiker, andere sagen: ‚Ich bin katholisch, aber in diesem und jenem Punkt folge ich dem Papst nicht.‘ Wenn ich mit den Eltern meiner Schüler sprach, blieb mir manchmal nichts anderes übrig, als ihnen zu sagen: ‚Aber du bist doch Christ. Was du da sagst, widerspricht dem Christentum.‘

‚Nicht schlimm!‘, antworteten sie, ‚das ist mein Christentum!‘

(Er schweigt einen Moment lang und denkt nach.)

Von daher müssen die ökumenischen Begegnungen, die so wichtig sind, in einem Land wie dem unseren mit viel Klugheit durchgeführt werden; denn die Theologen kennen die Glaubenswahrheiten, die Gläubigen aber kennen sie nicht. Und der allgemeine Trend, sowohl vonseiten der Katholiken wie der Protestanten ist es, etwas von hier und von da zu nehmen – wie an einem Buffet –, um schließlich weder als Katholiken noch als Protestanten zu leben, ja, nicht einmal mehr als Christen.

Nein. Die Ökumene, die wir anstreben, ob als Katholiken oder als Protestanten, besteht nicht darin, herauszupicken, was uns in jeder Kirche gefühlsmäßig am meisten anspricht.

Wir wollen vielmehr gemeinsam nach dem suchen, was der Herr will, und den Heiligen Geist bitten, dass er bewirkt, was nur Er bewirken kann. Mit rein menschlichen Mitteln können wir die Einheit nicht erreichen. Sie ist Gabe des Geistes.

Währenddessen müssen wir weiter an dem arbeiten, was Benedikt XVI. geistliche Ökumene nannte: Gebet, innere Bekehrung und Heiligkeit des Lebens, die das Herz der ökumenischen Bewegung sind.

Ich liebe die Protestanten sehr, denn ich stamme ja aus einer lutherischen Familie und verstehe den Überschwang der Gefühle, der die Wahrheit gerne beiseitelässt. Ich erlebe, dass es Christen gibt – Katholiken wie Protestanten –, die sich sorglos dem Sex hingeben, untreu in der Ehe sind ... Und dann behaupten sie, dies sei die Form des Christentums im 21. Jahrhundert! Sie sind keine schlechten Menschen, nur haben sie nicht genug christliche Bildung bekommen. Zuneigung, Nächstenliebe und gegenseitiger Respekt werden uns Protestanten und Katholiken voranbringen in dem beglückenden Bewusstsein, alle Christen zu sein.

Sicherlich haben wir dänischen Christen Probleme, die aus unserer Geschichte herrühren. Aber darüber müsstest du mit einem Experten reden. Ich bin überzeugt davon, dass dieser Sturm früher oder später nachlassen wird, unter anderem infolge einer Wiederbelebung der Familie. Wie das geschehen wird, weiß ich nicht. Aber es wird so sein, da bin ich mir sicher. Warum ich das sage? Weil ich an den Heiligen Geist glaube!"

KIRSTEN: „Noch ein bisschen Kaffee?"

28. EIN MÄRCHEN VON ANDERSEN

Sebastian Olden-Jörgensen

„Ich bin nur scheinbar tot."

Hans Christian Andersen

*Erik, mein junger Übersetzer, ist der Älteste von neun Brüdern –
was in Dänemark nicht allzu häufig ist –, er studiert Unterneh-
mensberatung in Odense. Er fährt mich in seinem Wagen nach
Valby, einem Dorf von Helsinge, im Norden der Insel von Se-
landia, wo Sebastian Olden-Jörgensen mit seiner Frau Charlotte, seinen sechs Kindern und dem Schwiegervater Sven wohnt.*

*Charlotte, die Mutter der vielköpfigen Familie, ist außerdem
Bienenzüchterin. An den Etiketten der Gläser auf den Regalen
habe ich entdeckt, dass sie hier, in diesen Breiten, schon im August Honig geschleudert hat. Abends, wenn sie das alltägliche
Wunder vollbracht hat, die Kleinen ins Bett und zum Schlafen
zu bringen, verwandelt sie sich außerdem in eine wunderbare
Übersetzerin aus dem Deutschen.*

*Sebastian ist Professor für Geschichte an der Universität von
Kopenhagen, spezialisiert auf das 17. Jahrhundert. In einem
seiner letzten veröffentlichten Bücher hat er die Einnahme der
dänischen Hauptstadt im Jahr 1659 analysiert. Während unseres Gesprächs im Garten seines Hauses gehen wir noch ein
Jahrhundert weiter zurück, um uns so die Geschichte der katholischen Kirche in Dänemark nach der Reformation vor Augen zu führen.*

„Das Jahr 1536 war entscheidend für die Geschichte der Kirche in Dänemark. Christian III., König von Dänemark und Norwegen, führte nach einem furchtbaren Bürgerkrieg und einem bedrückenden Sieg die lutherische Reformation ein. Wie immer diktierte der Sieger die neuen Richtlinien.

Hast du *Die alte Laterne* gelesen? Das ist ein Märchen von Andersen, der, wie du weißt, eine ziemlich ausgefallene Persönlichkeit hatte mit neurotischen Zügen und einer Tendenz zum Hypochonder. Auf seinen Nachttisch legte er manchmal einen Brief, der mit den Worten begann: ‚Ich bin nur scheinbar tot.‘ Auch wenn das Märchen von der Laterne – einer alten Laterne, die schließlich auf dem Schrott landet und, als sie neu gegossen ist, in Form einer Lampe den Schreibtisch eines Dichters erleuchtet – nicht so bekannt ist wie *Die kleine Meerjungfrau*, *Das hässliche kleine Entlein* oder *Des Kaisers neue Kleider*, ist es dennoch sehr interessant. Die katholische Kirche im Dänemark des 16. Jahrhunderts schien eine tote Religion zu sein, eine unnütze Laterne, für den Schrott bestimmt.

Bischöfe wurden eingekerkert, Mönche standen vor der Entscheidung, entweder ihren Orden zu verlassen oder ihr Land. Der König machte bei den Benediktinern eine Ausnahme. Sie konnten bleiben unter der ausdrücklichen Bedingung, niemanden neu aufzunehmen. Nach einer Generation waren sie ausgestorben.

Außerdem bemächtigte sich der König der Kirchengüter und seine alles umfassende Macht erlaubte ihm eine langsame, schrittweise Veränderung. Er ließ die Bilder aus den Gotteshäusern entfernen und die katholischen Priester durch lutherische ersetzen. Die Grenzen unterlagen einer eisernen Kontrolle, durch die eine Einwanderung von Missionaren verhindert wurde. Ausländer mussten ihm als dem Oberhaupt der Kirche Gehorsam schwören. Er forderte absolute Unterwerfung. Auf Dauer gab es niemanden, der rebelliert oder versucht hätte, seinen Glauben im Geheimen zu praktizieren.

Die nachfolgenden Könige wendeten diese Gesetze ebenso radikal an, bis sie sich 1640 für katholische Botschafter aus Ländern wie Österreich, Frankreich oder Spanien zu Ausnahmen gezwungen sahen, und erlaubten, dass diese ihre Kapläne mitbrachten, die in den Privatkapellen der Botschaften Messe lesen durften. Den Dänen war es natürlich verboten, daran teilzunehmen. Dennoch gab es einige, die es heimlich taten.

In dieser Epoche lebte ein sehr berühmter Mann in Dänemark: Niel Steensen, bekannt auch unter dem Namen Nicolaus Steno. Er ist 1638 in Kopenhagen geboren und war Sohn eines lutherischen Pastors. Er wurde ein großer Fachmann der Anatomie. Außerdem wird er als Vater der Geologie betrachtet. Er machte zahlreiche wissenschaftliche Entdeckungen, zum Beispiel entdeckte er die Ohrspeicheldrüse. Er wurde 1669 katholisch und empfing 1675 mit 37 Jahren in Florenz die Priesterweihe. Schon 1677 weihte ihn der heilige Gregorius Barbarigo zum Bischof. Er ist eine der großen Gestalten der Gegenreformation. Intensiv arbeitete er an der Einheit der Christen und setzte alle Kräfte für die Evangelisierung des heutigen Norddeutschland ein bis zu seinem Tod 1686. Er wurde von Johannes Paul II. 1988 in Rom seliggesprochen.

Indessen dauerte die Hegemonie des Protestantismus im 18. Jahrhundert in Dänemark an. In der zweiten Hälfte des

19. Jahrhunderts wurde sie etwas abgeschwächt, als 1848 eine Verfassung herausgegeben wurde, die erstmals seit der Reformation die freie Religionsausübung des Katholizismus im Land erlaubte. Dieses Gesetz fand allerdings erst 18 Jahre später Anwendung. Ab 1866 wurden diejenigen, die katholisch wurden, nicht mehr bestraft. Damals gab es etwa zweitausend Katholiken.

Von da an wuchs der Katholizismus, der nur scheinbar tot war, langsam, ohne deshalb die Gettomentalität einer verfolgten Minderheit zu verlieren. 1920 hatten sich die Katholiken verzehnfacht. In Kopenhagen waren es 20 000 Gläubige. Außer der Kirche gab es eine Schule und ein Krankenhaus, von ihnen gegründet und geleitet. Viele von ihnen kamen aus dem Ausland. Einen hohen Anteil an dieser Entwicklung hatten Missionare, meist Jesuiten, die gekommen waren, wie die Schwestern des heiligen Josef oder die Kongregation von Chambéry, die zehn Prozent dänische Schwestern hatte.

Es dauerte noch bis 1953, bevor es nach der Reformation den ersten dänischen Bischof gab. Er hieß Theodor Suhr. Zehn Jahre später stellte sich infolge des 2. Vatikanischen Konzils eine kulturelle und kirchliche Krise ein, die unter den dänischen Katholiken stark spürbar war.

Heutzutage sind wir immer noch wenige. Wir brauchen eine Neu-Evangelisierung, die den vollen Sinn des Katholischseins auffrischt und eine Einheit im Glauben, die Ergebnis einer tiefgreifenden Katechese in allen Schichten ist. Die Zukunft der Kirche in diesem Land hängt in hohem Maß von der Wiederbelebung des sakramentalen und liturgischen Lebens ab sowie von der Wiederentdeckung der Dimension der Nächstenliebe, die der christliche Glaube hat. ,Wenn in deinem Inneren kein Licht entzündet wird', schreibt Andersen in seinem Märchen von der Laterne –, ‚kannst du kein Licht ausstrahlen.'

Wie die Laterne in der Geschichte Andersens hat die katholische Kirche in Dänemark ihr Aussehen verändert. Sie ist zu einer modernen Leuchte geworden. Ich vertraue darauf, dass ihr Licht weiterhin das Leben vieler Menschen erleuchtet – wie der Dichter im Märchen. Aber wenn wir unseren Mitmenschen weiterhin Licht und Hoffnung schenken wollen, dann müssen wir dänischen Katholiken uns ändern und eine kleinliche, etwas nationalistische Denkweise aufgeben, die aus unserer Geschichte resultiert, und den universellen Geist annehmen, der dem Katholizismus eigen ist.

Außerdem müssen wir die missionarische Berufung wiederentdecken, die wir in der Taufe empfangen haben; denn uns allen, ohne Ausnahme, kommt es zu, mit Worten und mit unserem Leben Zeugen des Evangeliums zu sein, indem wir der Welt die Schönheit der christlichen Familie zeigen.

Ich habe das Glück, eine große Familie zu haben, von denen es in Dänemark nur wenige gibt. Aber Gott sei Dank fehlen uns die ermutigenden Beispiele nicht – wie die Familie von Erik.

‚Welcher Erik?' – fragt Erik.

Welcher Erik wohl? Dein Vater!"

29. WENN DU WÜSSTEST
Eric Maillet

„Mein Sohn Eric hat mir von deinem Interview mit Sebastian berichtet. Er ist echter Däne, ich hingegen habe vielerlei Wurzeln. Mein Vater war Franzose, meine Mutter Norwegerin und Marta, meine Frau, ist Spanierin, auch wenn sie nicht so aussieht. Ich habe sie 1968 in England kennengelernt, während unseres Studiums in Hastings. Als ich sie zum ersten Mal gesehen habe, fragte ich mich, wo jene nordische Schönheit wohl herkomme, aus Litauen, Finnland, Russland vielleicht … Und als sie zu sprechen anfing, dachte ich an den Topos der schwarzen Carmen von Mérimée.

Während unserer vier Jahre Verlobungszeit bin ich katholisch geworden. Wir haben lange im Ausland gewohnt und sind dann hierhin gekommen. Manchmal begegne ich alten Freunden, die mir von den Schwierigkeiten erzählen, die sie bei der Erziehung ihrer Kinder in Spanien oder Italien haben, und ich denke bei mir: Wenn du wüsstest!"

„Wenn du was wüsstest…?", frage ich.

„Wenn sie zum Beispiel wüssten, was für ein Geschenk es ist, eine Kirche in weniger als einer halben Autostunde Entfernung zu haben! Dieses Geschenk haben wir hier in Dänemark meist nicht. Wie schwierig ist es für uns auch, einen Priester zu finden, bei dem man beichten kann oder gläubige Freunde, mit denen man reden kann, weil man auf einer Wellenlänge ist!

Wir selbst sind jahrelang in den Genuss dieser Geschenke gekommen, wissen sie aber erst jetzt in Dänemark so richtig

zu schätzen, da wir hier zur Minderheit der Katholiken gehören. Marta und ich sind vom Opus Dei, ich bin der erste verheiratete Däne des Opus Dei. Die Botschaft des heiligen Josefmaria hilft uns sehr in unserem Leben als Christen.

Um die Bildungsmittel bekommen zu können, muss ich
derzeit in ein anderes Land fahren. Das nächste Zentrum findet sich im schwedischen Malmö, am anderen Ufer des Meeres. Diese Bildung hilft mir, meine Beziehung zu Gott zu vertiefen, ihn in meiner täglichen Arbeit zu finden und Haltungen
wie Gerechtigkeit, Solidarität und Ehrlichkeit gegenüber anderen besser leben zu können, ebenso wie meine Berufung als
Familienvater. Ich arbeite im Bereich Unternehmen und Mar-
keting. Eine Zeit lang war ich Manager bei einer internationalen Firma, verantwortlich für die südeuropäischen Märkte.
Später kümmerte ich mich um Projektentwicklung und Ver-
bündungsstrategien. Danach war ich Direktor für den Verkauf und inzwischen habe ich mein eigenes Unternehmen.

In solchen Führungsposten unterliegt man schnell der Gefahr zu vergessen, dass es Zeiten gibt, in denen wir nicht ins
Büro oder zu einem Arbeitsessen gehen, sondern zu Hause
sein sollten. Diese unheimlich dringende Angelegenheit kann
und muss dann eben warten. Es ist nicht leicht, die Arbeit liegen *zu lassen*, besonders wenn man sich geschäftlich in einer
Krise befindet, wenn die familiären Ausgaben größer werden
und die Geschäftswelt von dir einen immer höheren Einsatz
fordert. Das ist nicht leicht, aber man muss die richtigen Pri-
oritäten setzen. Dazu hilft mir das Opus Dei. Mein wichtigs-
tes Geschäft ist meine Frau und meine neun Kinder, meine
Familie. Ich habe feststellen können, dass es sich oft lohnt,
etwas weniger Geld zu verdienen und einem Sohn nicht die

Sportschuhe kaufen zu können, von denen er träumt, dafür aber rechtzeitig an Ort und Stelle zu sein, um ihm zu helfen bei dem Problem, das er hier und heute hat. Das ist so wichtig! Morgen kann es dafür zu spät sein. Die Schuhe können warten, das Problem nicht. Wenn du nicht zu Hause bist und nicht siehst, was für ein Gesicht er macht, weißt du nicht, was los ist.

Nur wenn du dich bemühst, nach dem zu leben, woran du glaubst, kannst du deinen Kindern den Glauben und christliche Werte vermitteln; denn sie trauen mehr dem, was du tust, als dem, was du sagst. Wenn sie sehen, dass du dich bemühst zu lächeln, auch wenn du keine große Lust dazu hast, und deine Arbeit gut zu machen, die Leute gerecht zu behandeln, die von dir abhängig sind, dann ist das für sie ein Anstoß, dasselbe zu tun, selbst wenn du deine Vorsätze nicht immer so ganz einhältst. Unsere Fehler und Schwächen sind nicht so entscheidend. Außerdem kannst du dich gegebenenfalls bei ihnen entschuldigen. Du sagst: ‚Verzeih mir, ich hätte nicht in diesem Ton mit dir reden sollen‘ oder ‚Da habe ich mich geirrt.‘ Das verstehen sie gut. Mehr noch, es zeigt ihnen, wie wichtig es ist zu lieben. Es geht nicht darum, nie einen Fehler zu machen, sondern immer wieder aufzustehen.

Gott sei Dank fühlen sich meine Kinder, die Jungen ebenso wie die Mädchen, sehr verantwortlich, sie wissen, dass jeder sich in einer Familie von elf Personen einsetzen muss. Eric zum Beispiel arbeitet neben seinem Studium in einem Büro, das die Ankunft der Kreuzfahrtschiffe im Hafen von Kopenhagen kontrolliert. Sebastian, ein genialer Fußballspieler, trainiert eine Kinderfußballgruppe und verdient sich damit Geld. Und so versucht jeder, etwas zu machen. Die Jüngsten verteilen Zeitungen im Viertel. Im Winter fällt es ihnen nicht leicht, bei der Kälte vor die Tür zu gehen, aber sie gehen normalerweise zu zweit und kommen ganz fröhlich zurück. Sie lachen über das, was sie unterwegs erlebt haben. Das verbindet sie noch stärker miteinander.

Marta und ich helfen ihnen zu beten, zu arbeiten, großzügig zu sein, innerlich frei und fröhlich, was sehr wichtig ist. Wir möchten, dass sie das Leben als Christen so leben, wie es wirklich ist: ein spannendes Abenteuer und ein Weg des Glücks auf Erden. Im Werk werde ich ermuntert, die Dinge liebevoll, sympathisch und ermutigend darzustellen. Das ist nicht immer leicht mit so vielen Kindern; denn es kann passieren, dass du den ganzen Tag schimpfst, weil sie ständig mit schmutzigen Schuhen ins Haus gelaufen kommen. Dann fehlt nur noch, dass ein Kind dich fragt: ‚Warum machst du so ein böses Gesicht? Was ist los?'

Wir Eltern sind als Erste verantwortlich für die Erziehung unserer Kinder. Die können wir nicht einfach delegieren. In anderen Ländern haben die Eltern andere Leute, die ihnen dabei zur Seite stehen: Priester, Religionslehrer und andere Lehrer, Freunde ... Wir sind hier alleine. Wenn wir etwas haben wollen, müssen wir es selbst schaffen. Wenn wir wollen, dass unsere Kinder an irgendetwas teilnehmen, das ihnen eine christliche Sicht des Lebens vermittelt, oder dass sie eine Veranstaltung besuchen, bei der sie etwas über Tugenden lernen, dann müssen wir selbst für solche Initiativen sorgen. So ist es bei allem, ob für jüngere oder ältere Kinder. Wir wissen: Was wir nicht tun, wird niemand machen. Es genügt nicht, die Kinder zu lieben, sie zu ernähren und zu kleiden. Wir möchten ihnen unsere Werte vermitteln, die sie in Frei-

heit annehmen können, besonders den Glauben, der unser
großer Schatz ist.

Da wir auch niemanden haben, der uns bei den Arbeiten
im Haus hilft, haben wir uns vorgenommen, dass jeder mit-
hilft, eine schöne und fröhliche Atmosphäre zu schaffen. Jeder Mensch liebt Außergewöhnliches, aber im normalen Leben gibt es solches eher selten. Daher helfen wir ihnen – mal
mit, mal ohne Erfolg –, Jesus im Alltag zu finden. Den Tisch
decken, abwaschen, den Abfall entsorgen, lernen, mit kleinen Streitigkeiten zurechtzukommen. Da wir zu elft sind, ist
das unvermeidlich; denn zum Glück ist jeder von uns anders!
Sonst wäre es ja auch langweilig!"

30. DER JUNGE IN BLAU

Camilla Hecquet Nielsen

„Auf dem Fest im April 1999 waren wir alle Dänen außer einem, dem Exoten. Ich trug damals, der Mode entsprechend, Militärstiefel, weite Hose, schwarz-weiße Bluse, die Haare gestuft und rot gefärbt – Nirvana-Stil, aber nicht Grunge. Wir tanzten und hörten Musik der Backstreetboys und anderer Gruppen.

Ich war ein ganz normales Mädchen von 19 Jahren. Ich studierte Physiotherapie und wohnte in einer Wohnung in Kopenhagen, unabhängig von meiner Familie, in der wir mehrere Kinder aus den verschiedenen früheren Beziehungen meiner Eltern waren. Das ist in Dänemark nichts Ungewöhnliches. Der Mann meiner Mutter dirigierte einen Chor. Daher war meine Kindheit stark musikalisch geprägt. Im Übrigen genoss ich alle Freiheiten der Welt. Ich liebte rhythmische Gymnastik, je mehr, desto besser. Ich saß bei dem Fest am Schlagzeug und was soll ich dir sagen? Als ich den Exoten kennenlernte, änderte sich alles.

Er war Erasmus-Student, ein großer, stattlicher Spanier mit dunkelblauem Hemd. Ich weiß auch nicht, warum junge Spanier diese Farbe so sehr mögen. Jedenfalls wenn sie nicht wissen, was sie anziehen sollen, nehmen sie etwas in Dunkelblau.

Ich begann an dem Abend mit diesem Jungen in Blau zu reden und wir verabredeten uns, in eine Bar in Osteport zu gehen. Er war nett, lustig, er kam mir nicht ungewöhnlich vor, bis ich ihn eines Tages fragte, was er an dem Morgen gemacht habe.

‚Ich war in der Messe', sagte er, ‚und danach habe ich gelernt.'

In der Messe! Ich war sprachlos, ließ mir aber nichts anmerken. Ich hatte gedacht, er wäre katholisch wegen des Landes, aus dem er kam, so wie ich Protestantin war, weil Dänin, aber das hatte keine weitere Bedeutung. Mit 13 hatte ich meiner Mutter gesagt, dass ich mich nicht auf die Konfirmation vorbereiten wollte, sondern nur am Fest teilnehmen. Ich vermutete, dass sie mir – wie immer – antworten würde: ‚Na gut', denn in meiner Familie waren wir weder gläubig noch redeten wir über Religion. Wir gingen nur Weihnachten zur Kirche, um die Chöre zu hören, oder zu einer Beerdigung, weil das eine soziale Verpflichtung war – mehr nicht. Aber meine Mutter antwortete:

‚Nein, Milla. Es ist besser, wenn du weißt, wozu du Nein sagst. Andernfalls bist du eine Ignorantin.'

So ging ich schließlich zu den Unterrichten, weil auch ein paar aus meiner Gruppe hingingen, und ließ mich konfirmieren, um ein neues Kleid zu bekommen, wie meine Freundinnen. Und das war alles.

Aber mein spanischer Freund glaubte fest an Gott und gleichzeitig war er sehr lustig, was ich überraschend fand. Er machte eine ausgezeichnete Sangria. Ich verliebte mich in ihn, hatte aber ein wenig die Befürchtung, er könnte mich zu seiner Religion überreden, bis ich feststellte, dass er mich akzeptierte, wie ich war. Und ich war völlig verblüfft, als er mir sagte, er wolle keine sexuellen Beziehungen haben vor der Hochzeit. ‚Das sagt er so, mal sehen, ob er es schafft', dachte ich. Aber sein Verhalten bestätigte seine Worte.

Meine Freundinnen verstanden das nicht. ‚Aber warum versucht ihr nicht, zusammenzuleben, um zu sehen, ob ihr zusammenpasst? Es ist doch wichtig, sich gut zu kennen.‘ Er aber hatte eine andere Vorstellung von der Ehe.

Er sagte: ‚Ein Auto probiert man aus, und wenn es einem nicht gefällt, kauft man ein anderes. Aber eine Frau ist kein Objekt, keine Maschine, die man *ausprobieren* kann. Auch kein Kleenex, das man benutzt und wegwirft, das weißt du besser als ich. Was ihr Frauen doch vor allem wollt, ist, geliebt zu werden. Deshalb ist das Wichtigste in einer Ehe nicht, herauszufinden, was passiert, wenn einer das Handtuch im Bad irgendwo liegen lässt. Da gibt es doch Wichtigeres – oder?!‘

Ich gab ihm Recht und fing an, darüber nachzudenken; denn in Dänemark läuft das so: Wenn man 16 oder 17 ist und einen Jungen kennenlernt, lebt man schnell mit ihm zusammen oder nimmt ihn mit in die Familie oder zu denen, mit denen man zusammenwohnt, und er gehört dazu. Vielleicht bekommst du ein Kind von ihm, aber wenn du einen anderen lieber magst, verlässt du ihn wieder. Wenn du Lust hast zu heiraten, heiratest du. Wenn nicht, dann nicht. Wie schön wäre es, wenn die Liebe ein ganzes Leben lang hielte! Aber da es nicht so ist, sind Menschen im Alter häufig allein in einem Seniorenheim, wo sie hin und wieder Besuch bekommen von ihren Enkeln aus diversen Ehen. Und das ist sehr traurig.

Auch meine Mutter verstand unsere Entscheidung nicht: ‚Ihr wollt heiraten, ohne vorher zusammengelebt zu haben? Bist du verrückt?‘

Ich aber dachte weiter nach und sprach mit Manuel darüber (auf Englisch natürlich, denn er konnte kein Dänisch und ich kein Spanisch). Sonntags begleitete ich ihn zur englischen

Messe für ausländische Studenten. Anschließend versammelten wir uns noch mit den anderen Studenten, die gekommen waren. Einige Dänen waren auch dabei und diesmal war ich die Exotin, weil ich praktisch nichts vom Christentum wusste. Aber die Atmosphäre dort war sehr sympathisch. Warum, wusste ich nicht.

Nachdem wir mit sehr viel Klarheit über die wesentlichen Dinge gesprochen hatten, waren wir uns in allem einig und beschlossen zu heiraten. Wenn junge Leute heute zu wenig über diese Themen sprechen, ist das ein Fehler; denn nur wenn man in die Tiefe geht, kann man zu einer reifen Entscheidung kommen. Vor der Hochzeit wussten Manuel und ich genau, wie wir unser Eheleben gestalten wollten, wie wir mit dem Geld umgehen und wie wir unsere Kinder erziehen wollten; denn wir hatten tausendmal darüber gesprochen. Wir kannten uns auch viel besser als manche unserer Freunde, die bereits nach drei oder vier durchfeierten Nächten zusammenlebten.

Ich begann, einige Bücher über den katholischen Glauben zu lesen und sprach mit Richard Hayward, einem englischen Priester, der mich mit einer Schwedin vom Opus Dei in Kontakt brachte, die zuvor Protestantin gewesen war. Ich stellte ihr Fragen zu meinem künftigen Leben als Frau eines Katholiken. Ich fühlte mich in dieser ganzen Zeit nicht gedrängt, weder von Manuel noch von seiner Familie, die aus gläubigen Katholiken bestand, noch von dem Priester oder der Schwedin.

Wie die meisten meiner Landsleute bin ich sehr unabhängig und tue nur das, wovon ich überzeugt bin. Aufgrund meiner liberalen Erziehung lege ich Wert auf die Achtung vor der Meinung des anderen. Manuel hat nie zu mir etwas gesagt wie: ‚Milla, wenn du mich heiraten willst, wäre es gut, wenn du katholisch würdest.' Nein, nie!

Wir haben am 11. Juli 2002 geheiratet und im November desselben Jahres zogen wir nach München, wo Anna, unsere älteste Tochter, geboren wurde. Manuel musste viel reisen innerhalb seiner beruflichen Arbeit. Da fühlte ich mich etwas isoliert, als unsere Tochter größer wurde; denn wir kannten niemanden außer einigen Ehepaaren, die sich einmal im Monat trafen, um über die Lehre der Kirche zu sprechen. Da sie deutsch sprachen, verstanden weder Manuel noch ich alles, was sie sagten. Aber was ich verstand, gefiel mir.

Ich dachte zurück an die junge Schwedin in Kopenhagen. Das war der Anstoß, der mich dazu brachte, mich mit einigen Frauen des Opus Dei in Deutschland in Kontakt zu setzen. Ich suchte den Glauben nicht, ich wollte nur mehr Menschen in dieser Stadt kennenlernen. Mir wurde eine Familienmutter vorgestellt, mit der ich mich befreundete und die mir ein paar gute Ratschläge gab. Sie riet mir beispielsweise, Manuel so zu lieben, wie er ist, mit seinen guten und weniger guten Seiten, ohne mich auf Negatives zu fixieren und ohne ihn ständig zu kritisieren. Sie empfahl mir, Vertauen zu ihm zu haben und Zeit zu suchen für ihn und mich alleine. Und wenn weitere Kinder kommen sollten, solle ich ihn nicht an die zweite Stelle in meinem Herzen setzen.

‚Denn Anna und deine weiteren Kinder wirst du herzen und verwöhnen', meinte sie, ‚aber du läufst Gefahr, ihm dann vielleicht weniger Liebe zu zeigen, als er braucht.'

Ich wurde auch einem Priester vorgestellt namens Dr. Irrgang, der mich anfangs nur nach meinen Schwierigkeiten als junge Familienmutter fragte. Ich selbst bat ihn später, mir einige Aspekte des Glaubens zu erklären. Nach und nach beschloss ich dann, katholisch zu werden. Am 26. Juni 2005 empfing ich in der Theatinerkirche, einer wunderschönen Kirche in München, die erste heilige Kommunion und die Firmung.

Meine Familie dachte, ich sei katholisch geworden wegen meines Mannes und nicht so sehr aus eigener Entscheidung. Bis sie mit ihren eigenen Augen feststellten konnten, dass es kein Kompromiss gewesen war, sondern persönliche Wahl, und dass mein Glaube nicht wie ein Paar Schneestiefel ist, die man wieder auszieht, wenn das Wetter gut ist. Er ist vielmehr mein Leben. Jetzt stellt meine Mutter mir öfter Fragen wie: ‚Und was sagt der Papst dazu?‘

Aufgrund der Erfahrungen, die ich mitbekommen habe, schließe ich, dass es verrückt ist, mit einem Mann auf Probe zusammenzuleben, kaum dass man ihn kennt. Viele dieser Paare trennen sich bald wieder. Und manchmal gibt es da schon ein Kind. Denkt jemand an dieses Kind, an sein Leben, sein Leiden? Leider geht heute eine Scheidung schneller vonstatten, als der Kauf einer neuen Waschmaschine dauert. Auch das ist verrückt.

Meine Mutter ist wieder alleine, weil ihr neuer Mann zu einer anderen Frau gezogen ist. Sowohl ich als auch meine Kinder, die noch klein sind, sind Zeugen ihres Schmerzes, den wir mitleiden.

Es ist sehr schwer, Kindern eines bestimmten Alters gewisse Dinge zu erklären, sie verstehen sie einfach nicht. Man muss versuchen, sich in sie hineinzuversetzen. Da kommt jemand aus der Familie für ein paar Tage und stellt seine Frau beziehungsweise ihren Mann vor, bei seinem nächsten Besuch ist es wieder eine andere Partnerin …

Das ist schwierig und tut weh. Und manchmal versteht meine Familie nicht, warum ich unsere Kinder anders erziehen möchte, dass sie zum Beispiel nicht alles mitbekommen müssen. Aber ich habe das Recht dazu. Denn Kinder leiden unter manchen Dingen. Ich habe es am eigenen Leibe erlebt und erlitten, es ist keine bloße Theorie. Natürlich gibt es kein Leben ohne Schmerz, der auf dem einen oder anderen Wege auf uns zukommt, aber es gibt auch Lebensstile, die zur Freude führen, und andere, die eher leiden lassen. Meine persönliche Erfahrung zeigt mir, dass der Glaube zum Glück führt.

Seltsam! Viele Menschen halten sich fern vom Kreuz Christi, um ihr Glück zu finden. Aber das echte Glück findet sich in Christus. Die Freude entsteht im Opfer, in der Hingabe seiner selbst. ‚Die Freude hat ihre Wurzeln im Kreuz.‘ Über diese Worte des heiligen Josefmaria habe ich viel nachgedacht.

Sie gefallen mir nicht, weil sie poetisch sind. Ich schätze die Poesie, aber als echte Dänin bin ich eher praktisch. Diese Worte gefallen mir, weil sie wahr sind.“

(Als ich ihren Bericht transkribiert hatte, schickte ich ihn Camilla digital, damit sie sich damit einverstanden erklären konnte, so wie ich es auch mit den anderen Interviewten gemacht habe. Ich wunderte mich, dass es dauerte, bis sie mir antwortete. Schließlich erhielt ich ihre Post, in der sie mir den Grund für die Verzögerung mitteilte: Sie hatte noch ein Kind bekommen! Das siebte. Ich beglückwünschte sie, und sie schrieb:

Vielen Dank! Manuel und ich sind sehr glücklich, auch wenn wir mit sieben Kindern zu Hause jetzt noch ein bisschen mehr zu tun haben!)

31. GÄNSEBRATEN
Martin Ryom

Martin, Eric Maillet Junior und ich unterhalten uns im Wohnzimmer von Martins Haus in Kopenhagen. Der Raum ist geschmückt mit einem großen Ölgemälde, das eine Seeschlacht
zwischen Schweden und Dänen darstellt. Es ist ein besonders wohnlicher Raum. „Er ist *hygge*", meint Eric. Ich frage
ihn nach der Bedeutung dieses Wortes, woraufhin er antwortet: „Es ist nicht ganz einfach, das zu erklären; denn es handelt
sich um ein typisch dänisches Wort. *Hygge* bedeutet warm, attraktiv, erfreulich. Man benutzt es, wenn man zum Beispiel
sagen will, wie sehr man seinen Beruf liebt, oder wenn man
über die Stimmung nach dem Abendessen zu Hause im Kreis
der Familie spricht, wenn man am Kamin sitzt und zusammen noch etwas trinkt. Du weißt ja, dass wir Dänen gerne
Bier mögen. Natürlich gibt es auch Ausnahmen."

In Bezug auf das Bier? „Nein", meint er lachend, „in Bezug
auf das, was man *hygge* nennt. Mein Beruf ist zum Beispiel
hygge, auch wenn es nicht so aussieht. Und seltsamerweise hat
mich die Tatsache, dass ich katholisch bin, dazu gebracht, ihn
zu wählen.

Es ist ein Beruf, der oft von Generation zu Generation weitergegeben wird, aber ich bin der Erste in meiner Familie, der
diesen Beruf ausübt. Ich weiß nicht, ob mein Sohn Fabian ihn
fortführen wird. Er ist noch auf dem Weg. Auch bin ich in
meiner Familie einer der ersten Katholiken. Meine Onkel und
Neffen sind Protestanten oder konfessionslos wie die meisten Dänen. Meine Eltern wurden in ihrer Jugend katholisch,

vor der Hochzeit. Sie ließen mich in der Kirche Sankt Andreas in Ordrup taufen, in der Nähe von Kopenhagen. Jedes Jahr im August fahre ich an meinem Tauftag dorthin, um Gott zu danken.

Scheinbar tun das nur wenige Katholiken, vielleicht, weil sie sich nicht bewusst sind, was für ein großes Geschenk, was für eine Quelle der Freude die Taufe ist. Kierkegaard, unser großer Philosoph, hat von diesen Geschenken gesprochen, die Gott uns macht und für die wir nur selten danken, weil wir sie für selbstverständlich halten: ‚Betrachte, was für eine Freude die Lilie und der Vogel sind. Und dennoch haben sie viel weniger, worüber sie sich freuen können als du.'

Leider bedeutete mir der Glaube in meiner Jugend nicht allzu viel. Er gab meinem Leben erst Sinn, als ich verheiratet war und wir uns entschieden, unsere Kinder taufen zu lassen, den Jüngsten eine Woche nach seiner Geburt. Ich konnte die Wirkungen der Gnade in meiner Familie erleben: einen Frieden und eine Hoffnung, die nur Gott geben kann.

In Dänemark gibt es viele Menschen ohne Glauben, die darunter leiden, dass sie keinen Sinn für das Leid in ihrem Leben finden können. Ihr Schmerz ist deshalb sehr bitter. Manche stellen sich keine Fragen, andere denken, dass wir nur Opfer des Zufalls sind. Das bringt sie unter Umständen zu einer krankhaften Suche nach Sicherheiten.

Viele lassen sich von der Hektik des Alltags betäuben. Sie leben so dahin, ohne nach Sinn, Grund oder Ziel des Lebens zu fragen. Wenn man im Gespräch darauf kommt, sagen sie: ‚Ich stelle mir keine Fragen. Ich lebe, so gut ich kann, das genügt mir.'

Unsere Gesellschaft begünstigt weitgehend ein bequemes Leben, bis es zu einer Krise in der Familie kommt, jemand krank wird oder das Alter seinen Tribut fordert und der Arzt sagt: ‚Du hast nur noch drei Monate zu leben.‘ Dann hört die Betäubung auf. Man wird wach und stößt auf die Realität. Aber es gibt auch Menschen, die entdecken, dass sie in den Händen Gottes, unseres Vaters, sind. Wir hier in unserem Land sind vergleichbar mit einem Embryo im Mutterschoß, der das Gesicht seiner Eltern noch nicht kennt, die ihn lieben, ohne dass er es weiß. Wir befinden uns wie in einem Übergangszustand und sind uns nicht dessen bewusst, dass wir für den Himmel geschaffen sind.

Das erklärt, warum es in unserem Land einen so intensiven Austausch in geistlichen Fragen zwischen Intellektuellen, Künstlern und Schriftstellern gegeben hat, zwischen Menschen, die den Mut hatten, zu denken und in die Tiefe zu gehen. Das war einer der Gründe, die mich bewegt haben, mein Geschäft zu beginnen. Ein anderer Grund ist die ständige Nachfrage. Es fehlt nie an Kunden.

Ich hätte eine Brauerei aufbauen können, ihr wisst ja, wie gerne die Dänen Bier trinken, aber ich habe mich für ein Beerdigungsinstitut entschieden. Damit leiste ich einen großen sozialen Dienst und kann anderen Menschen in den schwierigsten Momenten ihres Lebens zur Seite stehen.

Hier in Dänemark sind die Bestattungen in der Regel sehr formell, kurz und kalt. Die Gründe dafür liegen im Verständnis der Religion, in der Kultur und der Erziehung. Nur wenn die Angehörigen gläubig sind, können sie in ihrem Schmerz Hoffnung finden und die Überzeugung, dass dies nicht das schreckliche Ende ist.

Wenn der Glaube aber fehlt, was meist der Fall ist … Ich versuche für alle zunächst den professionell bestmöglichen Dienst zu leisten, indem ich die Wünsche der Familie und des Verstorbenen erfülle. Und ich gebe ihnen Trost und menschliche Anteilnahme. Das habe ich im katholischen Glauben gelernt, der uns lehrt, fromm, aber gleichzeitig auch sehr menschlich zu sein.

Ich weiß, das klingt vielleicht ungewohnt, dass ich das sage, aber es stimmt. Ein Christ muss auch Sinn für Humor haben. Das kann eine Form der Nächstenliebe sein. Zeichen des Christlichen sind das heilige Kreuz und ein lächelndes Gesicht. Darum hat Thomas Morus gebetet mit den Worten: ‚Gib mir, Herr, eine gute Portion Humor, damit ich ein bisschen Glück in diesem Leben finden und anderen helfen kann.‘ Wisst ihr, was er zu seinem Henker sagte? ‚Nur Mut, ich habe einen kurzen Hals! Aber tun Sie Ihre Arbeit gut, sonst verlieren Sie Ihr Ansehen.‘

In diesem Sinne versuche ich, meine Angestellten zu ermuntern, da sie täglich mit der Realität des Todes konfrontiert sind. Man braucht eine gewisse innere Entspanntheit, damit man dem Schmerz anderer respektvoll und verständnisvoll begegnen kann, aber so, dass dieser Schmerz uns nicht daran hindert, gut arbeiten zu können.

Ich bin der einzige katholische Bestatter in dieser Stadt. Das war einer der Gründe, warum ich das Geschäft hier aufgebaut habe; denn ich denke, wir Katholiken sollten in allen Bereichen der Gesellschaft präsent sein und die Berufe ausüben, die einen entscheidenden Einfluss im Leben der Menschen haben. Wir dürfen uns nicht zurückziehen und kritisieren, dass es die anderen nicht gut machen. Das wäre zu einfach! Alle Berufe sind notwendig, aber manche sind ganz wichtig, besonders die, die mit dem Beginn und dem Ende des Lebens zu tun haben, wie die Gynäkologen und das Pflegepersonal für Schwerstkranke. Danach kommen wir. Deshalb sagt man, dass wir die ‚letzten Dienste‘ tun.

‚Wie kannst du dich *dem* widmen, so wie du bist?‘, fragen meine Freunde, weil ich nicht dem Klischee des Bestatters aus Filmen entspreche, einem makabren, abgezehrten Mann mit schwarzem Haar und glasigen Augen … Ich bin kräftig und blond, habe ein rosiges Gesicht und wiege ein bisschen zu viel. Ich müsste abnehmen. Das klappt aber nicht, denn ich widme mich öfter meinem Lieblingssport, mit meinen Freunden ein Bier trinken zu gehen. Andere meinen lachend: ‚Da hast du dir aber eine Arbeit ausgesucht, Martin!‘ Ich beruhige sie damit, dass mein Arbeitsvertrag – wie alle Verträge auf dieser Welt – auf Zeit ist und nicht unbefristet. Das ist ohnehin nur eine Redensart. Früher oder später geht alles zu Ende. Und da man im Himmel keine Bestatter mehr braucht, werde ich dort den Beruf ausüben können, der mir wirklich gefällt: Showman im Fernsehen. Ich bin geboren, um Leute zum Lachen zu bringen.

Und dann sage ich ihnen ganz ernst, dass ich in diesem totlangweiligen Beruf Menschen trösten kann, die leiden, ihnen Hoffnung zusprechen und sie in einem entscheidenden Augenblick ihres Lebens Gott näherbringen kann mit einem liebevollen Wort oder einer anderen Aufmerksamkeit.

Einmal war ich bei einer ziemlich alten Dame eingeladen, die mit mir einiges besprechen wollte in Bezug auf ihre spätere Bestattung. Am Ende fragte sie mich (sie nannte mich beim Vornamen, wie wir es in Dänemark gewohnt sind): ‚Martin, glaubst du wirklich an das ewige Leben?‘

Welche Wirkung meine Worte haben würden, wusste ich nicht, das weiß nur Gott. Ich erzählte ihr vom Jenseits, über das wir – warum auch immer – nur selten sprechen, wo doch hier alles vergänglich ist und dort für immer. Ich sprach von der Hoffnung auf den Himmel, die so tröstlich ist, auch vom Fegefeuer. Es ist wie Alkohol, den man auf eine Wunde gibt, wenn man sich beim Rugby verletzt, aber doch gewonnen hat. Das Fegefeuer brennt, aber es heilt und reinigt dadurch.

Und ich wagte, das Tabu anzusprechen, die Hölle, zu der es uns manchmal hindrängt, so absurd das scheinen mag. Es gibt Menschen, die sich für den Hass entschieden haben, für Groll und Zorn als Stil ihres Lebens, das dann zu einem Vorzimmer der Hölle wird. Ich bete dafür, dass solche Menschen noch bereuen können, bevor sie sterben. Ich vertraue auf Gottes barmherzige Liebe.

Ich sprach also mit dieser Dame über einige Themen, über die ich auch mit meinen Kindern und Freunden spreche, und versuchte, ihr Hoffnung auf Gott zu machen, denn die befreit uns von Ängsten. Es gibt viele Leute, die im Inneren voller Angst sind – so wie die gefüllten Gänse am Vorabend von Sankt Martin.

Kennst du diese Sitte nicht? Am 10. November, dem Tag vor meinem Namenspatron, versammeln sich die Leute unseres Landes traditionsgemäß abends zum Gänsebratenessen. Man erzählt, dass sich Martin im Gänsestall versteckt hat, als man ihn zum Bischof machen wollte, damit niemand ihn fand. Und im Himmel – so berichtet uns die Legende – wurde entschieden, dass an seinem Festtag alle Gänse auf dem Tisch landen sollten."

III.
ISLAND

Von den Gebieten unserer schönen Erde
Die mein Fleisch und mein Schatten ermüdet hat,
Bist du die entlegenste und mir nächste,
Letztes Thule, Island der Schiffe ...
Jorge Luis Borges

Das Christentum, das nach Grönland und Island kam,
schlug die Brücke hin nach Rom auf dem Festland
von jenen entlegenen Inseln aus, die von aller Welt
getrennt sind durch Meer und ewiges Eis.
Juan André, Madrid, 1793

32. DIE WIEDERGEBURT ISLANDS

Die Daten und Angaben zu Island, dieser Insel von wenig mehr als 100 Quadratkilometern, die 300 000 Einwohner zählt, von denen mehr als ein Drittel in Reykjavik leben, scheinen uns in eine andere Welt zu führen. Fast zwölf Quadratkilometer seiner Oberfläche bestehen aus Gletschern und 64 aus Lava.

Hinzu kommt ein endlos langer Winter mit Tagen von nur vier Stunden Licht und ein seltsamer Sommer, während dessen es kaum dunkel wird. Das heißt, auf viele Monate der Dunkelheit folgt ein nicht endender Tag von mehreren Monaten, an den die Einheimischen gewöhnt sind. Etwas anderes würde sie verwirren. Eine Soziologin namens Gutiérrez, die das Land gut kennt, berichtete mir von der Reaktion eines Isländers während seines Aufenthalts in Mexiko: „Es ist fremd für mich, dass Tag und Nacht sich so gleichmäßig abwechseln. Der Tag erscheint mir hier zu fröhlich und die Nacht zu traurig."

Die Höchst- und Niedrigstwerte der Temperatur sind nicht weniger erstaunlich. Am 22. Januar 1918 wurde in der Gletscherzone der Tiefstwert von −37,9 Grad gemessen und am 22. Juni 1939 der Höchstwert von 30,5 Grad. Der wärmste Monat, von dem man weiß, war der Juli 1991 mit einem Durchschnitt von … 13 Grad! Außerdem peitschen Winde die Insel erbarmungslos. Im Januar 1995 erreichten sie 266 Stundenkilometer.

Es ist ein reiches Land mit unternehmungsfreudigen Menschen, die ein hohes Niveau an Wohlstand erreicht haben.

Im Laufe des 20. Jahrhunderts hat sich eine große Krise in der Gesellschaft entwickelt, die besonders die Familie betrifft. Diese Krise dauert an. Aber der frische Wind, der in anderen Ländern Nordeuropas bemerkbar wird, ist auch hier zu spüren.

Im 20. Jahrhundert hatte der Katholizismus viele Schwierigkeiten zu bestehen. Einer der bekanntesten katholischen Isländer aus dieser Zeit war Jon Sveinsson, genannt „Nonni". Er hat zahlreiche Abenteuerbücher für Jugendliche geschrieben. Sein Leben war so abenteuerlich wie seine Bücher. Er wurde 1857 in Hörgardalur geboren. Sein Vater starb, als er elf Jahre alt war. Ein französischer Adeliger bot ihm und seinem Bruder Manni die Möglichkeit an, in Frankreich zu studieren, aber auf der Reise dorthin kamen sie wegen der Wirren des Krieges nur bis Dänemark. Dort wurde Nonni zuerst katholisch, später schloss er sich der Gesellschaft Jesu an. 1912 begann er, seine Abenteuerbücher zu schreiben, die ihren Stoff in Erlebnissen seiner Kindheit fanden, zusammen mit seinem Bruder Manni, der mit 23 Jahren starb. Die Abenteuer von Nonni und Manni wurden in viele Sprachen übersetzt[31].

In den Jahren zwischen 2000 und 2010 verdreifachte sich die Zahl der Katholiken und heutzutage ist der Prozentsatz an Katholiken im Verhältnis zur Gesamtzahl der Bevölkerung der höchste in den nordischen Ländern. Jedes Jahr gibt es zehnmal mehr Taufen als Beerdigungen. In der Osternacht nehmen in der Regel zwischen fünf und zwanzig Erwachsene den katholischen Glauben an. Das ist eine hohe Zahl auf dem

---

[31] Jón Sveinsson starb in Köln (Deutschland) im Oktober 1944.

Hintergrund des Materialismus des Westens, der auch in Island eine große Rolle spielt.

Diese Wiedergeburt ist nicht nur auf die ständig wachsende Einwandererzahl von Polen und Philippinen zurückzuführen; die Statistiken zeigen, dass die Hälfte der heutigen isländischen Katholiken im Land geboren sind.

Was mir der Bischof von Reykjavik berichtet hat

Ich möchte hier das Zeugnis des Bischofs von Reykjavik, Peter Bürcher, wiedergeben, der von dieser geistlichen Wiedergeburt Islands berichtet. Er wurde am 20. Dezember 1945 im Wallis in der Schweiz geboren, wurde 1971 in Genf zum Priester geweiht und übte sein Amt in Fribourg, Lausanne und Vevey aus, wo er von 1989 bis 1994 das Priesterseminar leitete, bis er Weihbischof der Diözese wurde.

Benedikt XVI. ernannte ihn 2007 zum Bischof von Reykjavik. „Diese Ernennung war für mich eine Überraschung", sagte er. „Gott ließ mich aufs offene Meer fahren." Als er nach Island kam, fand er dort eine Kirche von zirka elftausend Katholiken vor, die von ungefähr fünfzehn Priestern (fast alle recht junge Ausländer) und dreißig Nonnen betreut wurden, also eine Diözese in vollem Wachstum, die 1989 durch den Besuch des heiligen Johannes Pauls II. eine starke Ermutigung erfuhr.

„Außerdem war es eine arme Kirche, die über keinerlei Mittel verfügte, die über die Insel verstreuten Katholiken betreuen zu können. Diese Tatsache erforderte, dass ich zahlreiche Reisen mit dem Flugzeug machte. Das war die einzige

Möglichkeit, denn – so kommentierte er in einem Interview – die Landstraßen sind kaum verkehrstauglich. Vor allem im Winter sind sie ziemlich gefährlich wegen dem Eis und im Sommer weht oft ein starker Wind, der Unfälle verursacht und leichtere Autos manchmal sogar aus der Bahn wirft."

Vom ersten Moment an sorgte sich der Bischof in besonderer Weise um die Wiederbelebung des christlichen Glaubens der Laien, vor allem in Hinblick auf Familienthemen.

Als ich ihn in Zusammenhang mit diesem Buch um sein Zeugnis bat, sagte er mir, dass er schwer krank sei. Anfangs dachte ich, das sei ein Hindernis dafür, dass ich einen Bericht von ihm erhalten könnte. Dann aber wurde mir klar, dass die Tatsache, dass er mir seine persönliche Geschichte nicht erzählen konnte, ganz stark für sich sprach. Seit den Anfängen des Christentums säen die einen, andere kümmern sich um die Saat und wieder andere ernten die Früchte. Manch einer opfert dabei seine Gesundheit, weil er unter ganz anderen klimatischen Bedingungen leben muss als die, aus denen er stammt. Andere büßen ihre Gesundheit zwar nicht ein, aber sie leidet doch so, dass der oder die Betreffende das Land wieder verlassen muss, in das er oder sie einst mit menschlicher und geistlicher Begeisterung gezogen ist.

Peter Bürcher ist ein Beispiel für diesen zweiten Fall. So hat er es in einem Brief geschrieben, den er am 9. Januar an die Gläubigen seiner Diözese sandte. Es ist ein Abschiedsbrief:

„Vor einigen Monaten habe ich Papst Franziskus um die Erlaubnis zum Rücktritt von meinem Amt als Bischof von Reykjavik ersucht. Ich bin jetzt im achten Jahr Bischof dieser Diözese und für viele von euch wird es keine Überraschung sein; denn ihr wisst, dass ich im vorigen Jahr eine schlimme

Lungenentzündung hatte, die auf die Kälte des hohen Nordens zurückzuführen ist. Dazu kam auch noch eine Notoperation wegen einer heftigen Bauchfellentzündung. Die Ärzte diagnostizierten eine chronische asthmatische Bronchitis und empfahlen mir den Umzug in eine wärmere, nicht vulkanische Gegend.

Im letzten Jahr habe ich persönlich mit dem Papst über dieses Anliegen gesprochen; er riet mir, auf meine Gesundheit zu achten. Trotz der Wichtigkeit der Sendung, die mir anvertraut ist, habe ich verstanden, dass der Herr nicht will, dass ich meine Gesundheit in Island gefährde, wo ich im Moment noch meine Arbeit als Bischof fortsetze. Aus Gehorsam gegenüber Papst Benedikt bin ich hierhin gekommen und ich werde das Land wieder verlassen, wenn Papst Franziskus es verfügt.

Wie wird meine Zukunft aussehen? Im letzten Dezember bin ich sechzig Jahre alt geworden. Von den 44 Jahren meines Amtes habe ich 20 in der Schweiz verbracht. Es tut mir leid, ein so schönes Land wie Island und die Diözese, die so jung und im Aufbruch ist, zu verlassen, aber ich werde der Kirche weiterhin als Bischof dienen. Wenn Gott will, werde ich zunächst eine Zeit lang im Heiligen Land wohnen, im Einverständnis mit dem Patriarchen von Jerusalem.

Als Bischof im Ruhestand werde ich mich hauptsächlich dem Gebet widmen und – wenn meine Gesundheit es erlaubt – Besinnungstage halten und mich um die Pilger kümmern, um so unseren Brüdern der Ostkirche zu helfen, wie ich es zu Beginn meines Amtes tat.

Von Herzen danke ich euch für euer Verständnis und eure Treue in der Verkündigung des Evangeliums. Ich habe pflanzen dürfen, andere werden das Land kultivieren und wieder andere werden ernten können. Danken wir Gott für alles!

Wenn wir weiter im Dienst der Kirche und der Welt arbeiten, dann unterstützen wir uns gegenseitig und beten füreinander. Maria, die Mutter Jesu und unsere Mutter, wird uns beistehen. Ich danke euch aus ganzem Herzen für euer Gebet. Christus ist unser Friede! Peter Bürcher †."[32]

---

[32] Als Bürcher in entsprechendem Alter in den Ruhestand trat, folgte ihm im September 2015 im Amt David Tencer OFM, Kapuziner slowenischer Abstammung. Er war im Jahr 2004 als erster Kapuziner nach Island gekommen.

IV.
GRÖNLAND UND DIE
FÄRÖER-INSELN

33. WOHIN DU WILLST
Paul Marx

Wenn du so weit gekommen bist,
dass du keinen Schritt mehr weiter kannst,
dann hast du erst die Hälfte des Weges
zurückgelegt, den zu gehen du fähig bist.
Spruch aus Grönland

„Ich wurde 1953 in Minnesota geboren und kann dir versichern: Wenn man mit 13 Jahren der Älteste von zehn Geschwistern ist und in einem Haus in St. Michael wohnt, dann hat man nie Langeweile. Außerdem bietet jede Jahreszeit ihre Eigenheiten: der Frühling Sonnenschein und Regengüsse, der Sommer Überschwemmungen und Gewitter, der Herbst Tornados und der Winter Temperaturen, die häufig unter minus 30 Grad liegen!

Es gab Zeit für alles: zur Schule zu gehen, Löcher ins Eis zu schlagen, zu fischen. Bei plötzlichen Regengüssen im Sommer kamen wir in Badehose schnell aus dem Wasser, den Kopf mit dem Handtuch bedeckt, und verschlangen Abenteuerbücher am Kaminfeuer. Da die Protagonisten dieser Abenteuer meist Missionare waren, reiste ich abends vor dem Einschlafen in meiner Vorstellung mit Padre Damian nach Molokai oder nach Indien, mit dem Buschmesser quer durch den Dschungel, nach allen Seiten spähend, ob da ein Tiger …

Es waren erträumte Abenteuer. Die wirklichen ereigneten sich erst einige Jahre später. In meinem Herzen wuchs der Wunsch, für Gott Missionar zu werden. Im Sommer 1954 lernte ich einen Priester kennen, der gekommen war, um den Pfarrer während seiner Abwesenheit zu vertreten, und ich entschloss mich, Missionar zu werden[33].

Damit verwirklichte sich eine ungeschriebene Tradition vieler nordamerikanischer Familien irischen, deutschen oder französischen Ursprungs: dass der älteste Sohn Priester wurde. Unsere Wurzeln lagen in Bayern und seit fünf Generationen, in denen wir in den Vereinigten Staaten lebten, war der älteste Sohn immer Priester geworden. Mein Onkel Paul, der ältere Bruder meines Vaters, war in Nordamerika ein sehr bekannter Benediktiner gewesen wegen seines Kampfes für das Leben[34]. Mein Onkel Michael, der jüngere Bruder meines Vaters, war auch Priester.

Natürlich stellte ich mich nicht in den Dienst Gottes, um eine Familientradition fortzusetzen. Jede Berufung ist ein persönlicher Ruf, ein Wunder der Gnade und eine spezifische Sendung. Gott fragte mich, ob ich bereit sei, Ihm zu folgen, und ich willigte ein. Wohin? Wohin Er wollte.

Als ich 1958 im Priesterseminar studierte, kamen die ersten drei Missionare in die Diözese Kopenhagen, die einen riesigen Einzugsbereich hat, denn sie umfasst außer dem König-

---

[33] OMI: Missionare der Unbefleckten Empfängnis Mariens. Sie waren Pioniere der Evangelisierung an schwierigen, ungastlichen Orten. Die Kongregation wurde 1826 vom hl. Eugenio de Mazenod gegründet.

[34] Paul Marx (1920–2010), Benediktiner und Gründer von Human Life International, wurde vom hl. Joh. Paul II. „Apostel des Lebens" genannt. Lange Zeit war er „der Feind Nummer 1" für die Verteidiger der Abtreibung in den Vereinigten Staaten. Sein Einsatz führte zu zahlreichen Klagen und sogar zu Gefängnisstrafen. Am Ende seines Lebens schrieb der Abt seines Klosters: „Viele Jahre lang arbeitete Pater Marx voller Eifer für das Leben von der Empfängnis bis zum natürlichen Tod. Dieser Einsatz ist ihn teuer zu stehen gekommen, aber er wird ihm und anderen aufgrund seiner selbstlosen Widmung auch viel Segen bringen." Seine Autobiografie trägt den Titel: *Faithful for Life*.

reich Dänemark die Färöer-Inseln und die größte Insel der Welt: Grönland. In späteren Jahren erzählte mir ein Mitstudent, der aus Grönland stammte, viel von seinem Land. So begann mein Traum, Christus zu den Bewohnern dieser Insel zu bringen.

Am 18. Dezember 1965 wurde ich mit 25 Jahren zum Priester geweiht. Die Oberen der Missionare dachten damals über die Möglichkeit nach, neue Missionare nach Grönland zu senden. Ich schrieb einen Brief an den Superior in Rom und bat, dorthin gesandt zu werden. Er war einverstanden. Ich dachte, dass meine priesterliche Aufgabe in dieser Welt Grönland hieß.

Die Geschichte des Christentums auf dieser Insel begann im Jahre 1000, als Leif der Glückliche aus Nidaros (dem heutigen Trontheim in Norwegen) an den Hof seines Vaters nach Brattahild kam (heute Qassiarsuk), im Südosten Grönlands. Leif, der sich hatte taufen lassen, brachte zwei Missionare mit, die von König Olav Tryggvason geschickt worden waren.

Diese beiden Missionare verkündeten den Nordländern, die dort lebten, das Evangelium und nach kurzer Zeit, nach drei oder vier Jahren, empfingen alle die Taufe außer Erik selbst. Seine Frau Theodhild ließ die erste christliche Kirche auf amerikanischem Boden erbauen[35].

Ein Jahrhundert später, im Jahre 1124, entstand die grönländische Diözese Gardar, die vom Erzbischof von Nidaros abhing. Aber um die Mitte des 15. Jahrhunderts verschwanden die nördlichen Siedlungen von der Insel – aus Gründen,

---

[35] Grönland liegt liegt geografisch in der nördlichen Zone Nordamerikas zwischen dem Atlantischen Ozean und dem Arktischen Eismeer. Politisch gesehen, ist es ein autonomes Gebiet des Königreichs Dänemark.

die nicht klar erforscht sind – und mit ihnen die katholische Kirche.

Im 18. Jahrhundert gelang es Hans Egede, dem lutherischen Pastor der Lofoten im Norden Norwegens, Händler aus Bergen dazu zu bewegen, mit drei Segelschiffen nach Grönland zu segeln, um zu den ‚norsemen‘ zu gelangen, jenen Siedlern, die von den Wikingern abstammten und von denen man fast dreihundert Jahre lang nichts gehört hatte. Da man sie nicht finden konnte, wendete er sich den dort ansässigen Einwohnern zu und predigte ihnen das Evangelium. Dies erklärt, warum die lutherische Kirche bis heute die offizielle Staatskirche Grönlands ist.

Es dauerte noch mehrere Jahrhunderte, bis der katholische Priester Michael Wolfe 1960 seinen festen Wohnsitz in Godthaab / Nuuk, der Hauptstadt, nehmen konnte. Godthaab ist der dänische Name, er bedeutet: gute Hoffnung, Nuuk ist der grönländische Name.

Als Michael dort ankam, gab es nur sechzehn dänische Katholiken, die auf der Insel arbeiteten. Dadurch wurde die Pfarrei Christkönig von Grönland, die von der Diözese Kopenhagen abhing, geografisch gesehen, zu einer der größten Pfarreien der Welt, zu einer der kleinsten aber wegen der geringen Zahl der Gläubigen.

Zur damaligen Zeit – das Konzil war eben zu Ende – sprach man viel von Ökumene, in Wirklichkeit aber war sie sehr wenig entwickelt. Sowohl Protestanten als auch Katholiken hatten viele Vorurteile. Als die Grönländer erfuhren, dass katholische Missionare kommen wollten, wurden sie hellhörig. Sie stellten sich vor, dass es Fanatiker wären, die von Tür zu Tür gingen und sie zu bekehren versuchten, ob sie wollten oder nicht.

Diese Vorurteile fielen schnell in sich zusammen, als die Grönländer die ersten drei katholischen Priester kennenlernten, die dorthin kamen: Michael Wolfe, Tom Kileen und Alex Mons, der sein Motorrad mit Beifahrerwagen mitgebracht hatte, mit dem alle jungen Männer der Gegend fahren wollten. ‚Alex, dreh eine Runde mit uns‘, baten sie ihn. Alex war einverstanden. Eltern und Kinder wunderten sich, sie hatten nie zuvor so ein Fahrzeug gesehen. In kurzer Zeit waren die katholischen Priester respektiert, akzeptiert und beliebt.

Als ich im September 1967 ankam, hatten wir bereits eine Kirche und die alten Vorurteile und Empfindlichkeiten schmolzen dahin wie der Schnee im Frühling von Minnesota. Wir waren nur sehr wenige, aber ich verlor nicht den Mut, denn Zahlen sind nicht das Entscheidende in der Kirche, die nicht von Zahl und Größe abhängt, sondern vom lebendigen Glauben der Menschen, die sich versammeln, um den Vater im Geist und in der Wahrheit in der Feier der Eucharistie anzubeten, ob es nun viele sind oder nur wenige.

Wir waren wieder drei Priester, denn Michael und Tom waren in andere Missionsgebiete aufgebrochen und es kam Finn Lynge, ein Priester grönländischer Abstammung. Zu dritt betreuten wir dreißig Katholiken, die die Küste entlangwohnten, im Südwesten des Landes. Die in Nuuk lebten, konnte man an zwei Händen abzählen. Ich erinnere mich unter anderen noch an Ole Dam, einen dänischen Professor, und an seine Frau Kirsten.

Dieses Zahlenverhältnis – drei für dreißig – könnte unter diesen Umständen übertrieben wirken, aber nur so konnten wir überleben; denn wenn einer von uns krank war, konnte ihn der andere ersetzen. Und der Dritte? Der war normalerweise in den Vereinigten Staaten auf Spendensuche, damit wir leben konnten.

Es war nicht leicht, die Katholiken zu versorgen, denn außer den wenigen, die in Nuuk wohnten (wo ungefähr ein Viertel der Bevölkerung lebt), lebten die übrigen verstreut über die Küsten dieser riesigen Insel.

Da die Gletscher und der Küstenstrich – eine unendliche Aneinanderreihung von Fjorden – den Bau von Straßen unmöglich machen, sind Flugzeuge die eigentlichen Verkehrsmittel. Oberhalb des arktischen Polarkreises werden im Winter nur Schlitten benutzt, die von Schlittenhunden gezogen werden.

1967 gab es auf der Insel zwei Hubschrauber als öffentliche Verkehrsmittel, einer der beiden funktionierte nicht, der andere hatte ständig Pannen. Deshalb hatten Michael, Tom und Alex vor meiner Ankunft ein kleines Flugzeug erworben, eine einfache Piper Super Cub, die von nordamerikanischen und deutschen Katholiken finanziert worden war. Die Idee dazu kam aus der katholischen Mission in der arktischen Zone Kanadas. Nach der anfänglichen Begeisterung stellte man fest, dass sie nicht so gut war, wie man gedacht hatte. Geografie und Klima Grönlands sind sehr verschieden von denen dieser Gegend Kanadas. Ein kleines Flugzeug in Grönland zu fliegen, erfordert besondere Kenntnisse. Es gab nur wenige Landeplätze und war insgesamt sehr gefährlich. Ein paar Flüge gelangen, aber eines Tages drehte sich die Maschine um die eigene Achse und stürzte ab. Zum Glück starb niemand, aber Tom, der Pilot, war schwer verletzt. Das war dann das Ende des Flugprojektes.

Gewöhnt an das Klima in Minnesota, erlebte ich keine allzu großen Überraschungen; denn als ich hierherkam, wusste ich, dass es kein schlechtes Wetter gibt, sondern nur unpassende Kleidung. Im Winter schwankte die Temperatur zwischen null und minus 25 Grad. Bei Wind empfand man es als noch kälter.

Das Hauptproblem war die Sprache. In Grönland wurde dänisch und grönländisch gesprochen (Kalaallisut). Ich sprach dänisch und beschloss, mich zum Erlernen der Ortssprache eine Zeit lang in ein Haus zurückzuziehen, das wir in Kapisillit mieteten, zirka 120 km entfernt von Godthaabfjord.

Das Haus war sehr klein: Es bestand aus einem einzigen niedrigen Zimmer mit einem winzigen Eingang. Mein Plan war, mit den Einheimischen zusammenzuleben und in die grönländische Sprache einzutauchen. An einem Tag im September 1969 fuhr ich mit dem Boot der Mission dorthin. Noch am selben Abend begann ich, die Sprache zu erlernen.

Am nächsten Morgen schaute ich wie ein echter Seemann aus dem Fenster, um den Zustand des Meeres zu prüfen. Das Boot war verschwunden. Aufgeregt lief ich zum Hafen. Ich lieh mir ein Fernrohr und beobachtete die Küste. Zum Glück war es ein sonniger, ruhiger Morgen. Aber das Boot tauchte nirgends auf.

Nach langer Zeit fand ich es, gestrandet am anderen Ende des Fjords, sieben Kilometer entfernt an einer kleinen Mole neben einem Hof. Ich bat einige Seeleute, die gerade hinausfuhren, mich bis zu diesem Ort mitzunehmen, und als ich wieder an der Bucht war, band ich es mit zwei Seilen fest. Ich ging zum Haus zurück und widmete mich weiter dem Lernen. Allerdings ging ich mehrmals zurück zum Hafen, um sicher zu sein, dass das Boot noch an seinem Platz war.

An jenem Tag habe ich fast nichts gelernt, aber zumindesten habe ich das Boot wiedergefunden. Während der Nacht ging starker Regen nieder.

Als ich am nächsten Morgen zum Hafen hinunterlief, musste ich erneut erschrocken feststellen, dass das Boot verschwunden war. Ich fürchtete das Schlimmste, aber Gott kam mir in seiner Barmherzigkeit zu Hilfe. Nach langem Suchen fand ich es auf zwei dicken Felsen einer nahegelegenen Insel, zum Glück intakt. Es lag etwa eineinhalb Meter über dem Meeresspiegel, als befände es sich in einer Reparaturwerkstatt. Ich verbrachte den Vormittag in der Hoffnung auf das Ansteigen des Wassers, und als das Boot auf dem Wasser lag, gelang es mir, es zum Hafen zurückzubringen. Ich entschied, dass es genug der Abenteuer gewesen waren, und noch am selben Tag packte ich alle meine Sachen ins Boot und fuhr zurück nach Nuuk.

In jenem Herbst kehrte ich noch einmal nach Kapisillit zurück, diesmal ohne das Missionsboot. Und als ich einige Tage lang gelernt hatte, bat mein Oberer mich darum, den Militärkaplan der amerikanischen Luftschutzbase in Pituffik im äußersten Nordosten der Insel zu vertreten[36]. Geplant war, dass ich mich drei Wochen lang um die Angehörigen des Militärs kümmern sollte und anschließend nach Kapisillit zurückkkehrte. Aber in Grönland ist nichts sicher. Ich begann zu begreifen, warum die Einheimischen so häufig das Wort ‚imaqa‘ gebrauchen, was so viel bedeutet wie ‚vielleicht‘.

---

[36] Die katholischen Priester in Grönland arbeiteten auch als Militärkapläne der Vereinigten Staaten.

Aus den drei Wochen wurden sechs, inmitten einer endlosen Nacht. Das war eine neue Erfahrung für mich. Als ich
von Pituffik nach Kangerlussuaq, einer amerikanischen Air-
base, die am arktischen Polarkreis liegt, fliegen konnte, war
schon Heiligabend. Mein Plan, nach Kapisillit zurückzukehren, um Grönländisch zu lernen, musste wieder aufgeschoben
werden, denn ich wurde gebeten, nach Jütland in Norwegen
zu fliegen, um einen Priester dort zehn Monate lang zu vertreten. Ich schlug erneut vor, die Sprache zu lernen.

Als ich am Ende dieser Monate nach Nuuk zurückkam,
gab ich diesen Plan auf, in Kapisillit die grönländische Sprache zu lernen. Mein Eintauchen in Sprache, Geschichte und
Kultur Grönlands würde sich auf andere Weise verwirklichen.

In der Kultur der Eskimos (der Inuit) ist die Suche nach
Gott sehr präsent – wie im Herzen jedes Menschen. Knud
Rasmussen, der berühmte grönländische Forscher und An-
thropologe, hat ein altes grönländisches Gedicht in seine
Sammlung aufgenommen, das die Legende zweier Inuits erzählt, denen es gelang, ein Loch in den Himmel zu reißen. Sie
einigten sich darauf, dass zuerst der eine auf den Schultern
des anderen in den Himmel schauen dürfe und dass sie dann
die Plätze tauschen würden. ‚Aber da der Himmel so wunderbar ist – so steht es im Gedicht – war der Erste, der in den
Himmel schaute, so entzückt, dass er den anderen völlig vergaß, der ihm geholfen hatte, hochzusteigen …‘

Sicher ist, dass die Landschaften Grönlands von himm-
lischer Schönheit sind, wenn die Morgenröte des Nordens
Fjorde, Gletscher und Tundren beleuchtet. Die Eisberge und
-gebirge aus ganz weißem Eis sind von unbeschreiblicher
Schönheit.

Aber dieses Land hat auch eine sehr harte Seite, die ich bei meiner ersten Reise über diese Insel kennenlernte, im Februar 1968. Eine Familie hatte mich darum gebeten, ein Kind in Nanortalik (auf Grönländisch: Ort der Eisbären) zu taufen. Es ist ein Dorf, das am südlichsten Punkt Westgrönlands liegt.

Als ich zu Hause aufbrach, setzte starker Schneesturm ein. Ich musste Alex bitten, mich mit seinem Motorrad zu fahren. Wir kamen voran, solange es ging, bis das Fahrzeug im Eis stecken blieb. Ein Stück vor uns kam ein Lieferwagen, wenn auch mit Schwierigkeiten, durch das Schneegestöber voran. ‚Schnell‘, sagte Alex, ‚wirf den Koffer da hinein und steig auf!‘ Ich tat das und der Fahrer des Lieferwagens brachte mich bis zum Hafen, wo ich, so gut ich konnte, atemlos über rutschige Bretter an Deck eines Schiffes stieg und Gott dankte, dass ich mir nicht die Knochen gebrochen hatte, als ich über die Anlegebrücke rutschte, die eine Eisbahn war.

Es wurde eine sehr aufregende Fahrt. Obwohl ich in einem Postschiff fuhr, das die sicherste Route nahm, an der Küste entlang, zwischen kleinen Inseln und Inselchen, rissen die Wogen das Schiff hin und her, als sei es eine Zigarettenschachtel. Trotz des Schneesturms schaffte es der Kapitän, die Richtung beizubehalten, bis wir an den Fjord zwischen Arsuk und Narsaq kamen. Er war völlig zugefroren mit fast einem Meter hohen Eis. Wir brauchten zwei Tage, diese vereiste Fläche zu durchqueren, bis wir zu später Nachtstunde den Hafen von Qartoq erreichten, 60 Kilometer nördlich von Nanortalik.

Während der nächsten beiden Wochen versuchte ich mehrmals, an mein Ziel zu gelangen, vergebens. Zuerst bestieg ich ein kleines Boot, aber wir mussten wegen der Eisberge nach Qarqortoq umkehren. Später versuchte ich es auf einem kleinen Passagierschiff, das bis Alluitsup Paa kam, einem Dorf zwischen Qarqortoq und Nanortalik. Dort wartete ich vier Tage lang, bis das Schiff weiterfahren konnte. Schließlich erreichte ich Nanortalik, taufte das Kind und musste wieder zwei Wochen warten, bis ein Frachtschiff den Hafen verlassen konnte in Richtung Nuuk.

Diese Ereignisse ließen aus den drei vorgesehenen Wochen sieben werden. Ja, sieben Wochen reisen, um ein Kind zu taufen! So sieht das Leben eines Missionars in einigen Teilen der Welt aus.

Als ich 1974 anfing, schon ein paar Sätze auf Grönländisch zu stammeln, schlug mir der Bischof von Kopenhagen vor, einen Kurs als Sozialarbeiter in Dänemark zu besuchen, der für meine pastorale Arbeit nützlich sein konnte.

Es gab in bestimmten kirchlichen Kreisen eine Krise im Verständnis der Rolle des Priesters. Manche dachten, dass Priester, die einen bürgerlichen Beruf ausübten, besser in die Gesellschaft ,eindringen' könnten. Arbeiterpriester waren sehr populär geworden, besonders in Frankreich.

Ich tat, worum er mich gebeten hatte, und begann eine dreijährige Ausbildung für Sozialarbeiter an der Schule für Sozialarbeit in Esbjerg in Dänemark. Meine Praktika machte ich in Jütland, wo ich feststellte, dass die meisten soziale Probleme hatten wegen persönlicher Probleme, und viele dieser Probleme resultierten aus ihrer schlechten Beziehung zu Gott. Warum löse ich hier soziale Probleme – fragte ich mich–, wenn das, was fehlt, eigentlich die Beziehung zu Gott ist?

Ich war geweiht worden, um mein Priesteramt auszuüben und nicht, um als Sozialarbeiter zu arbeiten, entsprechend den sich wandelnden Gesetzen, die von der dänischen Regierung herausgegeben werden. So kehrte ich im Januar 1980 nach Grönland zurück, wo ich feststellte, dass ich fast alle grönländischen Wörter vergessen hatte, die ich zuvor gelernt hatte, und begann von vorne.

Als ich 1981 schon einige sprachliche Fortschritte gemacht hatte, baten mich meine Oberen, nach Dänemark zurückzukehren, um eine Pfarrei in der Nähe der Hauptstadt zu übernehmen. Dort hörte ich wieder Beichte, predigte auf Besinnungstagen und übernahm die geistliche Leitung einiger Gläubigen, etwas, das ich in Grönland – da wir nur wenige Katholiken sind – nur selten tun kann. Vier Jahre später, im Sommer 1985, ging ich nach Grönland zurück, diesmal mit dem Ziel, endlich für immer dort zu bleiben!

Ich dachte, dass ich irgendwann die Sprache beherrschen und Christus auf dieser Insel mit großen Dimensionen bekannt machen könnte. Aber zwei Jahre später kam der Bischof von Kopenhagen, Hans Martensen, zu mir und fragte mich:

‚Möchtest du mein Generalvikar werden?‘

So kehrte ich Ende November 1987 nach Dänemark zurück, um meinen Dienst als Generalvikar, Kanzler, Finanzbeauftragter der Diözese und Diözesanleiter für Berufungen anzutreten. Eine meiner Aufgaben war die pastorale Betreuung der Färöer-Inseln, achtzehn Inseln im Atlantik, zwischen dem Norden Schottlands und Island gelegen.

Im Februar 1990 starb unerwartet Per Waagö, Oblate der Unbefleckten Empfängnis und Pfarrer der Färöer-Inseln. *Bundin er báttleysur madur*: Gebunden ist der Mensch ohne Schiff, sagt ein Sprichwort von dort. In dieser Situation war ich auch gebunden an die Umstände, da ich niemanden hatte, der an diesen entlegenen, schwer zu betreuenden Ort fahren konnte. Ich versammelte mich mit einigen Nonnen und sagte ihnen:

‚Ich habe keinen Priester, den ich dorthin senden könnte. Ich selbst müsste als Pfarrer hingehen. Ich werde hinfahren, sooft ich kann.'

Wir fanden eine Notlösung: Ich konnte Priester dorthin senden, die eine Zeit lang dort blieben und sich in der Karwoche und Weihnachten um das kümmerten, was für die Pfarrei nötig war. Und so läuft es bis heute.

Ich gab meine Aufgabe als Generalvikar ab und am 2. Januar 1997 zog ich wieder auf meine geliebte Insel. Ich war der einzige Priester und meinte, dort noch viele Jahre zu verbringen …, bis der Generalsekretär des Ordens mich zum Superior der Oblaten in Skandinavien ernannte. Von Neuem kehrte ich nach Dänemark zurück.

Noch dreimal bin ich zu verschiedenen Gelegenheiten auf der Insel gewesen, zu kurzen Aufenthalten, die mir gezeigt haben, dass das Land nicht mehr so ist, wie ich es im September 1967 kennengelernt hatte.

Am Anfang meiner Berufung dachte ich, dass meine Sendung Grönland hieß. Später entdeckte ich ihren wirklichen Namen: Gehorsam. Kein blinder Gehorsam, sondern Glaubensgehorsam, der versteht, dass das Wichtigste nicht darin besteht, dass wir da sind, wo wir meinen, Gott am besten zu dienen, sondern da, wo Gott es möchte. Und das zeigt uns der Gehorsam.

Außerdem: Ob Grönland, Dänemark oder die Färöer-Inseln … – was macht das aus? Ich bin Gott dankbar, weil er mich begreifen ließ, was im Leben eines Priesters das Wichtigste ist: jeden Tag die heilige Messe feiern zu dürfen. Während vieler Jahre in Nuuk feierte ich sie allein …, aber nur aus menschlichem Blickwinkel gesehen, denn ich wusste, dass Maria, die Muttergottes, und der ganze Himmel zugegen waren. Jedes Mal, wenn ich die heilige Messe beendete und mich in das kleine Kirchenschiff umdrehte, um zu sagen: *Gehet hin in Frieden!* und die leeren Bänke sah, dachte ich: ‚Worum sorgst du dich? Wenn Gott dich hier haben möchte, muss es einen Grund haben, den du nicht zu kennen brauchst. Glaube und vertraue Ihm!‘ Und die Gewissheit, seinen Willen zu erfüllen, gab mir Frieden.

Vor allem erfüllte mich der Gedanke mit Freude, dass, während ich als Priester in Grönland war, Er in der Eucharistie zugegen blieb. Das war für mich Grund genug.

Wenn ich zu Beginn meiner Berufung gewusst hätte, dass mein Leben aus so viel Kommen und Gehen bestehen würde, wäre ich vielleicht mutlos geworden – ich weiß es nicht. Tatsache ist aber, dass im Verlauf der Jahre mein Glaube stärker geworden ist und ich die langen Zeiten der Einsamkeit ertragen konnte. Das ist ein Geschenk, denn um lange Zeit alleine auszuharren, muss man Gott nahe sein und gut mit Ihm umgehen, gut auch mit sich selbst.

Momentan wohne ich wieder in Dänemark. Für wie lange? Solange Gott will.“[37]

---

[37] Paul Marx OMI erzählte mir diese Erinnerungen seines Lebens im Haus der Oblaten an der Vor Frue Kirke (Kirche der Heiligen Maria) in Herlev bei Kopenhagen. Eric Maillet *junior* übersetzte.

V.

EINE GESCHICHTE
VON SCHMERZ UND
HOFFNUNG

*Wir können die Einheit nicht mit unseren Kräften al-
lein machen. Wir können sie nur als Gabe des Heiligen
Geistes empfangen. Deshalb ist geistliche Ökumene – das
heißt Gebet, Bekehrung und Heiligkeit des Lebens – das
Herz der ökumenischen Begegnung und Bewegung.*

Benedikt XVI.

34. DER KATHOLIZISMUS IN SKANDINAVIEN SEIT DER REFORMATION

Es gibt nur wenige spezielle Studien über die Geschichte des Katholizismus in Skandinavien seit der Reformation. In dem Kapitel, das Dänemark gewidmet ist, habe ich das Zeugnis von Professor Olden-Jörgensen aufgeschrieben, das eine Zusammenfassung der Geschichte der dänischen Katholiken nach der Reformation darstellt.

Das historische Panorama, das ich im Folgenden skizzieren werde, konzentriert sich auf einige Herausforderungen der Geschichte der katholischen Kirche in Schweden seit dem 16. Jahrhundert. Ich beziehe mich dabei auf meine Gespräche mit Peix Geldart, promovierter Historiker und großer Kenner der nordischen Kultur, sowohl der finnischen wie der skandinavischen.

Die Geschichte der schwedischen und dänischen Katholiken nach der Reformation hat gemeinsame Züge mit der Geschichte des Katholizismus in anderen nordischen Ländern wie Island, Norwegen und Finnland, auch wenn natürlich jedes Land seine eigene hat.

Es ist insgesamt eine Geschichte von Schmerz und von Hoffnung, eine leidvolle Geschichte wie jede Geschichte von Unverständnis und Intoleranz, die – das muss festgehalten werden – sich jahrhundertelang in verschiedenen Ländern Europas abspielte. In einigen Gebieten des Kontinents waren die Unterdrücker Katholiken, in anderen Protestanten. Politische, religiöse und kulturelle Gründe vermischen sich dabei miteinander. Man braucht nur an die Unterdrückung des Pro-

testantismus im Spanien des Goldenen Zeitalters zu denken
oder an das berühmte, furchtbare Blutbad der Bartholomä-
us-Nacht während der Religionskriege in Frankreich.

Ich denke, diese Seiten könnten eine Übung jener Reini-
gung des Gedächtnisses sein, zu der der heilige Johannes Paul
II. uns Christen aufrief. Sie besteht darin, gemeinsam aufrich-
tig und objektiv anzuerkennen, welche Irrtümer wir – auf beiden Seiten – begangen haben und welche politischen, ökonomischen und kulturellen Ursprünge zusammen mit den
religiösen am Beginn der Trennungen standen.

16. Jahrhundert: Gustav Vasa

Zu Beginn des 16. Jahrhunderts war Schweden formell ein
katholisches Land wie die meisten europäischen Länder seiner Umgebung. Der Adelige Gustav Vasa (1496–1560) führte die Reformation ein. Er hat den schwedischen Staat geeint
und wurde nach der Vertreibung der Dänen aus dem Land
1521 zum Regenten erklärt und im Juni 1523 als König auf
den Thron erhoben.

Wie auch andere europäische Fürsten der Epoche sah
Vasa im Protestantismus ein Mittel, seine Macht zu festigen.
Er hatte verschiedene Motive, die Reformation einzuführen.
Politische Faktoren kamen zu ökonomischen hinzu; denn er
wollte die Schulden, die er bei den deutschen Adeligen hatte,
mit Kirchengütern bezahlen. Die Deutschen hatten den Krieg
gegen den dänischen König, den gemeinsamen Feind, finanziert.

1527, drei Jahre, nachdem er zum König gekrönt worden war, übertrug ihm das Parlament in Västeras weitreichende Vollmachten über die Kirche und ihre Güter. Der offizielle Bruch mit Rom vollzog sich viel langsamer erst 70 Jahre später auf dem Reichstag von Upsala.

Vasa schuf im Lauf der Zeit einen starken nationalen Staat, so wie Philipp II. in Spanien und Franz I. in Frankreich. Er führte die Reformation nach und nach ein; denn er wollte im Volk keinen Aufstand provozieren. Ähnlich handelte der König von Norwegen und Dänemark.

Die einzige auffallende äußere Veränderung, die die einfachen Leute bemerkten, war der Gebrauch der Landessprache in der Liturgie. Das Übrige schien weiterhin katholisch zu sein, denn ein großer Teil der kirchlichen Liturgie wurde beibehalten, wenn auch mit anderer Bedeutung. Da man weiterhin von Messen und Priestern sprach, meinte der Großteil der Bevölkerung, es habe sich nichts geändert.

Ein Jahr nach dem Reichtag von Västeras begann Vasa, lutherische Bischöfe für vakante Bischofssitze zu ernennen. Inzwischen waren die katholischen Bischöfe eines natürlichen Todes gestorben, außer den beiden, die von König Cristian II. hingerichtet worden waren. Bischof Brask von Linköping hatte gewagt, sich gegen den König zu erheben; schließlich ergab er sich und ging ins Exil.

Zwanzig Jahre später, zwischen 1542 und 1543, wäre Vasas Plan beinahe gescheitert, als die Bauern Südschwedens gegen die ökonomischen Belastungen und die starke staatliche Kontrolle auf allen Gebieten, auch auf religiösem, rebellierten. Die sogenannte Revolte von Dacke brach aus, die sogar auf die Hauptstadt und weite Teile Schwedens übergriff. Am

Ende siegte das Heer Vasas in der Schlacht und der Katholizismus siechte das ganze 16. Jahrhundert hindurch dahin.

Die katholische Tradition wurde langsam durch den Mangel an Priestern ausgehöhlt. Der Bischof von Stockholm, der Karmelit Anders Arborelius, erinnerte daran, dass die beschuhten Karmeliten (die ein Jahrhundert zuvor, 1410, nach Schweden gekommen waren) von Vasa vertrieben worden waren, ebenso wie die übrigen religiösen Orden. Die wenigen, denen man erlaubte, auf schwedischem Boden zu bleiben, verschwanden nach einigen Jahrzehnten wegen des Gesetzes, das die Aufnahme neuer Novizen in die Klöster verbot.

Der zweite Sohn Vasas, Johann III., der von 1568 bis 1592 regierte, dachte daran, das Land wieder dem Katholizismus zuzuführen. Als Herzog Karl, der letzte Sohn Gustav Vasas, davon erfuhr, informierte er die Adligen und machte ihnen klar, dass sie viel Land verlieren würden, das zuvor der Kirche abgenommen worden war. Es brach ein neuer Krieg aus, der 1599 mit dem Sieg von Herzog Karl endete (1550–1611). Dieser wurde zum Regenten ernannt mit dem Namen Karl IX.

Die letzten katholischen Adligen Schwedens, die sich weiterhin der Einführung der Reformation widersetzten, wurden besiegt und einige von ihnen exekutiert.

Während des 17. Jahrhunderts siegten die lutherische Orthodoxie und die Ideale der Reformation, die von der zivilen Macht stark unterstützt wurden und das geistliche und kulturelle Leben Schwedens prägten. Auf Karl IX. folgte dessen Sohn Gustav Adolf (1594–1632) auf den Thron. Er regierte von 1611 bis 1632 und wurde der große Anführer des Protestantismus während eines großen Teils des 30-jährigen Krieges (1618–1648).

Ein Jahr vor Beginn dieses Krieges erließ das schwedische Parlament in Örebro ein Edikt, das allen schwedischen Bürgern die Ausübung jeder Religion außer der offiziellen Staatsreligion verbot. Dieses Edikt enthielt das sogenannte religiöse Statut, das den Einzug katholischer Priester aus anderen Ländern endgültig verbot und von allen schwedischen Untertanen ausnahmslos das lutherische Bekenntnis verlangte. Wer sich widersetzte, verlor alle seine Güter, wurde ins Exil geschickt und in manchen Fällen – wenn man der Meinung war, sein Übertritt zum Katholizismus entspreche dem Delikt der Majestätsbeleidigung – zum Tode verurteilt.

Folgender Text von König Gustav Adolf über den Katholizismus vom Reichstag von Örebro spiegelt die Mentalität jener Epoche: „Diese Religion – falls sie den Namen überhaupt verdient – ist nicht bloß Götzendienst, menschliche Erfindung und Täuschung, ganz entgegen dem Wort Gottes und den heiligen Schriften, in denen unser Weg der Erlösung beschrieben ist, sondern sie bringt besonders schädliche Folgen mit sich (…). Diese Partei des Teufels, die Jesuiten, waren der Grund für die furchtbare Tyrannei in Spanien, in Frankreich und in anderen Ländern. Die Inquisitoren haben weder Adelige noch Plebejer verschont, weder Männer noch Frauen. Diese Mörder schonten nicht einmal das Leben des Königssohnes Philipps II., den Herzog Carlos, der entführt wurde auf den bloßen Verdacht hin, unseren Glauben zu teilen."

Einige Katholiken erlitten die Todesstrafe. Im Jahr 1624 wurden zwei berühmte Persönlichkeiten hingerichtet, der Bürgermeister Zacharias Anthelius und Goran Bähr, der Sekretär der königlichen Kanzlei, da sie etwas streng Verbotenes getan hatten: Sie hatten an der Messe teilgenommen (natürlich heimlich).

Dem König Gustav Adolf folgte seine Tochter Cristina auf den Thron (1626–1689). Sie war noch ein Kind, als ihr Vater 1632 starb, und stand unter der Vormundschaft eines Regierungsmitglieds, des Kanzlers Oxenstierna. Wenige Jahre später geschah etwas Unerwartetes: Cristina lernte den Katholizismus kennen dank ihres Umgangs mit katholischen Botschaftern und Intellektuellen wie Descartes, der 1650 unerwartet in Schweden starb, und sie beschloss, katholisch zu werden.

Am 3. November 1655 wurde die Königin in der Kirche der Franziskaner in Innsbruck katholisch und wohnte für den Rest ihres Lebens in Rom. Ihr folgte König Karl Gustav auf den Thron (1622–1660), der im Jahr 1655 erneut ein Religionsstatut verkündete, in dem er den Protestantismus zur Staatsreligion erklärte.

Dieses Statut wurde sehr streng gehandhabt: Die lutherischen Pastoren gingen von Haus zu Haus und überprüften Kenntnisse und Annahme des lutherischen Glaubens durch die Bewohner. Man musste den Pastor um Erlaubnis bitten, wenn man den Wohnort wechseln wollte.

17. und 18. Jahrhundert: Katakombenkatholizismus

Dennoch überlebte der katholische Glaube einiger weniger sozusagen in Katakomben. 96 Personen wechselten zwischen 1673 und 1714 vom protestantischen zum katholischen Glauben. Eine bedeutende Zahl angesichts einer Gesamtbevölkerung von ungefähr einer Million und dem stark antikatholischen sozialen Kontext.

Die meisten dieser Menschen entschieden sich, katholisch zu werden dank ihrer Bekanntschaft mit katholischen Künstlern (Musikern, Schauspielern etc.), Kunsthandwerkern und Arbeitern, die aus Bayern und anderen Orten Europas kamen, um Paläste zu bauen und das kulturelle und höfische Leben in Schweden zu bereichern. Diese Männer und Frauen vermittelten den Glauben persönlich.

In Stockholm gab es drei Botschaften: die spanische, die österreichische und die französische. Sie hatten das offiziell anerkannte Recht auf einen katholischen Priester, der ihnen die heilige Messe feierte, an der nur Diplomaten teilnehmen durften, in einer Kapelle, die auf dem Gebiet der Botschaft lag.

C. T. Antivari, Sekretär der Botschaft von Österreich und in der Praxis der Hauptverantwortliche seiner Gesandtschaft, war so gläubig und kühn, verschiedene Räume an mehreren Orten in Stockholm zu mieten, in denen der Kaplan für die Angehörigen seiner Botschaft die Eucharistie feierte. So kam es, dass katholische Gläubige – die meisten von ihnen waren Einwanderer – jeden Sonntag heimlich die heilige Messe besuchen konnten.

Wenn die örtlichen Autoritäten eine Kapelle entdeckt hatten, schloss Antivari sie sogleich und eröffnete eine neue in einer Enklave der Stadt, die der Regierung unbekannt war. Trotz des Risikos, das er einging, gelangen ihm 22 Umzüge von Kapellen.

1771 gab es gesetzlich einige Fortschritte, da ein aufgeklärter Herrscher an die Macht kam, Gustav III. (1746–1792), bis

1781 das Toleranzedikt verkündet wurde, das den ausländischen Katholiken die Ausübung ihrer Religion erlaubte. Für die schwedischen Bürger galt allerdings weiterhin das Verbot, der katholischen Kirche anzugehören. Dank dieser Veränderung konnte es zu einer Vereinbarung mit dem Vatikan kommen, der ein apostolisches Vikariat in Schweden errichtete, das von einem in Rom ernannten Priester betreut wurde.

Widersinnig war, dass diese Veränderung nicht die erwünschten Wirkungen erzielte, weil aufgrund des neuen rechtlichen Rahmens die Botschaften nun keine Priester mehr hatten, was für den aufkeimenden schwedischen Katholizismus ein großer Verlust war.

Die ersten vier apostolischen Vikare kannten weder Sprache noch Kultur des Landes und sahen sich – da es keinen anderen Priester im Land gab – unfähig, die 3000 Katholiken zu versorgen.

Der erste von ihnen war Schweizer, Nikolaus Oster (1783–1790), er veröffentlichte einen einfachen Katechismus auf Schwedisch. Ihm folgte der Franzose Rafael D'Ossery (1790–1795). Am Ende des Jahrhunderts kam ein Italiener, Paoli Moretti (1795–1804), der als Einziger von den Vieren einigermaßen akzeptiert wurde. Er wurde von einem französischen Priester ersetzt, der vor der Revolution geflohen war, Jean Baptiste Gridaine, der von 1805 bis 1833 in Schweden lebte.

Infolge dieses Priestermangels ging die Zahl der Katholiken stark zurück: Von den dreitausend Gläubigen, die es im Jahrhundert zuvor gegeben hatte, waren es zur Zeit Gridaines nur noch dreihundert.

19. Jahrhundert: Jacob Laurentinus Studach

Im 19. Jahrhundert geschah in Schweden etwas Unglaubliches: Schweden hatte zwei katholische Königinnen. Die erste war Désirée Clary, die Schwester der Frau von Napoleon, die die Ehe mit Carlos XIV. Juan Bernadotte eingegangen war.

Die zweite, die ihrer Vorgängerin auf den Thron folgte, war Josefina Leuchtenberg, die Enkelin der Kaiserin Josefine von Frankreich, die 1823 den Thronprinzen Joseph Francois Oscar Bernadotte (1799–1859), den späteren Oscar I., heiratete. Dieser herrschte von 1844 bis 1859.

Josefine brachte Jakob Laurentius Studach als Kaplan mit, einen Schweizer aus dem Kanton von St. Gallen, der 1833 zum apostolischen Vikar ernannt und 1862 zum Bischof geweiht wurde, als Erster nach der Reformation. Studach lebte 40 Jahre lang in Schweden, von 1833 bis 1873, und war zweifellos im 17. Jahrhundert eine der großen Persönlichkeiten der katholischen Kirche in Schweden. Josefine wurde 1844 Königin von Schweden.

„Ich habe eine Kirche in Auflösung vorgefunden", schrieb Studach kurz nach seiner Ankunft, „ohne Gotteshäuser, ohne Schulen, Häuser, ohne Lehrer, Katecheten, ohne Küster, ohne liturgische Bücher, ohne Katechese, ohne Geld … Es gibt hier nur eine Gruppe von Kindern, die arm und heruntergekommen sind."

Diese Situation änderte sich im Laufe des Jahrhunderts dank des missionarischen Eifers von Studach. Im Jahre 1837 erreichte er in Stockholm mit Unterstützung der Königin den Bau der Kirche zu Ehren der heiligen Eugenia, das erste offene katholische Gotteshaus seit der Reformation. 1845 gründete er eine katholische Jungenschule und etwas später gab er ein Messbuch für die Gläubigen heraus und regte die Errichtung zweier neuer Pfarreien an: eine in Göteborg (1862) und die andere in Malmö (1870).

Diese religiöse Liberalisierung verlief parallel zum Wachstum der Baptisten- oder Methodistenkirchen, die aus der Reformation hervorgegangen waren und „freie Kirchen" genannt wurden. Die erste Pfarrei dieser Art in Schweden war baptistisch und entstand 1848.

Trotz dieser Liberalisierung waren die gesetzlichen Hindernisse für die Zugehörigkeit zur katholischen Kirche um die Mitte des 19. Jahrhunderts weiterhin beträchtlich. Noch 1858 wurden fünf Schwedinnen des Landes verwiesen, weil sie das Delikt begangen hatten, katholisch zu werden. Dies rief in einigen europäischen Ländern Bestürzung hervor und wegen der Proteste ihrer Botschafter änderten die Regenten die Gesetzgebung.

Im Jahre 1860 wurde erstmals seit der Reformation ein Gesetz mit dem Inhalt erlassen, dass ein schwedischer Untertan katholisch werden konnte. Aber es dauerte dann noch dreizehn Jahre, bis die Gesetzgebung dahingehend geändert wurde, dass katholische Schweden nicht mehr als gesellschaftlich tot galten. Auch wenn diese Gesetze nicht die Einführung der Religionsfreiheit bedeuteten, so markierten sie doch einen Schritt nach vorne.

Als Königin Josefine 1876 starb, hatten katholische Nonnen Häuser zur Betreuung alter Menschen errichtet und es gab schon eine Reihe von katholischen Schulen. Aber immer noch gehörten sie nicht nur Normalität, sondern erst Jahrzehnte später; denn jede dieser Initiativen rief soziale Polemiken hervor. Die Autoritäten in Göteborg schlossen eine katholische Schule, die erst wenige Jahr zuvor eröffnet worden war.

Im Jahre 1879 kamen die Jesuiten, die eine große Schule im Zentrum Stockholms planten. Diese Idee fand zwar keine Verwirklichung, aber sie zeigt doch, dass der Katholizismus im Land langsam an Bedeutung gewann.

20. Jahrhundert: Eine langsame Öffnung

Zu Beginn des 20. Jahrhunderts mussten Leute, die in die katholische Kirche aufgenommen wurden, damit rechnen, auf Verständnislosigkeit und Kritik zu stoßen. Sie waren nicht bloß sozial stigmatisiert, sondern wurden zur Zielscheibe für Protest vonseiten einiger Mitglieder des hohen protestantischen Klerus, die alte Anklagen gegen den „Papismus" wiederholten. Die offiziellen Schulbücher waren so tendenziös antikatholisch, dass Bitter, der apostolische Vikar, sich gezwungen sah, bei den Behörden offiziell Einspruch zu erheben.

Zur Amtszeit Erik Müllers, des nächsten apostolischen Vikars zu Beginn des 20. Jahrhunderts, gab es in der katholischen Kirche ungefähr 2500 Gläubige, eine ähnliche Zahl wie am Ende des 18. Jahrhunderts.

Während der 1920iger-Jahre führte die wachsende Ausbreitung des Katholizismus zu einer gewissen Normalisierung des Lebens der Kirche. Die Zeitschrift Credo entstand und 1929 beging man das Jubiläum des heiligen Oskar im Beisein von Kardinal Van Rossum, der aus Rom dazu anreiste. 1930 kam der erste salesianische Priester, Herman Burczyk, nach Schweden. Es wurden Pilgerfahrten organisiert. Man rechnet in den 1950er-Jahren mit um die 16 000 Katholiken. Es gab viele Vereine. Die Katholische Aktion entstand und in die Kirche wurden viele Leute aufgenommen, die aus dem Adel stammten, aus der Kultur oder den Künsten.

Aber es dauerte noch bis 1952, bis die Autoritäten die legale Anerkennung dafür erteilten, dass ein Schwede einer Kirche angehörte, die nicht die offizielle lutherische war – mit einer Ausnahme, die deutlich im Gesetzestext stand: Die öffentlichen Beamten durften nicht katholisch sein.

Im folgenden Jahr hörte die Kirche auf, apostolisches Vikariat zu sein, um Diözese zu werden, die erste nach der Reformation. Müller wurde Bischof von Stockholm.

Die neuen Freiheiten waren sehr eingeschränkt. Sie enthielten zum Beispiel nicht die Gründung von Klöstern auf schwedischem Boden. Als die unbeschuhten Karmelitinnen in den 1960er-Jahren um Erlaubnis baten, ein Kloster eröffnen zu dürfen, musste dieser Antrag im Parlament diskutiert werden: Konnte der schwedische Staat akzeptieren, dass ein paar katholische Nonnen in Schweden innerhalb einer Klausur lebten? Nach großer Polemik gab man schließlich eine positive Antwort.

Dann wurde in der Kirche die postkonziliare Krise spürbar, zusammen mit einer Veränderung der Mentalität, die durch aufeinanderfolgende sozialistische Regierungen hervorgerufen wurde, die in gewissem Sinne „marxistischer" wurden. Gleichzeitig kamen viele Arbeitskräfte aus Kroatien, Italien, Spanien und verschiedenen Nationen Südamerikas wie Chile ins Land, angezogen vom Wohlstand des Landes. Viele von ihnen waren katholisch und die Kirche wuchs beträchtlich. 1974 gab es 63 063 Katholiken, 26 Pfarreien, 115 Diözesanpriester, 77 Ordensmänner und 230 Ordensfrauen. Diese Tatsache und die wachsende Zahl von Menschen, die katholisch wurden, bewirkten, dass die Regierung 1977 ein Gesetz erließ, das den Einheimischen den Übertritt zur katholischen Kirche erlaubte, ohne die geringste Einschränkung ihrer Rechte – mit einer Ausnahme: dem König.

Drei Jahre später, 1980, entstand die Bischofskonferenz Skandinaviens, zu der die Bischöfe Schwedens, Norwegens, Dänemarks, Finnlands und Islands gehörten sowie die beiden territorialen Prälaten Norwegens.

Aber parallel zur wachsenden religiösen Freiheit wurde die christliche Lebenseinstellung in weiten Kreisen der Gesellschaft schwächer. Dieses Phänomen ist nicht auf Skandinavien beschränkt, aber es ist in Schweden, Dänemark und Norwegen besonders markant.

21. Jahrhundert: Anders Arborelius, neue Herausforderungen

„In Schweden gibt es einen ökumenischen Rat, der aus 29 Kirchen besteht", sagte mir Arborelius. „Wir unterhalten einen ständigen Dialog mit der Lutherischen Kirche, den Pfingstlern, den Reformierten und den Orthodoxen, jenseits der Unterschiede auf dogmatischem und moralischem Gebiet. Ein guter Rahmen für diesen Dialog ist das Thema der Spiritualität. Ich bin froh darüber, dass sich langsam einige Vorurteile gegen die katholische Kirche auflösen, die jahrhundertelang da waren, Vorurteile, die von Universitäten und Schulen verbreitet wurden. Schwedische Katholiken anderer Epochen konnten ihnen nichts entgegensetzen, da viele Jahrhunderte lang kein Katholik einreisen durfte.

Heutzutage beginnt die öffentliche Meinung das Wirken der Kirche zu schätzen und sozial gesehen werden die Katholiken seltener stigmatisiert, wenn es auch immer noch manche negative Vorstellungen in bestimmten Milieus gibt, ein Erbe der Vergangenheit. Nur wenige Schweden gehen in eine Kirche, sei sie protestantisch oder von einer anderen Konfession. Was nicht bedeutet, dass sie Atheisten sind, wie ich bisweilen lesen kann. Manche sagen, sie glauben an Gott ‚manchmal‘. Die Statistiken sind widersprüchlich: Es gibt viel mehr Menschen, die beteuern, dass sie beten, als Leute, die sagen, dass sie glauben. Man müsste wissen, was die einzelnen Begriffe für die jeweilige Person bedeuten: Gott, Glaube, Gebet …

Sicher ist, dass viele nach Gott und dem ewigen Leben fragen, wenn sie mit dem Schmerz konfrontiert werden. Es sind zahlreiche Spuren des Christlichen aus vergangenen Generationen zurückgeblieben – wie Achtung des Gesetzes, Ablehnung von Korruption, Sinn für Ehrenhaftigkeit –, ein deutlich lutherisches Erbe. Und es herrscht im Allgemeinen Respekt gegenüber Jesus, selbst wenn nur wenige seine Botschaft kennen.

Die große Versuchung heute – sowohl für Katholiken wie für Lutheraner – ist eine Art von Spiritualität à la carte, gemixt aus christlichen Elementen und solchen, die ihnen widersprechen. Es besteht die Gefahr, sich von einer relativistischen Sentimentalität leiten zu lassen, die die Frage nach der Wahrheit ablehnt und sich persönlicher Forderung verschließt, weil sie unbequem ist.

Es gibt durchaus Leute, die sich der Schwäche dieser Gedankenströmungen bewusst sind, denn Gefühle sind wechselhaft und verräterisch. In der Vergangenheit haben manche Schweden den Nazismus problemlos akzeptiert, weil die nationalen Gefühle und eine innige Einheit mit der Natur betont wurden …

So haben wir heute Situationen, die man als lächerlich bezeichnen könnte, wären sie nicht mit vielen persönlichen Dramen verbunden. Vor Jahren gab es einen großen Skandal, weil eine Politikerin ihre amtliche Kreditkarte benutzt hatte, um zwei Stangen Toblerone zu kaufen, während Abtreibung und eheliche Untreue als Kleinigkeiten gelten.

Das schmerzt mich als Bischof und als Mensch. Erschwerend kommt hinzu, dass es Konfessionen gibt, die sich christlich nennen, aber Abtreibung und Situationsethik akzeptieren.

Deshalb denke ich, dass manche von denen, die sich selbst als Atheisten bezeichnen, es in Wirklichkeit nicht sind. Niemand hat mit ihnen über Gott gesprochen, und wenn doch, dann hat man ihnen vielleicht ein Zerrbild Gottes gezeigt, jemanden, an den man sich in Krisensituationen wendet, um Trost zu bekommen, einen Tränentrockner, der sich aber nicht in unser Leben einmischen darf, geschweige denn sagen, wie wir handeln sollen.

Von Gott selbst spricht man nicht, nur vom Gottesbild jedes Einzelnen. Darin steckt natürlich ein Körnchen Wahrheit, da die religiöse Erfahrung sehr persönlich ist. Aber extremer Relativismus, Agnostizismus und Individualismus haben dazu geführt, dass die Wahrheit verrückt zu sein scheint.

Schon Chesterton nannte den Irrtum eine Wahrheit, die verrückt geworden ist. Das geht so weit, dass man behauptet, der Glaube sei unwichtig. Was zähle, sei das Gottesbild eines jeden, die Kirche sei überflüssig; denn es gebe Menschen mit Werten, die sogenannten heiligen Laien, die nicht in die Kirche gehen.

Manche sagen: ‚Ich suche Gott nicht in der Kirche, sondern in der Natur.' Sie kennen nicht die Wirklichkeit der Eucharistie. Natürlich ist Gott überall zugegen, aber nur im Tabernakel ist er gegenwärtig mit Leib und Blut, mit Seele und Gottheit.

Der übersteigerte, meist irrationale Sentimentalismus ist sich selbst gegenüber unkritisch und stellt für die Schweden ein bedeutendes Hindernis dar, sich dem Katholizismus zu öffnen, der die Vernunft wertschätzt, Wahrheiten vorlegt und sich auf Grundsätze stützt. Manche Leute verwechseln Grundsätze mit Ideologien. In einer zutiefst pragmatischen Kultur wie der heutigen, in der auch die politischen Parteien ihre Ideale verloren haben, sind immer weniger Menschen bereit, für Wahrheit und Grundsätze zu kämpfen.

Wenn es keine Wahrheit gibt (ein paradoxes relativistisches Dogma, an das viele ohne weitere Prüfung glauben), dann ist im Konfliktfall das Vernünftigste, zu einem Konsens zwischen den Streitenden zu kommen. Und wenn die katholische Kirche sich diesem Konsens verweigert – beispielsweise beim Verbrechen der Abtreibung –, dann nennt man sie konservativ, wenig dialogbereit und … fremdländisch.

Eine ausländische Kirche. Mich überrascht die Oberflächlichkeit, mit der man diese historisch falsche Aussage übernimmt. Die katholische Kirche ist in unserem Land seit dem

9. Jahrhundert präsent, seit den Anfängen unserer Geschichte, und hat sich wunderbar entwickelt – mit Gestalten wie der heiligen Brigitta – bis zum 16. Jahrhundert, als sie aus politischen und ökonomischen Gründen eliminiert wurde.

Schweden ist nicht plötzlich entstanden im 16. Jahrhundert, in einer Art spontaner Zeugung. Man kann sieben Jahrhunderte nicht einfach mit einem Federstrich streichen. Man braucht nur an die zahlreichen Kirchenbauten zu denken, die in diesen sieben Jahrhunderten entstanden sind, um den Einfluss des Katholizismus in unserem Land bestätigt zu sehen. Man muss sagen, dass die katholische Kirche jahrhundertelang stark unterdrückt, bekämpft und verschwiegen wurde vom 16. Jahrhundert an bis zur Mitte des 19. Jahrhunderts. Aber man kann nicht sagen, sie sei unserer Kultur und unserer Geschichte fremd – ausländisch. Es gab nicht nur Gustav Vasa und Gustav Adolf. Die heilige Brigitta und Königin Cristina waren ebenso Schweden wie sie …

Und ich möchte mich nicht aufhalten bei anderen Vorstellungen, die besagen, der Katholizismus sei etwas für arme Länder; denn sie halten ebensowenig der historischen Wirklichkeit stand. Man braucht nur an die Republik Venedig oder an das Frankreich Ludwigs XIV. zu denken oder an das österreichisch-ungarische Reich, politische und wirtschaftliche Systeme, die sich als katholisch erklärten, wenigstens dem Namen nach.

In unserer Gesellschaft ist eine abgrundtiefe Müdigkeit spürbar, eine Übersättigung durch den grenzenlosen pragmatischen Materialismus und den sentimentalen Säkularismus, von dem ich eben sprach. Es existiert ein großer Hunger nach Wahrheit. Der Katholizismus steht in der Diskussion, ja, aber er ruft auch großes Interesse hervor. Das wissen auch diejenigen, die direkten Kontakt zur schwedischen Gesellschaft haben wie die Karmeliten, die Jesuiten und die Leute vom Opus Dei.

Die apostolische Arbeit geht langsam voran, zweifellos. Man braucht viele Jahre der Freundschaft und des persönlichen Gesprächs, um Vorurteile zu beseitigen und die richtigen geistlichen Zugänge für jeden Einzelnen zu finden.

Ich bin Gott dankbar für die Jahre des Gebetes, des Schweigens und der Arbeit, die ich während meiner Jugend hatte. Diese kontemplative Schule war ein Geschenk Gottes, das mir hilft, die Herausforderungen und Probleme anzugehen, mit denen sich ein Bischof täglich beschäftigen muss. Manche Angelegenheiten lassen sich schnell lösen, andere etwas später, aber es gibt auch solche, bei denen man nicht weiß, wie sie zu lösen sind, vielleicht weil sie keine Lösung haben.

In Schweden gibt es mehr als vierzig Pfarreien mit ungefähr dreißig Kapellen und etwa hundert protestantischen Kirchen, in denen die heilige Messe gefeiert wird mit Erlaubnis der zuständigen Pfarrer.

Im Moment versuche ich, alle diese Orte zu besuchen, denn ich halte es für sehr wichtig, die Katholiken zu ermutigen und im Glauben zu stärken, die in weit entfernten Gebieten wohnen, zum Beispiel am arktischen Polarkreis. Sie haben nur eine Messe im Monat.

Ich denke, dass ich geistlich verantwortlich bin für alle Leute meines Landes, nicht nur für die Katholiken. Das sage ich mit allem Respekt vor den verschiedenen Kirchen. Als Bischof muss ich allen Jesus Christus und das Evangelium, die Frohe Botschaft, bringen, immer mit Respekt und bereit zum Dialog. Es gibt auch negative Erfahrungen mit einigen nicht-katholischen Konfessionen, die aggressive Methoden mit Zwang benutzt haben und so in gewissen Kreisen der schwedischen Gesellschaft eine ablehnende Haltung gegenüber der Religion bewirkt haben.

Mich überrascht die große Zahl spiritueller Bücher, die in Schweden verkauft werden. Ich denke, sie sind ein weiterer Beweis für dieses intensive Interesse vieler Leute an Gott. Ich persönlich würde mich freuen, wenn auch Bücher verkauft würden, die die Grundsätze der Soziallehre der Kirche enthielten; denn sie ist in unserem Land, das sehr interessiert ist an sozialen Fragen, wenig bekannt.

Christus allen bekannt zu machen, ist unser aller Aufgabe als Christen, dazu sind wir gesandt. Es genügt nicht, Beispiel zu geben. Wir müssen auch sprechen, mit jedem Menschen, mit allen aus unserem Umfeld, und zwar respektvoll und entsprechend der schwedischen Mentalität und unserem Charakter. Wir dürfen nicht schweigen, uns mit unserer Art zu sein entschuldigen; denn Christus will unser Zeugnis und unser Wort.

Ich habe das Wort ‚alle‘ betont. Wir Katholiken wenden uns nicht nur an einen bestimmten Ausschnitt der Gesellschaft. Christus ist für alle Männer und Frauen ohne Ausnahme gestorben. Gewiss, in den letzten Jahrzehnten waren es Leute mit guter Ausbildung und einem tiefen Sinn für richtig verstandene Kritik wie Intellektuelle und Künstler, d. h. eine gewisse soziale ‚Elite‘, die sich der katholischen Kirche genähert haben. Vielleicht weil sie vorurteilsloser waren und die historische Wahrheit kannten.

Im Moment ist die Situation ein wenig anders. Es gibt viele Ärzte, Krankenschwestern und Sozialarbeiterinnen, die den katholischen Glauben annehmen, Leute, die in direktem Kontakt sind mit der Krankheit und dem Leiden anderer.

Wir haben noch einen weiten Weg vor uns, was zum Beispiel die freie, verantwortliche, mit dem Glauben übereinstimmende Teilnahme der Katholiken am politischen Leben betrifft. Damit meine ich keineswegs eine unpassende Einmischung der Kirche in zeitliche Angelegenheiten oder gar eine Verstaatlichung der katholischen Kirche. Das ist unglücklicherweise der lutherischen Kirche Schwedens passiert. Viele gläubige Lutheraner haben mir berichtet, wie unzufrieden sie damit sind, weil die politischen Parteien, zu denen auch viele Ungläubige gehören, dann meinen, sich in die Praxis des kirchlichen Lebens einmischen zu können.

Ich spreche vielmehr von Katholiken, die bemüht sind, sich im öffentlichen und politischen Leben, in der Erziehung usw. entsprechend ihrem Glauben zu verhalten. Selbstverständlich werden solche Katholiken, wenn sie von den Grundsätzen des Evangeliums ausgehen, untereinander verschiedene, ja sogar gegensätzliche Positionen vertreten; denn bei zeitlichen Fragen gibt es eine große Spannbreite an Möglichkeiten. Sie werden unterschiedlichen Parteien angehören, ohne die Kirche mit ihren persönlichen Entscheidungen zu kompromittieren. Sie treffen ihre Entscheidungen frei, im Einklang mit ihrem gut gebildeten Gewissen. Es ist dringend nötig, dass Katholiken sich mitbeteiligen am Bau unseres Landes, als vollgültige Bürger und verantwortungsbewusste Gläubige.

Dasselbe wünsche ich mir für die Kommunikationsmedien. Bisher stellt man in den einflussreichsten Zeitungen aus mangelndem religiösem Pluralismus so etwas wie eine einheitliche Denkweise fest, die auch von wenig intellektueller Offenheit zeugt. Zum Glück gibt es inzwischen schon Kolumnisten, die erklären, dass sie katholisch sind. Das ist ein großer Schritt in Richtung Meinungsfreiheit, der zur Demokratie gehört und zum Respekt vor der Meinung Andersdenkender.

Dies sind einige meiner Wünsche, die zugleich Aufgaben darstellen. Ich habe viele und teile sie mit Priestern und Laien. Deshalb bitte ich den Herrn, mich zu erleuchten und mir zu helfen, allen Notwendigkeiten nachzukommen. Im Moment erteile ich die meisten Firmungen und besuche auch die Gemeinden im Osten des Landes, die gerne möchten, dass ich anwesend bin bei der Feier der Erstkommunion. In jeder Pfarrei, die ich besuche, gebe ich einen kurzen, aber intensiven Einkehrtag, der die Beziehung der Gläubigen zu Christus und ihr sakramentales Leben erneuern soll.

Die jungen Leute haben einen besonderen Platz in meinem Herzen; denn viele von ihnen, die Kinder von Emigranten sind, erleben hier in Schweden Situationen, die für sie nicht einfach sind. Sie möchten nicht zu einer Minderheit gehören, die von außerhalb kommt, sondern sich voll integrieren, sowohl was die Gesetze angeht als auch in Bezug auf die Kultur und die Welt der Gefühle. Das ist wunderbar, aber es kann dazu führen, dass manche von ihnen, um echte Schweden zu sein, den Glauben ihrer Familie ablegen und einen Lebensstil annehmen, der vom praktischen Materialismus geprägt ist.

Wenn ich mit ihnen spreche, sage ich, dass ich schwedischer Abstammung bin und mich auch als Schwede fühle und dass ich gerade deshalb das gesunde Urteilsvermögen gegen-

326

über den Mängeln unserer Gesellschaft nicht verloren habe. Wir Schweden haben – wie die Angehörigen aller Nationen – Tugenden und Fehler. Der pragmatische Materialismus und die fehlende Bereitschaft zu geistlichem Engagement gehören zu den negativen Seiten.

Mehr noch: In Gesprächen mit jungen schwedischen Katholiken führe ich ihnen vor Augen, dass sie ein wichtiges Ferment für das Schweden der Zukunft sind. Viele von ihnen sind Kinder dieser Mischung verschiedener Rassen und Kulturen, auf die andere Nationen stolz sind, wie z. B. die Vereinigten Staaten von Amerika. Öffnung und kulturelle Vielfalt sind bereichernd, wenn sie verbunden sind mit einer tiefen Liebe zum eigenen Land. In gewissem Sinne sind diese Jugendlichen eine Art Prototyp, kulturelle Protagonisten, ein prophetisches Bild des künftigen Schweden, in dem eine große Zahl von Menschen Großeltern aus Malmö und Upsala haben werden, aber auch aus Krakau, Manila und Santiago de Chile.

Es ist nur natürlich, dass ihre Eltern die Verbindung mit ihrem Ursprungsland aufrechterhalten wollen und sich in ihrer Umgebung etwas isoliert fühlen, weil sie Sprache und Gewohnheiten des Landes hier nicht gut kennen. Dies macht eine Katechese und christliche Bildung nötig, die ihre Kinder darauf vorbereitet, ihren Glauben mutig zu leben in einem Land, in dem wir eine katholische Minderheit sind. Das ist nicht leicht, denn eine der Ängste Jugendlicher besteht gerade darin, sich von anderen zu unterscheiden – auch wenn sie es nicht zeigen. Sie brauchen Glauben und müssen ihre Persönlichkeit entwickeln, damit sie sich nicht mitreißen lassen von einem leeren Säkularismus, der in unserer Gesellschaft stark verbreitet ist.

Das ist die Aufgabe der Kinder der heutigen schwedischen Katholiken und der katholischen Einwanderer Schwedens. So kann der Glaube von einer Generation zur nächsten weitergegeben werden, wie in anderen Ländern auch, wenn die Kinder bei ihren Eltern sehen, dass diese in Übereinstimmung mit dem Glauben und der Wahrheit leben und dass sie ihrem Beispiel in Freiheit folgen können. Bisher hat in Schweden jede Generation von vorne beginnen müssen, vielleicht weil wir den Eltern nicht deutlich genug gezeigt haben, wie groß ihre Verantwortung ist, Kirche zu sein. Viele von ihnen haben es nicht verstanden, ihren Kindern den Glauben zu vermitteln.

Ich bitte den Heiligen Geist um Seine Hilfe, damit wir die richtigen Antworten geben auf die Fragen, die wir uns häufig stellen: Wie können wir die geistliche Dynamik katholischer Gruppierungen, die aus Emigranten verschiedener Länder bestehen, in die Kirche integrieren, ohne dass es fremd wirkt für die schwedische Mentalität? In manchen Pfarreien leben Gläubige aus fünfzig Nationalitäten oder mehr. Was können wir tun?

Neulich habe ich mich mit einer Gruppe von Katholiken getroffen, die nur arabisch sprachen. Der Prozess der kulturellen Integration wird dauern, das ist klar!

Ich verstehe jetzt, warum Gott bestimmte Ereignisse in meinem Leben erlaubt hat, und bin dankbar dafür. Ich danke Ihm für die schwierigen Jahre während meiner Schulzeit. Dank ihrer habe ich gelernt, die Wahrheit zu sagen, ohne jemanden zu verletzen. Das ist nicht immer leicht für einen Bischof, der sich oft verpflichtet fühlt, die Gläubigen zu fordern.

Aber es gibt nicht nur Schwierigkeiten, sondern auch viel Schönes. Unsere Katholiken sind aktiv, sie leben nicht bloß aus Tradition nach ihrem Glauben, wie es andernorts geschieht. Sie haben sich bewusst und überlegt entschieden und verfügen daher über eine gewisse Reife. Wir müssen ihnen nur helfen, ihren Glauben zu vertiefen und stark genug zu sein, ihn zu leben und zu bezeugen in einer säkularisierten Welt.

Andererseits" – so schließt der Bischof von Stockholm – „läuft man in Schweden, wo die sozialen Dienste so stark entwickelt sind, Gefahr, die Werke der Barmherzigkeit zu vergessen. Wir müssen den Bedürftigen helfen, alte Menschen besuchen, die sich oft allein fühlen, Zeit haben für Einwanderer, damit sie sich integrieren können … In gewissem Sinn kann man sagen, dass wir das kontemplative Profil des christlichen Lebens gepflegt haben, aber wir müssen es vervollständigen mit der anderen Seite, die ebenso nötig ist: mit der Nächstenliebe.

Rafael Sarachaga, der viele Jahre lang Pfarrer in Göteborg war, teilte mir seine Freude mit über die Entwicklung der Kirche in Schweden: ‚Jetzt gibt es viele schwedische Priester, die im Land selbst geboren sind. Die katholische Kirche Schwedens ist lebendig, sehr lebendig!'"

Czeslaw Kozon: Die katholische Kirche in Dänemark

Czeslaw Kozon, der katholische Bischof Kopenhagens seit 1995, eröffnete mir während unseres Gespräches am Bischofssitz in der Hauptstadt Dänemarks ein kirchliches Panorama, das manche Züge trägt, die denen Schwedens ähneln: „Gemäß den letzten Statistiken" – so sagte er – „betrachten sich 90 Prozent der Dänen (5,5 Millionen Einwohner) als Protestanten, wenigstens was Gesetze und Kultur betrifft, auch wenn das meist im täglichen Leben für sie keine große Rolle spielt. Die Diözese Kopenhagen umfasst ganz Dänemark.

Wir sind 40 000 Katholiken in 50 Pfarreien, zu denen auch die von Grönland und den Färöer-Inseln gehören. Insgesamt werden sie von zirka 70 Priestern betreut. Diese Zahlen variieren natürlich mit der Zeit. Es gibt ungefähr 20 katholische Schulen. Bei der Caritas und anderen Institutionen arbeiten in unserem Land Menschen aus verschiedenen Bereichen der Kirche. Aber die Ernte ist groß für so wenige Arbeiter.

Seit ich Priester bin, ist es eins meiner großen Anliegen, die Universalität und die Nähe der Kirche zu den jungen katholischen Dänen zu zeigen, die sich manchmal wie exotische Pflanzen fühlen inmitten einer säkularisierten Wüste. Wir sind nur wenige Katholiken und finden in unserer Gesellschaft nur wenig positives Echo. Allerdings bewirkt eine zunehmende Frustration aufgrund der modernen Lebensmodelle, dass die Frage nach Gott stärker wird und viele Menschen sich dem Katholizismus nähern.

Dank der Einwanderer, die – ähnlich wie in Schweden und Norwegen – die Eltern der zukünftigen dänischen Katholiken sind, nimmt unsere Zahl ständig zu."

Paul Marx: Der Katholizismus auf den Färöer-Inseln

„Der Katholizismus ist auf den Färöer-Inseln schon länger als in Grönland", berichtet mir Paul Marx, ein Missionar der Oblaten. „Es gibt Beweise für die Anwesenheit irischer Mönche aus dem 7. Jahrhundert. Zwei Jahrhunderte danach besiedelten Wikinger die Inseln, in der Mehrzahl Norweger. 1180 gehörten sie dann zum Königreich von Norwegen und ab 1380 zum dänischen Königreich, das Norwegen jahrhundertelang beherrscht hat.

Der dänische König Cristian III. führte die Reformation des 16. Jahrhunderts ein. Als Norwegen 1814 von Dänemark unabhängig wurde, waren die Färöer-Inseln von der dänischen Krone abhängig und 1857, acht Jahre nach der Erklärung der Religionsfreiheit in Dänemark, kamen zwei katholische Priester in die kleine Stadt Tórshavn (die heutige Hauptstadt der Färöer-Inseln). Es waren der Deutsche Georg Bauer und der Italiener Luigi Mussa.

Obwohl das Schiff, das sie brachte, Fortuna hieß, begleitete das Glück sie nicht in den Anfängen. Der Empfang war sehr unfreundlich, sie trafen auf viele Schwierigkeiten und auf große Skepsis. Sie konnten kaum eine Unterkunft finden. Zwei Jahre später begannen sie, eine Kirche zu bauen, und Bauer nahm eine kleine Gruppe von Leuten in die katholische Kirche auf, aber als er 1872 aufs Festland zurückkehrte, wurde der Katholizismus schwach dort.

In den folgenden 22 Jahren besuchten einige Priester die Inseln sporadisch, um die junge Kirche dort zu betreuen. Als sie nicht mehr kamen (1894), hatte man den Eindruck, der Katholizismus auf den Färöer-Inseln sei untergegangen.

Über 30 Jahre später kam Kardinal Van Rossum auf seinem Weg nach Island auf die Färöer-Inseln. Er war sehr erschrocken, als er sah, dass es trotz der Bemühungen, die man im 19. Jahrhundert unternommen hatte, keinen einzigen Katholiken mehr auf den Inseln gab.

Zurück in Rom, sprach er mit zwei neugeweihten Priestern, dem Holländer E. G. Boekenoogen und dem Schotten Thomas King, und schlug ihnen vor, die Menschen jener Inseln zu betreuen. Er wandte sich auch an die Generaloberin der Missions-Franziskanerinnen Mariens mit der Bitte, eine Gemeinschaft auf den Inseln dort zu gründen.

Im April 1931 landeten dort die ersten Nonnen, eine Dänin und eine Holländerin. Boekenoogen und King kamen einen Monat später. Zwei Jahre danach schon, 1933, wurden eine Kirche und eine Schule gebaut und sehr bald vertraute die Bevölkerung der Inseln den Schwestern die Grundschulerziehung ihrer Kinder an. Dank ihrer Geduld und ihrer selbstlosen Arbeit konnten die anfänglichen Bedenken überwunden werden und die Kirche begann in einem neuen Rhythmus auf den Färöer-Inseln.

Fast alle Bewohner der Färöer bekennen sich zum Christentum, sie haben die höchste Geburtenrate der nordischen Länder, die geringste, was Trennungen und Scheidungen oder Selbstmord betrifft."

35. DIE LUTHERISCHE KIRCHE UND DIE ORTHODOXIE

Um die Entwicklung der katholischen Kirche in den nordischen Ländern besser zu verstehen, ist es nötig, einige, wenn auch allgemeine, wenig nuancierte Züge in Lehre und Kultur der lutherischen Kirche in diesen Ländern seit der Mitte des 19. Jahrhunderts darzustellen.

Es ist unmöglich, in wenigen Kapiteln die zahlreichen komplexen historischen, religiösen, kulturellen und politischen Faktoren zusammenzufassen, die zu dieser Entwicklung geführt haben. Ich werde nur gewisse Aspekte hervorheben, die mir relevant scheinen. Mein Wunsch ist es, dem Leser einige historische Pinselstriche zu liefern, die einen Rahmen für die Situation abgeben.

Beginnen wir mit Schweden. Im Jahre 1862 veröffentlichte Viktor Rydberg das Werk: „Bibelns lära om Kristus" (Die biblische Lehre über Jesus), das wohl in hohem Maße dazu beigetragen hat, dass gewisse Bereiche des lutherischen Glaubens in Schweden einen Prozess der Säkularisierung durchgemacht haben. Dieser Prozess betraf auf unterschiedliche Weise Pfarrer und andere Gläubige. Manche Pfarrer ließen sich von damals aktuellen marxistischen Strömungen mitreißen. Ähnliches geschah auch einigen Priestern und Laien in anderen Ländern der Welt.

Das Wichtigste an dieser Periode ist die Tatsache, dass viele lutherische Pastoren in der Mitte des 20. Jahrhunderts die Ideen der sogenannten „sexuellen Revolution" akzeptierten und später die eines radikalen Säkularismus, indem sie sich bisweilen für Abtreibung aussprachen, sie als „positiv für die Frau" bezeichneten. Es gab auch „Scheidungszeremonien", die in Gotteshäusern gefeiert wurden, sowie Zeremonien aus Anlass der Verbindung zweier Personen gleichen Geschlechts.

Mary Eberstadt analysiert dieses Phänomen, das auch in anderen protestantischen Kirchen Europas und Amerikas auftauchte, wie folgt: „Diese leitenden religiösen Führer hatten im Allgemeinen ein Ziel im Sinn, das sie für humanitär hielten: Sie wollten ein freundlicheres, angenehmeres Christentum aufbauen. Sie fühlten sich in die Enge getrieben von einer harten pragmatischen Realität, die Druck verursachte, der Tatsache nämlich, dass sich viele Gläubige von den 60er-Jahren nicht mehr an die kirchlichen Lehren hielten und die Kirchen, die dieses Verhalten nicht duldeten, sie ausschlossen.

Aus diesen Gründen suchten die Reformer innerhalb der Kirche wie auch die Laien außerhalb unabhängig voneinander eine Veränderung der Lehre. Angefangen bei der Akzeptanz der Scheidung und der Empfängnisverhütung bis hin zur Akzeptanz aktiver Homosexualität waren diese Tatsachen Motor für die meisten Veränderungen der christlichen Lehre. Gleichzeitig aber trugen diese reformerischen Versuche nach und nach zu einer unerwarteten Auflösung bei; denn sie schwächten tatsächlich die natürliche Familie, die Grundlage, auf der diese Kirchen selbst standen."[38]

Diese Schwächung der Familie, die Vermittlerin der religiösen Tradition sein sollte, zusammen mit der Abhängig-

---

[38] Como el mundo occidental perdió realmente a Dios, Rialp, Madrid, 2014, pp. 190–191. (Wie das Abendland Gott verlor; Amn. d. Übersetzerin.)

keit der schwedischen lutherischen Kirche vom Staat, hat begünstigt, dass einige lutherisch-kirchliche Strukturen in der Praxis ähnlich funktionieren wie die staatlichen, und obwohl Schweden seit dem Jahr 2000 nicht mehr gebunden ist an die lutherische Konfession, hat die lutherische Kirche weiterhin eine enge Verbindung mit der etablierten Macht. Beispielsweise werden die Pfarrer im Einverständnis mit den verschiedenen Parteien gewählt, inklusive derer, die in ihren Ideen und Programmen keinerlei transzendente Bezüge haben. Das System ähnelt dem einer politischen Organisation. Jede Partei stellt ihre Kandidaten vor und am Ende gewinnt, wie zu erwarten, der Pastor oder die Pastorin, die eher zeitlichen und politischen Kriterien entspricht als pastoralen.

Diese historische Entwicklung erklärt, warum – ausgenommen die Pfarrer, die den Grundsätzen Luthers treu sind – die katholische Kirche in Schweden heutzutage erhebliche Schwierigkeiten hat, einen sinnvollen ökumenischen Dialog mit gewissen protestantischen Kirchenvertretern zu führen. Dieser Dialog ist einfacher mit Angehörigen der sogenannten „Freikirchen", den Pfingstlern, Baptisten usw.

Das ergibt sich natürlich daraus, dass es für einen ökumenischen Dialog notwendig ist, bestimmte Werte und Grundsätze zu teilen wie den Glauben an Gott und an Jesus Christus. Es ist bekannt, dass ein Mitglied der lutherischen Hierarchie in Schweden öffentlich erklärt hat, er sei Agnostiker.

Die Situation des Protestantismus in Schweden ist aber nicht auf ganz Skandinavien oder alle nordischen Länder zu übertragen. Die lutherische Finnin Sari Mäkimattila sprach mir gegenüber davon, wie enttäuscht sie von der Situation einiger lutherischer Gemeinden in Malmö gewesen sei. Und ein spanischer Freund, Katholik, schrieb mir im gleichen Zeitraum, wie sehr ihn bei seinem längeren Aufenthalt auf den Färöer-Inseln die „aktive, militante Präsenz der lutherischen Kirche" beeindruckt habe, „viel stärker als in anderen nordischen Ländern".

In den Ländern selbst muss man nach einzelnen Regionen unterscheiden. Manche Ansprechpartner haben attestiert, dass der lutherische Glaube sehr unterschiedlich gelebt wird. Verallgemeinernd muss man den Norden und den Süden Finnlands voneinander absetzen. Was man von einer Zone des Landes sagen kann (aber nur ganz allgemein), ist für eine andere ungültig. Und an einem und demselben Ort sind Personen und Gemeinschaften anzutreffen, in denen das Licht des Evangeliums erloschen scheint, neben anderen, deren christliche Wurzeln lebendig sind. Der finnische lutherische Pastor Juhani Holma sagte mir Folgendes auf unserer weiten Reise von Lappland in den Süden Finnlands:

„Ich danke Gott für die Jahre, die ich in Tornio verbracht habe, denn dort gab es viele Früchte christlichen Lebens, besonders unter den jungen Leuten, mit denen ich mich gut verstanden habe – vielleicht aufgrund meines Charakters, meiner Liebe zum Sport oder weil ich mich mit fast sechzig Jahren noch jung fühle. In Tornio haben wir zusammen die Bibel gelesen und dann etwas sehr Finnisches gemacht, einen Verein gegründet: ‚Die fünf Brote'.

Es ist nicht leicht, im 21. Jahrhundert ein junger Christ zu sein, denn Christus folgen heißt, täglich gegen den Strom zu schwimmen. Bei der Firmvorbereitung versuche ich, sie zum Beten und zum Denken zu bringen, denn viele junge Leute scheuen die Konfrontation mit sich selbst. Es gibt so viel

Lärm innen und draußen, dass es ihnen schwerfällt nachzudenken. Es ist, als hätten sie Angst vor der Stille. Sobald sie
können, setzen sie ihre Kopfhörer auf, um vor der Realität zu
fliehen.

Ich mache ihnen Mut zu beten, das Wort Gottes zu betrachten, den Kultakten der Konfession, der sie angehören,
beizuwohnen, die Einheit der Christen zu unterstützen und
den Bedürftigen zu helfen. Das sind fünf wichtige Aspekte.
Deshalb nennen wir unsere Vereinigung: ‚Die fünf Brote'. Unser Logo besteht aus einer roten Hand, die sich mit einer weißen Hand vereint, um daran zu erinnern, dass, auch wenn
unsere Sünden so rot sind wie Granat, Gott uns so rein wie
Schnee machen kann.

Wir haben so viel von den Unterschieden zwischen den
Christen gesprochen, dass wir Gefahr laufen, all das zu vergessen, was wir an Gemeinsamem haben: die Heilige Schrift,
das Leben der Gnade und der Tugenden, die Gemeinschaft
des Gebetes und die geheimnisvolle Einheit im Heiligen Geist,
der in uns allen wirkt – in Protestanten, Katholiken, Orthodoxen etc. Er gibt uns Kraft, das Leben für Gott hinzugeben.

Wenn ich mit ihnen spreche, höre ich zu und schenke ihnen Vertrauen, damit sie mir sagen können, was sie wollen.
Ich predige ihnen nicht, sondern versuche, ihre Freundschaft
zu gewinnen, sie zu kennen, zu wissen, was sie besorgt und
was sie begeistert. Man muss ihnen Zeit widmen, viel Zeit,
um jedem Einzelnen helfen zu können. Manchmal sage ich
ihnen, dass man auf zwei verschiedene Weisen leben kann:
allein oder zusammen mit Christus …, obwohl wir nie allein
sind, denn Er verlässt uns nicht.

Manchmal hört man: ‚Den jungen Finnen ist Gott gleichgültig; es ist eine verlorene Generation.' Meine tägliche Erfahrung zeigt mir das Gegenteil: Wenn man jeden Tag für sie
betet und ihnen Zuneigung entgegenbringt, Verständnis und
Geduld, dann nähern sich viele von ihnen Gott, weil sie nach
Ihm dürsten … Manchmal bereitet man sie auf die Firmung
vor und danach überlässt man sie ihrem Schicksal. ‚Sie kommen nicht', klagen manche. Wenn sie nicht kommen, muss
man sie aufsuchen, wo sie sind, sage ich, und sie begleiten mit
einer ehrlichen Freundschaft, die das ganze Leben anhält.

Wie kannst du nur so optimistisch sein?, werde ich gefragt.
Ich bin optimistisch, weil ich Christ bin, weil ich zur Sieger-
mannschaft gehöre. Dazu müssen wir Christen gehören! Gott
spielt mit uns im doppelten Sinn dieses Wortes. Außerdem:
Wenn man betet, wird man optimistisch. Pessimismus ist
meist Folge fehlenden Gebetes.

Die Taufe – meine ich – ist keine Konservendose, sie hat
kein Verfallsdatum. Ich wiederhole unter anderem die Lehren
des heiligen Josefmaria, eines heiligen Katholiken, den ich gut
kenne. Santi hat mir ‚Camino' im Frühjahr 2004 gegeben und
seitdem geben mir Escrivás Schriften Stoff für die Vorträge,
die ich halte. Für viele Menschen war es eine Entdeckung,
dass Arbeit zu Gebet werden kann. Escrivá gibt sehr praktische Orientierungen, die helfen, die Lehren der Bibel froh
und hoffnungsvoll in unserem täglichen Leben umzusetzen."

Die Othodoxie in Finnland:
Bischof Arseni aus Joensuu

Im Unterschied zu Schweden und anderen skandinavischen Ländern ist die Orthodoxie in Finnland stark vertreten. Ich werde hier die historische Entwicklung nicht zusammenfassen. Ich möchte nur hervorheben, dass sich während des vergangenen Jahrhunderts eine bedeutende Veränderung ereignet hat. 1923 endete die Abhängigkeit der russisch-orthodoxen Kirche. Seitdem hängen die orthodoxen Finnen von einem autonomen orthodoxen Erzbischof des Patriarchats von Konstantinopel ab.

So wie den katholischen Bischof von Stockholm bat ich auch Bischof Arseni von Joensuu darum, mir von seinem Leben zu erzählen und die Situation der Orthodoxie in Finnland zu beschreiben:

„Mit zwölf Jahren" – so berichtete er – „besuchte ich das orthodoxe Kloster von Valamo und bewunderte das Leben, das die Mönche dort führten. Es war nur ein kurzer Aufenthalt, aber er beeindruckte mich tief. Als ich wieder zu Hause war, begann ich, die Geschichte des Klosters zu lesen, das sehr wichtig ist für die Orthodoxie in diesem Teil der Welt.

Jener Besuch in Valamo und meine Begegnung mit Ina Colliander, einer großen Künstlerin, die 1959 die Medaille Pro-Finlandia bekommen hat (die höchste offizielle Auszeichnung, die einem finnischen Künstler zuteilwerden kann), hatten großen Einfluss auf mein Leben. Ina lebte in Helsinki, wir begannen, einander lange Briefe zu schreiben, in denen wir vor allem Fragen behandelten, die mit Kunst und Religion in

Verbindung standen. Ihr ist zu verdanken, dass ich mich 1978 entschied, mich der orthodoxen Kirche anzuschließen.

Unsere Freundschaft entfaltete sich hauptsächlich durch Briefe. Persönlich konnten wir nur wenige Male miteinander reden. Ihre Muttersprache war Deutsch, sie schrieb ein Finnisch voller Fehler, die mich sehr amüsierten. Ich bat sie darum, meine Taufpatin zu werden, aber die Entfernung zwischen Helsinki und Carelia war sehr viel größer damals als heute wegen der schlechten Infrastruktur. So wurden Alvi und Martta meine Taufpaten. Sie ernährten mich während dieser ersten Jahre sowohl materiell wie geistlich. Das sage ich, weil Martta mir nicht nur gute Ratschläge gab, sondern auch eine ausgezeichnete Köchin war.

Als ich den Militärdienst beendet hatte, trat ich in das orthodoxe Seminar von Kuopio ein, in dem ich von 1979 bis 1983 studierte. Auf Betreiben meines Bischofs Alexi setzte ich meine Studien später sechs Jahre lang in Leningrad fort. Dort lebte ich mit jungen Leuten aus mehr als hundert Ländern zusammen und wurde 1985 zum Mönch geweiht.

Vielleicht weißt du, dass wir Orthodoxe, wenn wir Mönche werden, unsere Namen ändern. ‚Welchen Namen wirst du wählen?‘, fragte mich der Archimandrit Manuel. ‚Einen, den Finnen leicht aussprechen können‘, antwortete ich. Er schlug mir Arseni vor, zu Ehren des heiligen Arseni von Konevitsa, ein Mönch, der im Kloster von Valamo und auf dem Berg Athos gelebt hat.

Ein Jahr später weihte mich Bischof Paavali in der Osternacht zum Priester und 1989 kam ich nach Valamo zurück, wo man mich zum Administrator des Klosters ernannte. Dort konnte ich beten, schreiben und malen.

Bevor ich zum Pinsel greife, versuche ich gemäß unserer Tradition zu fasten und zu beten, denn wir sehen in der Ikone ein offenes Fenster in den Himmel. Die Kunst der Ikonen hat sich im Laufe der Jahrhunderte nicht verändert, ebenso wenig wie die Botschaft, die sie vermitteln. Sie ist und bleibt dieselbe: Es sind die Wahrheiten des Glaubens. Es gibt höchstens kleine Variationen des Stils.

Im Jahr 1996 schlug mir Erzbischof Johannes vor, zum Studium nach Griechenland zu gehen. Ich dachte an den heiligen Arseni, der auch dort gelebt hat. Ich habe aber nicht wie er auf dem Berg Athos gelebt, sondern in Athen, wo ich nach einem intensiven Studium der griechischen Sprache ein Wörterbuch mit orthodoxem Vokabular verfasst habe. Während dieser Zeit betreute ich die Basilika des heiligen Panthaleon von Archarnai, eine der schönsten und größten Gotteshäuser von Athen und ganz Griechenland. Meine beiden langen Aufenthalte im Ausland, in Russland und Griechenland, haben meinen Horizont erweitert und mich mit der Wirklichkeit der Orthodoxie in diesen Ländern vertraut gemacht. 2005 wurde ich zum Bischof von Joensuu ernannt.

Im Moment gibt es 60 000 orthodoxe Finnen. Wir haben drei Diözesen – Carelia, Helsinki und Oulu – und zwei große Klöster, in Valamo und in Lintula. Dorthin kommen zahlreiche Gläubige, um zu beten, an der göttlichen Liturgie teilzunehmen und um sich geistlich orientieren zu lassen. Die Menschen individuell zu begleiten, ist sehr wichtig in einer Zeit wie der unsrigen, denn jede Person ist anders und muss geistlich in ihrer Einzigartigkeit ernst genommen werden. Das ist eins meiner großen Anliegen als Bischof.

Ein Weiteres ist die Bildung der Gläubigen. Sie sollen die heiligen Schriften kennen, damit sie die Botschaft Christi wahrhaft und in Liebe im Alltag leben können. Wir müssen den Spuren des heiligen Paulus folgen und die Botschaft Christi über die ganze Welt verbreiten, mit der brennenden Liebe, mit der sich der Apostel an die Menschen von Athen wandte. So wie wir stand er einer heidnischen Welt gegenüber, einer dekadenten Gesellschaft. Das hat ihn aber nicht entmutigt, sondern seinen Glauben entzündet."

Wind der Hoffnung

Ich habe die Situation des Christentums in Nordeuropa in großen Zügen dargestellt und mich dabei auf das lebendige Zeugnis katholischer, orthodoxer, lutherischer und anderer protestantischer Christen gestützt, mit dem Wunsch, zum Verständnis unter den Christen beizutragen, zum Dialog mit Mitgliedern anderer Religionen und auch zur Begegnung mit denen, die nicht glauben[39].

Wir können stets mehr voneinander lernen. Für alle Getauften ist es ein Ansporn, die Liebe vieler Protestanten zur Schrift zu sehen, ihren Wunsch, sie zu kennen und zu studie-

---

[39] Manchmal sind das Leute, die von einer Konfession zu einer anderen gewechselt haben. In diesen Fällen benutze ich nicht die Begriffe *Bekehrte* bzw. *Bekehrung*, die man eigentlich nur für Personen nimmt, die zum ersten Mal Christen geworden sind. Wenn z. B. jemand von einer anderen Konfession katholisch wird, *bekehrt er sich nicht*, da er nicht von einer Kirche in die andere „wechselt" noch „zurückkehrt", sondern er betrachtet diesen Schritt als volle Eingliederung in die Kirche, die einzige Kirche Christi, mit der er schon verbunden war, wenn auch auf unvollständige Weise.

ren. Dasselbe kann man von der Pfingstgemeinde, den Evangelikalen und vielen anderen christlichen Konfessionen sagen.

Ein Ansporn für alle ist auch die Verehrung der Eucharistie und der apostolische Eifer vieler Katholiken, der sie von einem Ende der Erde zum anderen geführt hat, um Christus zu verkünden.

Und viele Christen, die keine Orthodoxen sind, bewundern Schönheit und Würde ihrer Liturgie – insbesondere die göttliche Liturgie –, die in Verbindung mit der Verehrung der Tradition eine wunderbare Hilfe darstellt für den Umgang mit Gott.

Wie bekannt, ist der erste Schritt zur Einheit unter den Getauften eine Vertiefung in die Forderungen der Taufe: Es geht darum, dass wir alle, ob katholisch, protestantisch oder orthodox, gute Christen sind und dass die Taufberufung, die Berufung zur Heiligkeit ist, uns dazu führt, ein neues Leben in Christus zu führen.

Eine wissenschaftliche Darstellung der Situation des Christentums in den nordischen Ländern müsste viele Daten, Nuancen, soziologische Präzisierungen sowie historische Überlegungen aufweisen, die ich hier nicht liefern kann. Diese Seiten sollen den Leser vielmehr durch die Zeugnisse möglichst lebendig der Wirklichkeit des Christentums an diesen Orten näherbringen.

Es gibt in den nordischen Ländern in manchen Kreisen immer noch eine negative, passive oder mindestens distanzierte Einstellung zur Religion. Aber auch dies darf man nicht verallgemeinern; denn die nordischen Atheisten oder Agnostiker beziehen unterschiedliche Haltungen dem Religiösen wie auch der christlichen Botschaft gegenüber. Viele Nordländer behandeln das Thema mit Ernst und Respekt wie Nicolai, der auch sein Zeugnis gibt in diesem Buch. Andere wiederum zeigen eine gewisse Skepsis oder klare Abneigung. Es gibt auch Menschen, die das Christentum für ein bloßes Überbleibsel aus der Vergangenheit halten. Ihrer Meinung nach ist der Totenschein für die Lehre Christi bereits ausgestellt. Daher sind sie oftmals völlig gleichgültig.

Sowohl die Autoritäten Roms in den ersten Jahrhunderten der christlichen Ära als auch einige Vertreter der Renaissance und später dann viele Aufklärer dachten bereits, sie erlebten die Agonie des Christentums. Aber – wie Chesterton meinte – wenn die Historiker beginnen, die Botschaft des Evangeliums wie eine Reliquie aus der Vergangenheit zu betrachten, dann lebt diese Botschaft plötzlich mit neuer Kraft wieder auf wie ein warmer, belebender Wind.

***

Ich habe den Wunsch, den Lesern in weiteren Büchern neue
Berichte zu liefern über mutige Männer und Frauen in anderen Gegenden der Welt, die ihrem Glauben treu bleiben,
manchmal auf heroische Weise.

In den letzten Jahren ist dieser frische Wind in vielen Ländern angekommen, wie z. B. in Tschechien, der Slowakei, Un-
garn, Slovenien, Kroatien, Bulgarien, Montenegro, Albanien
und anderen Nationen Mittel- und Osteuropas wie auch in
dem Gebiet, das wir den Nahen Orient nennen.

Inmitten schwerer Konflikte und Schwierigkeiten wird
eine geistliche Neugeburt der Christen im Libanon, in Syrien,
Jordanien, Ägypten, Katar, Bahrain und in anderen Gegenden spürbar, in denen viele Dissidenten leben, die bereit sind,
eher ihr Leben in Gefahr zu bringen als den Glauben zu ver-
leugnen – wie die großen Freunde von Lübeck und München
und viele Märtyrer unserer Tage.

15. August 2015
Biblios

WIDMUNG UND DANK

Dieses Buch widme ich meinen Schwestern Lola, Anto und Santi, die mir in den vergangenen Jahren mit ihren Ideen und ihrem Rat zur Seite gestanden haben.

Besonders dankbar bin ich der Mitarbeit von Santiago Herraiz, dem Direktor der Editionen Rialp, und der so vieler Zeugen und Freunde während meines Aufenthalts in den nordischen Ländern. Zu ihnen zählt Rui d'Avanzi, dem ich die zündende Idee zu diesem Buch verdanke. Mein besonderer Dank geht auch an: Borja Armada, Fermín Landa, Andrés Bernar, Paula Rivas, Jorge de Salas und Santiago Matínez; und an die Übersetzer Stefan Perthuis, Eric Maillet, Gastón Becerra, Marcos Romero Bernús und Mariano Cardiello; an Natividad Aubá und ihren Mann José Miguel Villacampa, der die Früchte seiner Arbeit vom Himmel aus betrachtet; an Juan Rodríguez Cheda, an Francisco Gómez Mera und seine Frau Eva, an Julio de la Vega, an Thomas und Sara Fredestad, an Ismael García OMI und an viele Freunde, Freundinnen und Bekannte wie José Luis Gómez und Matilde, Josep Boira, Stig und Ulla Bondesen, Antonio Cintra, Alviero Buco, Mariano González Campo, Charo García Mangas, Denis Searby, Esther Esteban; Germán Bonache; David und José María Blanco; Manuel Prado; Manuel Mallebrera; Noé Alcázar; Javier Salazar; Kristin Sverdrup und ihren Sohn Gustavo; Astrid Helgadóttir vom Generalkonsulat in Island; Luis Montes Jovellar; Gabriela Miranda; Jyri Soria; Farid Yusupov Maratovich; Javier Carriazo; José María Alonso; Anne Bente Hadland; Isaac Virgin; Benedicto Moreno; Daniel Jiménez Raga; Flávio Ivan da Silva und Ana Lucia Lennert; Hilario Mendo; José Ángel Aguirre; Oscar y Paula Pasinato und Francisco García, Fotograf der Mauer an der Kathedrale des hl. Heinrich in Helsinki; und an Asunción Hiraldo und noch viele andere.

José Miguel Cejas